De geniale vriendin

Elena Ferrante

De geniale vriendin

DE NAPOLITAANSE ROMANS 1

Kinderjaren, puberteit

Vertaald uit het Italiaans
door Marieke van Laake

WERELDBIBLIOTHEEK • AMSTERDAM

Eerste druk 2013
Drieënveertigste druk 2022

Oorspronkelijke titel *L'amica geniale*

Omslagontwerp bij Barbara
Foto omslag © Des Panteva/Trevillion Images
NUR 302
ISBN 978 90 284 2795 2
www.wereldbibliotheek.nl

MIX
Papier van
verantwoorde herkomst
FSC® C004472
FSC
www.fsc.org

De Heer: Gij moogt ook dan u vrij doen kennen:
'k Heb u en uws gelijken nooit gehaat.
Van alle geesten, die ontkennen,
Is het de spotter, die mij 't minste schaadt.
Des mensen werkkracht kan te licht aan 't sluimren raken,
Hij mint de luie rust maar al te wel:
Daarom geef ik hem gaarne zo'n gezel,
Die prikkelt, drijft en moet als duivel waken.

– J.W. Goethe, *Faust*

Personages

De familie Cerullo (het gezin van de schoenmaker):
Fernando Cerullo, schoenmaker.
Nunzia Cerullo, moeder van Lila.
Raffaella Cerullo, door iedereen Lina genoemd, alleen Elena noemt haar Lila.
Rino Cerullo, oudere broer van Lila, ook hij is schoenmaker.
Ook een van Lila's zonen zal Rino gaan heten.
Andere kinderen.

De familie Greco (het gezin van de conciërge):
Elena Greco, Lenuccia of Lenù genoemd. Zij is de eerstgeborene, na haar komen Peppe, Gianni en Elisa.
De vader is conciërge op het gemeentehuis.
De moeder is huisvrouw.

De familie Carracci (het gezin van don Achille):
Don Achille Carracci, de boeman uit de sprookjes.
Maria Carracci, echtgenote van don Achille.
Stefano Carracci, zoon van don Achille, werkzaam in de kruidenierswinkel van de familie.
Pinuccia en Alfonso Carracci, de andere twee kinderen van don Achille.

De familie Peluso (het gezin van de timmerman):
Alfredo Peluso, timmerman.
Giuseppina Peluso, echtgenote van Alfredo.

Pasquale Peluso, oudste zoon van Alfredo en Giuseppina, metselaar.
Carmela Peluso, die zich ook Carmen laat noemen, zus van Pasquale, verkoopster in een fourniturenwinkel.

De familie Cappuccio (het gezin van de gekke weduwe):
Melina, de gekke weduwe, een nicht van de moeder van Lila.
De echtgenoot van Melina, die losser was op de groente- en fruitmarkt.
Ada Cappuccio, dochter van Melina.
Antonio Cappuccio, haar broer, monteur.
Andere kinderen.

De familie Sarratore (het gezin van de spoorwegbeambte-dichter):
Donato Sarratore, controleur.
Lidia Sarratore, echtgenote van Donato.
Nino Sarratore, de oudste van de vijf kinderen van Donato en Lidia.
Marisa Sarratore, dochter van Donato en Lidia.
Pino, Clelia en Ciro Sarratore, de jongste kinderen van Donato en Lidia.

De familie Scanno (het gezin van de groenteman):
Nicola Scanno, groenteman.
Assunta Scanno, echtgenote van Nicola.
Enzo Scanno, zoon van Nicola en Assunta, ook hij is groenteman.
Andere kinderen.

De familie Solara (het gezin van de eigenaar van het gelijknamige café annex banketbakkerij):
Silvio Solara, eigenaar van café-banketbakkerij Solara.
Manuela Solara, echtgenote van Silvio.
Marcello en Michele Solara, zoons van Silvio en Manuela.

De familie Spagnuolo (het gezin van de banketbakker):
Meneer Spagnuolo, banketbakker van café-banketbakkerij Solara.
Rosa Spagnuolo, echtgenote van de banketbakker.
Gigliola Spagnuolo, dochter van de banketbakker.
Andere kinderen.

Gino, zoon van de apotheker.

De onderwijzers en leraren:
Ferraro, onderwijzer en bibliothecaris.
La Oliviero, onderwijzeres.
Gerace, leraar op het gymnasium.
La Galiani, lerares op het gymnasium.
Nella Incardo, nicht van juffrouw Oliviero, woonachtig op Ischia.

Proloog

Het uitwissen van de sporen

1

Vanochtend belde Rino. Ik dacht dat hij weer geld wilde en nam me voor hem dat te weigeren. Maar de reden van zijn telefoontje was een andere: zijn moeder was zoek.

'Sinds wanneer?'

'Twee weken.'

'En dan bel je me nu pas?'

Mijn toon moet hem vijandig hebben geleken, ook al was ik niet boos of verontwaardigd, er lag alleen een zweempje sarcasme in. Hij probeerde te reageren, maar deed dat verward, gegeneerd, half in het Napolitaans, half in het Italiaans. Hij zei dat hij ervan overtuigd was dat zijn moeder zoals gewoonlijk door Napels zwierf.

'Ook 's nachts?'

'Je weet hoe ze is.'

'Inderdaad, maar twee weken weg, lijkt je dat normaal?'

'Ja. Je hebt haar al lang niet meer gezien, het is erger met haar: ze heeft nooit slaap, komt en gaat en doet waar ze zin in heeft.'

Hoe dan ook, uiteindelijk was hij ongerust geworden. Hij had iedereen naar haar gevraagd, was de ziekenhuizen langs gegaan, had zich zelfs tot de politie gewend. Tevergeefs, zijn moeder was nergens te vinden. Wat een goede zoon: een zware man, tegen de veertig, nooit gewerkt, alleen maar louche zaakjes gedaan en geld verkwist. Ik stelde me voor met hoeveel zorg hij had gezocht. Met geen enkele. Hij had geen hersens en alleen voor zichzelf had hij hart.

'Ze is niet toevallig bij jou?' vroeg hij ineens.

Zijn moeder? Hier in Turijn? Hij kende de situatie en zei maar wat, om iets te zeggen. Wat hem betrof, hij reisde regelmatig, had minstens tien keer onuitgenodigd bij mij gelogeerd. Maar zijn moeder, die ik graag zou hebben ontvangen, had Napels nooit verlaten, haar hele leven niet. Ik antwoordde: 'Nee, bij mij is ze niet.'

'Weet je het zeker?'

'Rino, alsjeblieft, ik zeg toch dat ze hier niet is.'

'Waar is ze dan heen gegaan?'

Hij begon te huilen en ik liet hem zijn toneelstukje opvoeren, snikken die onecht begonnen en vervolgens echt werden. Toen hij klaar was, zei ik: 'Alsjeblieft, gedraag je voor een keertje zoals zij dat zou willen: zoek haar niet.'

'Wat zeg je nou?'

'Wat ik zei. Het heeft geen zin. Leer alleen te leven en zoek ook mij niet meer op.'

Daarna verbrak ik de verbinding.

2

Rino's moeder heet Raffaella Cerullo, maar iedereen heeft haar altijd Lina genoemd. Ik niet, die eerste naam heb ik nooit gebruikt, en ook de tweede niet. Voor mij is ze Lila, al meer dan zestig jaar. Als ik haar ineens Lina of Raffaella zou noemen, zou ze denken dat er een einde aan onze vriendschap was gekomen.

Al minstens drie decennia vertelt ze me dat ze wil verdwijnen zonder sporen na te laten, en alleen ik weet precies wat ze daarmee bedoelt. Ze heeft nooit een vlucht of een identiteitsverandering overwogen, en er evenmin van gedroomd elders een nieuw leven te beginnen. En omdat ze het een afschuwelijk idee vond dat Rino met haar lichaam geconfronteerd zou worden en gedwongen zou zijn zich erover te ontfermen, heeft ze ook nooit aan zelfmoord gedacht. Er stond haar altijd iets anders voor ogen: ze wilde in het niets oplossen; ze wilde elke cel van zichzelf laten verdwijnen; er moest niets meer van haar overblijven. En omdat ik haar goed ken, of in elk geval denk dat ik dat doe, staat het voor mij vast dat ze een manier heeft gevonden om nog geen haar in deze wereld achter te laten, nergens.

3

De dagen verstreken. Ik controleerde mijn elektronische en mijn papieren post, maar zonder hoop. Ik had haar heel vaak geschreven, zij mij bijna nooit geantwoord: zo ging het altijd. Ze gaf de voorkeur aan de telefoon en aan lange, nachtelijke gesprekken als ik in Napels was.

Ik opende al mijn lades, en de blikken dozen waarin ik allerlei dingen bewaar. Niet veel. Ik heb een massa spullen weggegooid, vooral dingen die haar betroffen, en dat weet ze. Ik ontdekte dat ik niets van haar heb, geen foto, geen briefje, geen cadeautje. Het heeft me zelf verbaasd. Is het mogelijk dat ze in al deze jaren niets van haar bij mij heeft achtergelaten, of, erger, dat ik niets van haar heb willen bewaren? Dat is mogelijk.

De volgende keer was ik het die belde, en ik deed het met tegenzin. Rino nam niet op, niet op zijn vaste telefoon en niet op zijn mobieltje. Hij belde me 's avonds terug, op zijn gemak. Zijn stem klonk als die van iemand die net doet alsof hij verdriet heeft.

'Ik zag dat je gebeld hebt. Heb je nieuws?'

'Nee. En jij?'

'Niets.'

Hij zei dingen tegen me die nergens op sloegen. Hij wilde op de televisie komen, een oproep doen in dat programma dat zich met verdwenen mensen bezighoudt, zijn moeder voor alles vergiffenis vragen, haar smeken terug te komen.

Ik luisterde geduldig en vroeg hem toen: 'Heb je in haar kast gekeken?'

'Waarom?'

Wat het meest voor de hand lag, was natuurlijk nooit bij hem opgekomen.

'Ga eens kijken.'

Hij ging erheen en ontdekte dat er niets meer te vinden was, zelfs geen zomer- of winterjurk van zijn moeder, alleen maar oude kleerhangers. Ik heb hem overal in huis laten zoeken. Haar schoenen waren verdwenen. De weinige boeken die ze bezat. Alle foto's. De filmpjes. Haar computer was weg, ook de oude diskettes die mensen vroeger gebruikten, alles, alles uit haar lange loopbaan van elektronische heks die al aan het einde van de jaren zestig, in de tijd van de ponskaarten, handig met computers begon om te gaan. Rino was stomverbaasd.

Ik zei: 'Neem alle tijd die je wilt, maar bel me daarna en vertel me dan of je iets van haar hebt gevonden, al was het maar een speld.'

Hij belde me de volgende dag, uiterst opgewonden. 'Er is niets.'

'Helemaal niets?'

'Nee. Ze heeft zichzelf van alle foto's geknipt waar we samen op stonden, ook die van toen ik klein was.'

'Heb je goed gekeken?'

'Overal.'

'Ook in de kelder?'

'Overal,' zei hij. 'Zelfs de doos met documenten is weg: noem maar op, oude geboortebewijzen, telefooncontracten, reçu's van rekeningen. Wat betekent dat? Heeft iemand alles gestolen? Wat zoeken ze? Wat willen ze van mijn moeder en mij?'

Ik stelde hem gerust en zei dat hij kalm moest blijven. Het was onwaarschijnlijk dat iemand iets wilde, van hem al helemaal.

'Mag ik een tijdje bij je komen logeren?'

'Nee.'

'Alsjeblieft, ik kan niet slapen.'

'Zoek het maar uit, Rino, ik zou niet weten wat ik voor je kon doen.'

Ik hing op, en toen hij opnieuw belde heb ik niet opgenomen. Ik ben aan mijn bureau gaan zitten.

Lila wil weer eens overdrijven, dacht ik.

Ze was het begrip 'geen spoor' tot in het absurde aan het doorvoeren. Ze wilde, zesenzestig jaar oud, niet alleen zelf verdwijnen, maar ook het hele leven dat ze achter zich had uitwissen.

Ik was verschrikkelijk boos.

Laten we maar eens zien wie dit keer zijn zin krijgt, zei ik bij mezelf. Ik zette de computer aan en begon onze geschiedenis op te schrijven, alles wat ik me ervan herinner, tot in de details.

Kinderjaren

Het verhaal van don Achille

1

Die keer dat Lila en ik besloten om de donkere trappen te beklimmen die tree na tree, van verdieping naar verdieping, naar de deur van het appartement van don Achille leidden, begon onze vriendschap.

Ik herinner me het paarsige licht op de binnenplaats, de geuren van een zoele lenteavond. De moeders waren het avondeten aan het klaarmaken, het was tijd om weer naar binnen te gaan, maar wij bleven nog hangen en daagden elkaar uit onze moed te bewijzen, zonder ooit een woord tegen elkaar te zeggen. We deden al een tijdje niets anders, op school niet en daarbuiten niet. Lila stak haar hand en vervolgens haar hele arm in de donkere muil van een afvoerput, en meteen daarna deed ik dat dan ook, met kloppend hart en in de hoop dat de kakkerlakken niet over mijn huid omhoog zouden rennen en dat de ratten me niet zouden bijten. Lila klom tot aan het raam op de eerste verdieping van mevrouw Spagnuolo, ging aan de ijzeren stang hangen waar de wasdraad doorheen liep, schommelde en liet zich vervolgens op het trottoir vallen, en dan deed ik dat meteen daarna op mijn beurt, ook al was ik bang dat ik verkeerd zou vallen en me pijn zou doen. Lila stak de roestige sluitspeld, die ze god weet wanneer op straat had gevonden maar als een cadeau van een fee in haar zak bewaarde, in haar huid; en ik keek naar de metalen punt die een wittige tunnel in haar handpalm boorde en als ze hem er vervolgens uit trok en mij gaf, deed ik hetzelfde.

Op een gegeven moment wierp ze me een van haar typische blikken toe, strak en met samengeknepen ogen, en liep ze naar het flatgebouwtje waar don Achille woonde. Ik verstijfde van angst. Don Achille was de boeman uit de sprookjes; het was me ten strengste verboden hem te benaderen, tegen hem te praten, naar hem te kijken, hem te bespieden; ik moest doen alsof hij en zijn familie niet bestonden. Er leefde ten aanzien van hem, en niet alleen bij mij thuis, een angst en een haat waarvan ik de oorsprong niet kende. Mijn vader praatte op zo'n manier over hem dat ik me hem had voorgesteld als een zware man vol paarsige bulten, woest, ondanks dat 'don', dat bij mij een idee van kalme autoriteit opriep. Hij was een wezen dat uit ik weet niet welk materiaal bestond, ijzer, glas, brandnetels, maar levend, levend met een gloeiendhete adem die uit zijn neus en zijn mond kwam. Ik dacht dat hij iets scherps en brandends in mijn ogen zou schieten, als ik alleen al uit de verte naar hem keek. Als ik ook nog zo gek zou zijn om naar zijn voordeur te gaan, zou hij me vermoorden.

Ik wachtte even om te zien of Lila zich zou bedenken en terug zou komen. Ik wist wat ze wilde doen, ik had tevergeefs gehoopt dat ze het zou vergeten, maar nee. De lantaarns waren nog niet aan en ook de lampen van de trap niet. Uit de huizen kwamen opgewonden stemmen. Om haar te volgen moest ik het blauwige van de binnenplaats verlaten en het zwart van de voordeur in gaan. Toen ik het uiteindelijk deed, zag ik niets in het begin, ik rook alleen een geur van oude spullen en DDT. Daarna wende ik aan het donker en ontdekte ik Lila op de eerste tree van de onderste trap. Ze stond op en we begonnen naar boven te klauteren.

Bij het klimmen bleven we aan de muurkant, zij twee treden hoger dan ik, en ik twijfelde of ik de afstand zou verkleinen of groter zou laten worden. Het gevoel van mijn schouder die langs de afgebladderde muur schuurde, is me bijgebleven en ook de indruk dat de treden erg hoog waren, hoger dan die van de flat waar ik woonde. Ik trilde. Elk geluid van stappen, elke stem was don Achille die met een lang mes achter ons aan kwam of ons tegemoet liep, zo'n mes waarmee ze kippenborsten opensnijden. Er hing een geur van gefrituurde knoflook. Maria, de vrouw van don Achille, zou me in de pan met kokende olie leggen, de kinderen zouden me opeten, hij zou mijn hoofd uitzuigen, zoals mijn vader dat met zeebarbeel deed.

We stopten regelmatig even, en telkens hoopte ik dat Lila besloot om terug te gaan. Ik was helemaal bezweet, of zij dat ook was, wist ik niet. Van tijd tot tijd keek ze naar boven, maar het was me niet duidelijk waarnaar, je zag alleen maar het grijs van het grote raam bij elk stuk trap. Ineens gingen de lampen aan, maar ze gaven alleen een zwak, stoffig licht waardoor er grote stukken schaduw bleven, vol gevaren. We wachtten om te zien of het don Achille was geweest die de lichtknop had omgedraaid, maar we hoorden niets, geen stappen en ook geen deur die open of dicht ging. Toen liep Lila verder, en ik liep achter haar aan.

Ze vond dat wat ze deed goed en noodzakelijk was, ik was inmiddels alle goede redenen vergeten en bevond me daar alleen maar omdat zij daar ook was. We klommen langzaam naar boven, naar datgene waar we het meest bang voor waren, we gingen ons blootstellen aan de angst en die angst peilen.

Bij het vierde stuk trap deed Lila iets onverwachts. Ze stopte om op me te wachten, en toen ik bij haar was gaf ze me een hand. Door dat gebaar veranderde alles tussen ons, voor altijd.

2

Het was haar schuld geweest. Niet zo lang daarvoor – tien dagen, een maand, wie zal het zeggen, we hadden toen geen idee van tijd – had ze stiekem mijn pop gepakt en naar beneden gegooid, in een souterrain. Nu gingen we naar boven, naar de angst, toen hadden we ons verplicht gevoeld naar beneden te gaan, op een holletje zelfs, naar het onbekende. Naar boven, naar beneden, we hadden altijd het gevoel dat we iets verschrikkelijks tegemoet gingen dat op ons wachtte, ook al bestond het eerder dan wij. Als je nog niet zo lang op de wereld bent, is het moeilijk om te zien welke rampen ten grondslag liggen aan wat wij als ramp ervaren, en misschien heb je er ook geen behoefte aan. In afwachting van morgen bewegen grote mensen zich in een heden waarachter een gisteren ligt of een eergisteren of hoogstens een vorige week: aan de rest willen ze niet denken. Kleine kinderen kennen de betekenis van gisteren of eergisteren niet, en evenmin die van morgen, alles is dit, nu: dit is de straat, dat is de voordeur, dit zijn de trappen, dit is mama, dit is papa, dit is de dag, dit de nacht. Ik was klein en als het erop aankwam wist mijn pop meer dan ik. Ik praatte tegen haar, zij praatte tegen mij. Ze had een hoofdje van celluloid met haren van celluloid en ogen van celluloid. Ze droeg een blauw jurkje dat mijn moeder op een van haar zeldzame gelukkige momenten voor haar had genaaid, en ze was prachtig. Lila's pop daarentegen had een lijf van gelige stof vol zaagsel, ik vond haar lelijk en vies. Die twee bespiedden elkaar, schatten elkaar in, maar waren klaar om in onze armen te vluchten als er een onweer losbarstte, als er donder klonk, als een groter en sterker iemand met scherpe tanden hen wilde pakken.

We speelden op de binnenplaats, maar alsof we niet samen speelden. Lila zat op de grond, aan een kant van het raampje van een souterrain, ik aan de andere kant. We hielden van die plek, vooral omdat we zowel de spulletjes van Tina, mijn pop, als die van Nu, Lila's pop, konden uitstallen op het beton tussen de tralies voor de opening, tegen het gaas. We legden er steentjes neer en doppen van priklimonade, bloemetjes, spijkers, glasscherven. Ik ving op wat Lila tegen Nu zei en vertelde dat dan fluisterend aan Tina, maar ik veranderde het wel een beetje. Als zij een dop pakte en die als een hoed op het hoofd van haar pop legde, zei ik tegen de mijne, in dialect: 'Tina, zet je koninginnenkroontje op, want anders vat je kou.' Als Lila met Nu in de armen rondhinkte, liet ik Tina even later hetzelfde doen. Maar we speelden los van mekaar, niet samen. Zelfs die plek kozen we zomaar, zonder afspraak. Lila ging daar zitten en ik slenterde een beetje rond en deed of ik ergens anders heen liep. Maar daarna ging ik alsof er niets aan de hand was ook daar naast dat luchtgat zitten, maar aan de andere kant ervan.

Wat ons het meeste aantrok was de koele lucht uit het souterrain, een zuchtje wind dat ons in de lente en de zomer verfriste. En verder hielden we van de tralies met de spinnenwebben, het donker, en het fijne gaas dat rossig van de roest zowel aan mijn als aan Lila's kant omkrulde en daardoor twee evenwijdige openingen vormde waardoor wij steentjes in de duisternis konden laten vallen en naar het geluid konden luisteren als ze de grond raakten. Alles was mooi en angstwekkend toen. Door die openingen kon de duisternis ons ineens onze poppen afpakken, die soms veilig in onze armen lagen, maar die we vaker opzettelijk naast het omgekrulde gaas legden waardoor ze dus waren blootgesteld aan de koude adem van het souterrain en de dreigende geluiden die eruit opklonken, het geritsel, het gekraak en het gekrab.

Nu en Tina waren niet gelukkig. De angsten die wij elke dag doorstonden waren ook hun angsten. Het licht op de stenen, op de flats, op de velden, op de mensen in de huizen en erbuiten vertrouwden we niet. We voelden dat die mensen duistere kanten hadden, onderdrukte gevoelens, die altijd op uitbarsten stonden. En aan die donkere muilen, aan de holen die zich daarachter openden, onder de flats van de wijk, kenden we alles toe wat ons bij daglicht bang maakte. Zo was don Achille bijvoorbeeld niet alleen in zijn appartement op de bovenste verdieping maar ook daar beneden, als een spin te midden van de spinnen, een rat te midden van de ratten, hij was een vorm die alle mogelijke gedaanten kon aannemen. Ik stelde me voor dat zijn mond openhing en dat er lange, dierlijke slagtanden uitstaken, dat hij een lichaam had van geglazuurde steen en giftige grassen, en dat hij steeds klaarstond om alles wat wij door de openingen van het gaas lieten vallen in een enorme tas op te vangen. Die tas was een fundamenteel kenmerk van don Achille, hij had hem altijd bij zich, ook in huis, en deed er levende en dode dingen in.

Lila wist dat ik die angst had, mijn pop praatte er hardop

over. Daarom duwde ze Tina – uitgerekend op de dag waarop we zonder ook maar te onderhandelen, alleen via blikken en gebaren voor het eerst onze poppen ruilden – zodra ze haar in handen had achter het gaas en liet ze haar in de duisternis vallen.

3

Lila verscheen in mijn leven in de eerste klas van de lagere school en ze maakte meteen indruk op me, omdat ze erg stout was. We waren allemaal een beetje stout in die klas, maar alleen als juffrouw Oliviero ons niet kon zien. Lila daarentegen was altijd stout. Op een keer scheurde ze een vloeipapier in kleine stukjes, duwde de snippers eerst één voor één in het inktgat, viste ze vervolgens met een pennetje op en gooide ze naar ons toe. Ik werd twee keer op mijn haren geraakt en een keer op mijn witte kraagje. De juffrouw schreeuwde zoals alleen zij dat kon, met een stem als een naald, lang en puntig, waar we doodsbang voor waren, en beval haar onmiddellijk voor straf achter het schoolbord te gaan staan. Lila gehoorzaamde niet en leek evenmin bang te zijn, sterker nog, ze bleef van inkt doorweekte stukjes papier rondgooien. Toen kwam juffrouw Oliviero, een zware vrouw die ons erg oud leek, ook al was ze waarschijnlijk net boven de veertig, dreigend van haar lessenaar af, ze struikelde, waarover was niet erg duidelijk, kon haar evenwicht niet bewaren en kwam met haar gezicht tegen de scherpe kant van een bank terecht. Ze bleef voor dood op de vloer liggen.

Wat er daarna gebeurde herinner ik me niet, ik herinner me alleen het bewegingloze lichaam van de juffrouw, een donkere bundel, en Lila die met een ernstig gezicht naar haar staarde.

Ik herinner me heel wat van dit soort incidenten. We leefden in een wereld waarin kinderen en volwassenen elkaar vaak verwondden. Uit de wonden kwam bloed, ze gingen etteren en soms ging iemand eraan dood. Een van de dochters van signora Assunta, de groentevrouw, had zich met een spijker verwond en was gestorven aan tetanus. Het jongste zoontje van mevrouw Spagnuolo was gestorven aan kroep. Een neef van me, twintig jaar oud, ging op een ochtend puinruimen en 's avonds was hij dood, verpletterd, er liep bloed uit zijn oren en zijn mond. De vader van mijn moeder was doodgegaan omdat hij tijdens het bouwen van een flat naar beneden was gevallen. De vader van meneer Peluso miste een arm, die was onverhoeds door een draaibank afgesneden. De zus van Giuseppina, de vrouw van meneer Peluso, was op tweeëntwintigjarige leeftijd aan tbc overleden. De oudste zoon van don Achille – ik had hem nooit gezien, en toch was het alsof ik me hem herinnerde – had in dienst gemoeten en was twee keer doodgegaan, eerst was hij in de Stille Zuidzee verdronken en daarna door de haaien opgegeten. De hele familie Melchiorre was schreeuwend van angst in elkaars armen bij een bombardement omgekomen. De oude juffrouw Clorinda was doodgegaan omdat ze gas in plaats van lucht inademde. Giannino, die in de vierde zat toen wij in de eerste zaten, was op een dag doodgegaan omdat hij een bom had gevonden en eraan was gekomen. Luigina, met wie we op de binnenplaats hadden gespeeld, of misschien ook niet, was alleen maar een naam, ze was geveld door vlektyfus. Zo was onze wereld, vol dodende woorden: kroep, tetanus, vlektyfus, gas, oorlog, draaibank, puin, werk, bombardement, bom, tbc, ettering. Alle angsten die mij mijn hele leven parten hebben gespeeld gaan volgens mij terug op die woorden en die jaren.

Je kon ook doodgaan aan dingen die normaal leken. Je kon bijvoorbeeld doodgaan als je zweette en dan koud water uit de kraan dronk zonder eerst je polsen nat te hebben gemaakt; het kon gebeuren dat je onder de rode puntjes kwam te zitten, begon te hoesten en niet meer kon ademhalen. Je kon doodgaan als je zwarte kersen at zonder de pit uit te spugen. Je kon doodgaan als je kauwgum kauwde en die uit onoplettendheid doorslikte. En je kon vooral doodgaan als je een klap tegen je slaap kreeg. Je slaap was een heel kwetsbaar punt, het was altijd oppassen ermee. Een steen ertegen was genoeg, en stenen gooien was de regel. Bij het uitgaan van de school gooide een stel jongens van buiten, aangevoerd door een jongen die Enzo of Enzuccio heette, een van de kinderen van Assunta, de groentevrouw, vaak stenen naar ons. Ze voelden zich beledigd vanwege het feit dat wij meisjes beter waren op school dan zij. Als er stenen aan kwamen, vluchtten alle meisjes, maar Lila niet, nee, die liep gewoon door, met regelmatige pas, soms bleef ze zelfs staan. Ze was heel goed in het bestuderen van de baan die de stenen beschreven en ontweek ze met een kalme, nu zou ik zeggen elegante, beweging. Ze had een oudere broer en misschien had ze dat van hem geleerd, ik weet het niet; ik had ook broers, maar die waren jonger en van hen leerde ik niets. Maar hoe bang ik ook was, als ik merkte dat ze achterop was geraakt, bleef ik staan om op haar te wachten.

Er was toen al iets wat me verhinderde haar in de steek te laten. Ik kende haar niet goed, we hadden nooit met elkaar gepraat, ook wedijverden we in de klas en daarbuiten voortdurend met elkaar. Maar ik voelde vaag dat ik, als ik samen met de andere meisjes vluchtte, iets van mezelf bij haar zou achterlaten wat ze me niet meer terug zou geven.

In het begin hield ik me schuil om een hoek en stak ik mijn hoofd uit om te zien of Lila eraan kwam. Later dwong ik mezelf naar haar toe te gaan, als ik zag dat ze niet van haar plaats week; ik gaf haar de stenen aan en gooide ze zelf ook. Maar dat deed ik zonder overtuiging, ik heb veel gedaan in mijn leven maar nooit met overtuiging, ik heb me altijd een beetje los voelen staan van mijn eigen daden. Lila daarentegen werd als klein meisje al – ik kan nu niet precies zeggen of het al zo was toen ze zes, zeven jaar oud was, of toen we acht, bijna negen waren en samen de trap op gingen die naar de flat van don Achille leidde – gekenmerkt door absolute vastbeslotenheid. Of ze nu de driekleurige pennenhouder beetgreep, of een steen, of de leuning van de donkere trap, ze gaf je het idee dat ze wat erop moest volgen – een pennetje met een rake worp in het hout van de bank boren, van inkt doorweekte kogeltjes rondgooien, de jongens raken, naar de voordeur van don Achille gaan – zonder aarzeling zou doen.

Het stel jongens kwam van de spoordijk, ze verzamelden stenen tussen de rails. Enzo, de chef, was een heel gevaarlijke jongen, minstens drie jaar ouder dan wij, een zittenblijver, met korte, blonde haren en lichte ogen. Met grote precisie gooide hij kleine steentjes met scherpe randjes, en Lila wachtte op zijn worpen om hem te laten zien hoe ze ze ontweek en om hem nog bozer te maken en meteen met even gevaarlijke worpen te reageren. Op een keer raakten we hem op zijn rechterenkel, en ik zeg raakten wij, omdat ík Lila een platte steen met afgesplinterde randen had aangegeven. De steen ging als een scheermes over Enzo's huid en liet een rode vlek achter, waar meteen bloed uit kwam. Het joch keek naar zijn gewonde been, ik zie hem nog staan: tussen zijn duim en zijn wijsvinger had hij een steen die hij van plan was geweest te gooien, zijn arm was al omhoog voor de worp, maar toch stond hij ineens stomverbaasd stil. Ook de jongens onder zijn commando keken ongelovig naar het bloed. Maar Lila vertoonde niet de minste voldoening over het goede resultaat van haar worp, en boog zich voorover om een nieuwe steen te pakken. Ik greep haar bij haar arm, dat was ons eerste contact, een bruusk en geschrokken contact. Ik voorzag dat de jongens feller zouden worden en vond dat we ons moesten terugtrekken. Daar was echter geen tijd voor. In weerwil van zijn bloedende enkel herstelde Enzo zich van zijn verbazing en gooide hij de steen die hij in zijn hand hield. Ik had Lila nog stevig vast toen de steen haar voorhoofd trof en haar van me losrukte. Een moment later lag ze languit op het trottoir met een gat in haar hoofd.

4

Bloed. Over het algemeen kwam het pas uit de wonden nadat er verschrikkelijke vervloekingen en walgelijke obsceniteiten waren uitgewisseld. Zo was altijd de volgorde. Mijn vader, die me toch een zachte man leek, schold en sloeg voortdurend dreigende taal uit als iemand niet waardig was om op de aardbodem te zijn, zoals hij dat noemde. Hij had het in het bijzonder op don Achille begrepen. Altijd had hij hem iets te verwijten, soms legde ik mijn handen op mijn oren om niet al te overstuur te raken van zijn lelijke woorden. Als hij met mijn moeder over hem sprak, noemde hij hem 'jouw neef', maar mijn moeder verloochende die bloedband onmiddellijk (ze waren heel in de verte verwant) en voerde de dosis beledigingen op. Ik was als de dood voor hun uitbarstingen, en vreesde vooral dat don Achille zulke gevoelige oren had dat hij de geuite beledigingen ook van grote afstand hoorde. Ik was bang dat hij ze zou komen vermoorden.

Hoe dan ook, de gezworen vijand van don Achille was niet mijn vader maar meneer Peluso, een prima timmerman die altijd zonder geld zat omdat hij alles wat hij verdiende, verspeelde in de achterkamer van café Solara. Peluso was de vader van een schoolvriendinnetje van ons, Carmela, en van Pasquale, die al groot was, en van nog twee kinderen, nog armoediger dan wij, met wie Lila en ik soms speelden en die op school en daarbuiten altijd probeerden onze spullen te pikken, onze pen, ons gum, ons snoepje, zodat ze als ze naar huis gingen altijd onder de blauwe plekken zaten van de klappen die we hun gaven.

Als we meneer Peluso zagen, leek hij ons altijd het toonbeeld van wanhoop. Enerzijds verloor hij alles met spelen, anderzijds sloeg hij zichzelf publiekelijk om de oren omdat hij niet meer wist hoe hij zijn gezin te eten moest geven. Om duistere redenen weet hij zijn ondergang aan don Achille. Hij beschuldigde hem ervan dat hij op een verraderlijke manier al zijn timmergereedschap had ingepikt – alsof zijn mysterieuze lichaam een magneet was – waardoor zijn werkplaats nutteloos was geworden. Hij verweet hem dat hij ook die had ingepikt en er een kruidenierszaak van had gemaakt. Jarenlang stelde ik me voor hoe de nijptang, de zaag, de grote tang, de hamer, de bankschroef en duizenden, duizenden spijkers als een metalen zwerm werden opgezogen in de materie waaruit don Achilles lichaam bestond. Jarenlang heb ik uit zijn grove en van heterogene stoffen zware lichaam worsten, provolones, mortadella's, reuzel en ham zien komen, altijd in de vorm van een zwerm.

Die vijandigheid was het gevolg van dingen gebeurd in duistere tijden. Don Achille moest zich in heel zijn monsterlijke natuur hebben gemanifesteerd voordat wij geboren werden. Voordat. Lila gebruikte dat woord vaak, op school en daarbuiten. Maar het leek haar niet zozeer te interesseren wat er voordat wij er waren was voorgevallen – meestal waren dat duistere gebeurtenissen, waarover de volwassenen of zwegen of zich met grote terughoudendheid uitlieten – alswel dat er echt een voordat had bestaan. Dát verbijsterde haar indertijd, sterker nog, irriteerde haar soms. Toen we vriendinnen werden had ze het zo vaak over die absurditeit – het bestaan van een tijd voordat wij er waren – dat ze haar irritatie ten slotte ook op mij overbracht. Het was de lange, heel lange tijd waarin wij er niet geweest waren; de tijd waarin don Achille zich aan iedereen in zijn ware gedaante had laten zien: een gemeen wezen met een onduidelijke dierlijk-minerale fysionomie, dat – zo leek het – aan de anderen bloed onttrok, terwijl er uit hemzelf nooit bloed kwam, misschien was het zelfs niet eens mogelijk hem een kras te bezorgen.

We zaten in de tweede klas van de lagere school of daaromtrent en praatten nog niet met elkaar, toen het verhaal de ronde deed dat meneer Peluso het bij het uitgaan van de mis op een woedend schreeuwen tegen don Achille had gezet, uitgerekend tegenover de kerk van de Heilige Familie, en dat don Achille toen zijn oudste zoon Stefano, zijn dochter Pinuccia, zijn zoon Alfonso, die van onze leeftijd was, en zijn vrouw had laten staan waar ze stonden en zich in zijn meest huiveringwekkende gedaante op Peluso had gestort, hem had opgetild, tegen een boom in het parkje had gekwakt en hem daar bewusteloos had laten liggen, terwijl het bloed uit talloze wonden op zijn hoofd en de rest van zijn lichaam stroomde, zonder dat de arme man ook maar 'help!' kon zeggen.

5

Ik heb geen heimwee naar onze jeugd; die was vol geweld. Er overkwam ons van alles, in huis en daarbuiten, elke dag, maar ik herinner me niet ooit gedacht te hebben dat het leven dat ons was beschoren bijzonder akelig was. Zo was het leven en daarmee uit, we groeiden op met de plicht het de anderen moeilijk te maken voordat de anderen het ons moeilijk maakten. Natuurlijk, vriendelijke manieren zoals de juffrouw op school en de pastoor die preekten zou ik wel fijn hebben gevonden, maar ik voelde dat die manieren niet geschikt waren voor onze wijk, ook al was je een meisje. De vrouwen vochten meer met elkaar dan de mannen, ze grepen elkaar bij de haren, deden elkaar pijn. Pijn doen was een ziekte. Als kind had ik heel kleine, bijna onzichtbare diertjes verzonnen, die 's nachts de wijk in kwamen, ze kropen uit de meertjes, uit de afgedankte treinwagons aan de andere kant van de spoordijk, uit de stinkende grassen die *fetienti*, stinkers, werden genoemd, uit de kikkers, de salamanders, de vliegen, uit de stenen, uit het stof, en gingen het water, het eten en de lucht in, waardoor ze onze moeders en onze oma's furieus maakten als dorstige teven. De vrouwen waren meer besmet dan de mannen, want de mannen werden wel steeds woest, maar uiteindelijk kalmeerden ze, terwijl de vrouwen, die oppervlakkig gezien stil en meegaand waren, zich totaal uitleefden als ze kwaad werden, en van geen ophouden wisten.

Wat Melina Cappuccio, een nicht van Lila's moeder, overkwam, maakte grote indruk op mijn vriendin. En ook op mij. Melina woonde in dezelfde flat als mijn ouders, wij op de tweede verdieping, zij op de derde. Ze was iets ouder dan dertig en had zes kinderen, maar ze leek al een oude vrouw. Haar man was even oud. Hij was losser op de groentemarkt. Ik herinner me hem, een kleine, brede man, maar mooi, met een trots gezicht. Op een nacht ging hij de deur uit, zoals gewoonlijk, en stierf, misschien van vermoeidheid, misschien doordat hij werd vermoord. Er vond een begrafenis vol bitterheid plaats, waarbij de hele wijk aanwezig was, ook mijn ouders en die van Lila. Er verstreek een tijdje en er gebeurde god weet wat met Melina. Aan de buitenkant bleef ze dezelfde, een magere vrouw met een grote neus, haren die al grijs waren en een scherpe stem die 's avonds vanuit het raam de kinderen riep, één voor één bij hun naam, met door woedende wanhoop aangehouden lettergrepen: 'Aaaa-daaa, Miiichè.' In het begin werd ze erg geholpen door Donato Sarratore, die in het appartement recht boven haar woonde, op de vierde en laatste verdieping. Donato was een trouwe bezoeker van de parochiekerk van de Heilige Familie en als goed christen zette hij zich erg voor haar in, door geld en tweedehands kleren en schoenen voor haar in te zamelen en door een baantje te regelen voor Antonio, de oudste zoon, in de garage van Gorresio, een kennis van hem. Melina was hem zo dankbaar dat de dankbaarheid in haar treurige vrouwenhart omsloeg in liefde, in hartstocht. Het was niet bekend of Sarratore dat ooit gemerkt had. Hij was een heel hartelijke, maar ook heel serieuze man, het was bij hem alleen maar huis, kerk en werk; hij maakte deel uit van het reizend personeel van de nationale spoorwegen, en had een vast salaris waarmee hij zijn vrouw en zijn vijf kinderen – de oudste heette Nino – fatsoenlijk kon onderhouden. Als hij niet heen en weer reisde op de lijn Napels-Paola, wijdde hij zich aan de reparatie van het een of het ander in huis, ging boodschappen doen of wandelen met de laatstgeborene in de kinderwagen. Allemaal heel abnormale dingen in de wijk. Het kwam bij niemand op dat Donato zich zo inzette om het werk van zijn vrouw te verlichten. Nee: alle mannen uit de flats, mijn vader voorop, beschouwden hem als een man die graag voor vrouw speelde, temeer ook omdat hij gedichten schreef en die graag aan jan en alleman voorlas. Ook Melina kwam nooit op dat idee. De weduwe dacht liever dat hij zich, omdat hij zo zachtaardig was, door zijn vrouw op zijn kop liet zitten, en ze besloot daarom een felle strijd te leveren tegen Lidia Sarratore om hem te bevrijden en het hem mogelijk te maken zich blijvend met haar te verenigen. De oorlog die daar het gevolg van was, vond ik in het begin wel leuk, bij mij thuis en overal werd er met gemene lachjes over gepraat. Lidia hing de net gewassen lakens op en Melina klom op de vensterbank en maakte ze vuil met een rietstengel die ze speciaal daarvoor met zijn top in het vuur had gehouden; Lidia liep langs de flat en Melina spuugde op haar hoofd of goot een emmer vuil water over haar heen; als Lidia en haar wildebrassen van kinderen overdag boven Melina's hoofd op en neer liepen, maakten ze lawaai en dan stond Melina de hele nacht verbeten met een schrobber tegen het plafond te bonzen. Sarratore probeerde op alle mogelijke manieren vrede te stichten, maar hij was een te gevoelig en te beleefd mens. Van de ene pesterij kwam de andere en ten slotte kwam het zo ver dat de twee vrouwen elkaar maar op straat of op de trap hoefden tegen te komen of ze sloegen aan het schelden, met harde, woeste klanken. Vanaf dat moment werd ik bang voor hen. Een van de vele verschrikkelijke scènes uit mijn kindertijd begint met het gegil van Melina en Lidia, met de scheldwoorden die ze elkaar vanuit hun ramen en daarna op de trap naar het hoofd slingeren; dan vliegt mijn moeder naar de huisdeur, doet hem open en gaat, gevolgd door ons, kinderen, de overloop op; hij eindigt met het voor mij nu nog onverdraaglijke beeld van de twee buurvrouwen die verstrengeld met elkaar de trap af rollen en Melina's hoofd dat als een witte meloen die je uit handen is gevallen tegen de vloer van de overloop slaat, een paar centimeter van mijn schoenen vandaan.

Ik vind het moeilijk te zeggen waarom wij meisjes indertijd voor Lidia Sarratore waren. Misschien omdat ze regelmatige trekken en blonde haren had. Of omdat Donato van haar was en wij begrepen hadden dat Melina hem van haar wilde afpikken. Of omdat de kinderen van Melina sjofel en vuil waren, terwijl die van Lidia gewassen waren en netjes gekamd en omdat de oudste, Nino, die een paar jaar ouder was dan wij, mooi was en we hem leuk vonden. Alleen Lila koos voor Melina, maar ze legde ons nooit uit waarom. Op een bepaald moment zei ze alleen dat het net goed zou zijn voor Lidia Sarratore als ze uiteindelijk vermoord werd, en ik dacht dat zij dat deels zo zag omdat ze in wezen gemeen was en deels omdat zij en Melina verre familie van elkaar waren.

Op een dag liepen we terug van school, we waren met vier of vijf meisjes. Marisa Sarratore was er ook bij; ze liep gewoonlijk met ons mee, niet omdat we haar aardig vonden maar omdat we hoopten dat we via haar in contact konden komen met haar grote broer, met Nino dus. Zij zag Melina het eerst. De vrouw liep met langzame stappen aan de andere kant van de grote weg; in één hand had ze een papieren zakje en met de andere pakte ze daar telkens iets uit en at het op. Marisa wees ons op haar en noemde haar een hoer, maar zonder minachting, alleen maar het woord herhalend dat ze thuis haar moeder hoorde gebruiken. Hoewel Lila kleiner van stuk was en erg mager, gaf ze Marisa toch onmiddellijk een harde klap, waardoor Marisa op de grond viel. Ze gaf die klap koelbloedig, zoals haar gewoonte was in situaties waar geweld bij te pas kwam, zonder vooraf of erna te schreeuwen, zonder een woord van waarschuwing, zonder haar ogen open te sperren, kil en gedecideerd.

Ik schoot eerst de huilende Marisa te hulp en hielp haar opstaan, daarna draaide ik me om om te kijken wat Lila deed. Ze was het trottoir af gelopen en stak nu de straat over, op weg naar Melina, zonder op de langsrijdende vrachtwagens te letten. Ik zag, meer in haar houding dan in haar gezicht, iets wat me schokte en wat me nog steeds moeilijk valt te benoemen, zo moeilijk dat ik me er voorlopig tevreden mee stel het als volgt te formuleren: hoewel ze bewoog en de weg overstak, klein, donker, gespierd, en hoewel ze dat met haar bekende vastbeslotenheid deed, stond ze toch stil. Onbeweeglijk binnen dat wat de nicht van haar moeder overkwam, onbeweeglijk vanwege het medelijden, iets onbeweeglijks van zout, als een standbeeld van zout. Versmolten. Geheel een met Melina die de donkere, zachte zeep in haar hand had die ze net in het souterrain van don Carlo had gekocht en waar ze met haar andere hand beetjes van nam die ze opat.

6

De dag dat juffrouw Oliviero van haar lessenaar viel en met haar jukbeen tegen een bank sloeg, dacht ik, zoals ik al vertelde, dat ze dood was, omgekomen tijdens het werk zoals mijn opa en de man van Melina, en het leek me daarom dat ook Lila dood zou gaan, door de verschrikkelijke straf die ze zou krijgen. In de periode daarna, waarvan ik niet meer weet hoelang ze duurde – kort, lang – gebeurde er echter niets. Ze verdwenen alleen allebei, onderwijzeres en leerling, uit onze dagen en uit ons geheugen.

Maar alles was toen erg verrassend. Juffrouw Oliviero kwam levend terug op school en begon zich met Lila bezig te houden, niet om haar te straffen, zoals wij vanzelfsprekend zouden hebben gevonden, maar om haar te prijzen.

Die nieuwe fase begon toen de moeder van Lila, mevrouw Cerullo, op school werd ontboden. Op een ochtend klopte de conciërge op de deur. Meteen daarna kwam Nunzia Cerullo binnen, onherkenbaar. De vrouw die als het merendeel van haar seksegenoten uit de wijk altijd met ongekamde haren, op sloffen en in oude, versleten kleren rondliep, verscheen in een jurk voor grote gelegenheden (bruiloft, eerste communie, vormsel, begrafenis), stemmig donker, met een zwart glanzend tasje en schoenen met een hakje die haar gezwollen voeten pijn deden; ze overhandigde de juffrouw twee papieren zakjes, een met suiker en een met koffie.

De juffrouw nam de gift dankbaar aan en zei tegen haar en tegen de hele klas, terwijl ze naar Lila keek, die naar de bank staarde, zinnen waarvan de algemene strekking mij verwarde. We zaten in de eerste klas van de lagere school. We waren nauwelijks begonnen het alfabet en de cijfers van een tot tien te leren. Ik was de knapste van de klas, ik wist alle letters te herkennen, ik kon van een, twee, drie, vier enzovoort tellen, ik werd voortdurend geprezen om mijn handschrift, en ik won de driekleurige kokardes die de juffrouw in elkaar naaide. En toch zei la Oliviero, totaal onverwacht, en hoewel ze door Lila's toedoen was gevallen en in het ziekenhuis was beland, dat zij de beste leerling was. Het was waar dat ze de stoutste was. Waar dat ze die verschrikkelijke streek had uitgehaald van stukjes vloeipapier vol inkt naar ons te gooien. Waar dat zij, onze onderwijzeres, niet van haar lessenaar zou zijn gevallen en haar jukbeen niet aan die scherpe rand verwond zou hebben als dat meisje zich niet zo ongedisciplineerd had gedragen. Waar dat ze haar voortdurend moest straffen door haar met haar aanwijsstok een tik te geven of haar achter het bord op harde graankorrels te laten knielen. Maar er was iets wat haar als onderwijzeres, en ook als mens, met vreugde vervulde, iets geweldigs dat ze enkele dagen eerder toevallig had ontdekt.

Hier hield ze op, alsof woorden niet genoeg waren, of alsof ze Lila's moeder en ons wilde leren dat feiten bijna altijd belangrijker zijn dan woorden. Ze pakte een stukje krijt en schreef op het bord (ik herinner me nu niet wat, ik kon nog niet lezen, ik verzin het woord dus): zon. Daarna vroeg ze Lila: 'Cerullo, wat staat hier?'

Er viel een nieuwsgierige stilte in het lokaal. Lila glimlachte vaag, het was bijna een grijnzen, en ze liet zich opzij vallen, helemaal tegen haar bankgenootje aan, die hevig protesteerde. Toen las ze op stuurse toon: 'Zon.'

Nunzia Cerullo keek de juffrouw aan, en haar blik was onzeker, bijna angstig. La Oliviero leek niet onmiddellijk te begrijpen hoe het mogelijk was dat in de ogen van die moeder niet hetzelfde enthousiasme lag dat zij voelde. Maar daarna bedacht ze waarschijnlijk dat Nunzia misschien niet kon lezen of dat ze er in elk geval niet zeker van was dat er echt zon op het bord stond, en ze fronste haar wenkbrauwen. Deels om mevrouw Cerullo de situatie duidelijk te maken en deels om ons klasgenootje te prijzen zei ze vervolgens tegen Lila: 'Goed zo, er staat echt zon.'

Daarna beval ze haar: 'Kom eens, Cerullo, kom eens bij het bord.'

Lusteloos liep Lila naar het bord, de juffrouw reikte haar het krijt aan.

'Schrijf eens "pakken",' zei ze.

Heel geconcentreerd schreef Lila met bibberende letters, de ene een beetje hoger, de andere een beetje lager: PAKEN.

Juffrouw Oliviero voegde de tweede k eraan toe en mevrouw Cerullo zei toen ze de correctie zag mistroostig tegen haar dochter: 'Je hebt een fout gemaakt.'

Maar de juffrouw stelde haar onmiddellijk gerust: 'Nee, nee, nee, Lila moet oefenen, dat wel, maar ze kan al lezen, ze kan al schrijven. Wie heeft haar dat geleerd?'

Mevrouw Cerullo zei met neergeslagen ogen: 'Ik niet.'

'Maar is er bij u thuis of in de flat iemand die het haar kan hebben geleerd?'

Nunzia schudde energiek van nee.

Toen keerde de juffrouw zich naar Lila en vroeg haar met oprechte bewondering ten overstaan van ons allemaal: 'Wie heeft je leren lezen en schrijven, Cerullo?'

Cerullo, klein, met haar zwarte haren en ogen en haar zwarte schort met de roze strik bij de hals en pas zes jaar oud, antwoordde: 'Ik.'

7

Volgens Rino, Lila's oudere broer, had zijn zusje leren lezen toen ze een jaar of drie was en de letters en figuurtjes in zijn schoolleesboekje bekeek. Als hij zijn huiswerk maakte, kwam ze in de keuken naast hem zitten en leerde sneller en makkelijker dan hij.

Rino was bijna zes jaar ouder dan Lila, hij was een moedige jongen die op de binnenplaats en op straat uitblonk in alle spelletjes, vooral in spelletjes met de *strúmmolo*, de tol. Maar lezen, schrijven, rekenen en versjes uit het hoofd leren, dat was niets voor hem. Fernando, zijn vader, had hem al sinds hij nauwelijks tien jaar oud was dagelijks meegenomen naar zijn donkere schoenmakerijtje in een steegje aan de andere kant van de grote weg, om hem het vak van schoenverzoler te leren. Als wij meisjes hem tegenkwamen, roken we de geur van vuile voeten, oud bovenleer en mastiek om hem heen en plaagden we hem ermee, we noemden hem stinkzool. Misschien pochte hij daarom dat het door hem kwam dat zijn zusje zo knap was. Maar in werkelijkheid had hij nooit een schoolleesboekje gehad en had hij ook nooit huiswerk gemaakt, nog geen minuut. Onmogelijk dus dat Lila dat geleerd had door zijn inspanningen. Het was waarschijnlijker dat ze dankzij de stukken krant – die de klanten om hun oude schoenen deden en die haar vader soms mee naar huis bracht om zijn gezin de meest interessante gebeurtenissen voor te lezen – al vroegtijdig had begrepen hoe het met het alfabet zat.

Hoe het ook zij, of het nu zus was gegaan of zo, het feit lag er: Lila kon lezen en schrijven, en van die grijze ochtend waarop de juffrouw ons dat onthulde herinner ik me vooral het gevoel van neerslachtigheid dat dat bericht bij me achterliet. Vanaf de eerste dag had de school me een plek geleken waar het heel wat prettiger was dan thuis. Het was de plek in de wijk waar ik me het veiligst voelde, ik ging er heel opgewonden heen. Ik was vol aandacht tijdens de lessen, voerde alle opdrachten met de grootste zorg uit, leerde. Maar wat ik vooral fijn vond, was aardig gevonden te worden door de juffrouw, en door iedereen. Thuis was ik het lievelingetje van mijn vader en ook mijn broertjes hielden van me. Het probleem was mijn moeder, met haar gingen de dingen nooit zoals ze moesten gaan. Ook toen al, ik was amper zes, had ik de indruk dat ze alles in het werk stelde om me duidelijk te maken dat ik overbodig was in haar leven. Ze vond me niet aardig en ik vond haar niet aardig. Haar lichaam stootte me af, iets wat ze waarschijnlijk wel voelde. Ze had blondachtig haar, blauwe ogen en was mollig. Maar van haar rechteroog wist je nooit welke kant het op keek. En ook haar rechterbeen werkte niet, ze noemde het haar zieke been. Ze liep mank en haar stap maakte me angstig, vooral 's avonds als ik niet kon slapen en zij door de gang liep, naar de keuken ging, terugkwam en dan weer van voren af aan begon. Soms hoorde ik haar met kwade trappen van haar hak de kakkerlakken verpletteren die onder de voordeur door kwamen, en dan zag ik haar voor me met diezelfde woedende ogen als wanneer ze kwaad was op mij.

Het was wel zeker dat ze niet gelukkig was, het werk in huis putte haar uit en er was nooit genoeg geld. Ze werd vaak boos op mijn vader, die conciërge was bij de gemeente, schreeuwde tegen hem dat hij iets moest verzinnen, dat het zo niet verder kon. Ze maakten ruzie. Maar omdat mijn vader nooit zijn stem verhief, zelfs niet als hij zijn geduld verloor, koos ik altijd partij voor hem, tegen haar, ook al sloeg hij haar soms en kon hij tegen mij agressief zijn. Op de eerste schooldag was hij het geweest en niet mijn moeder, die tegen me zei: 'Lenuccia, doe je best bij de juffrouw, dan laten wij je studeren. Maar als je je best niet doet, als je niet de beste bent, dan ga je werken, papa heeft hulp nodig.' Ik was erg van die woorden geschrokken en al waren ze dan door hem uitgesproken, toch had ik het gevoel gehad dat ze hem door mijn moeder waren ingegeven, opgedragen. Ik had hun allebei beloofd dat ik mijn best zou doen. En alles was al meteen zo goed gegaan dat de juffrouw vaak tegen me zei: 'Greco, kom bij me zitten.'

Dat was een groot voorrecht. Juffrouw Oliviero had altijd een lege stoel naast zich staan waar ze de knapste meisjes op liet zitten, als beloning. De eerste tijd zat ik voortdurend naast haar. Ze spoorde me met bemoedigende woorden aan, stak de loftrompet over mijn blonde krullen en versterkte zo bij mij de wil om het goed te doen: helemaal het tegendeel van mijn moeder, die me als ik thuis was zo vaak met verwijten, soms ook scheldwoorden overlaadde, dat ik het liefst in een donker hoekje wilde wegkruipen in de hoop dat ze me niet meer zou vinden. En toen kwam mevrouw Cerullo dus in de klas en maakte juffrouw Oliviero bekend dat Lila ons ver vooruit was. En dat niet alleen: ze liet haar veel vaker dan mij naast zich zitten. Wat die degradatie bij mij teweegbracht weet ik niet, ik vind het moeilijk om nu duidelijk en naar waarheid te vertellen wat ik voelde. Op het moment zelf misschien niets, een beetje jaloezie, zoals alle meisjes dat hebben. Maar het is wel zeker dat ik me juist in die periode zorgen begon te maken. Hoewel mijn benen goed werkten, dacht ik toch dat ik voortdurend het risico liep mank te worden. Ik werd wakker met dat idee in mijn hoofd en stond onmiddellijk op om te kijken of mijn benen nog in orde waren. Dat was misschien de reden dat ik me op Lila concentreerde, die erg magere, lenige benen had die ze altijd bewoog, ze wiebelde er zelfs mee als ze naast de juffrouw zat, zo erg dat die geïrriteerd raakte en haar alweer vlug naar haar plaats terugstuurde. Iets overtuigde me er toen van dat als ik haar maar altijd volgde, haar manier van lopen overnam, het lopen van mijn moeder, dat zich in mijn hoofd had vastgezet en dat ik niet meer kwijtraakte, geen bedreiging meer voor me zou zijn. Ik besloot dat ik me naar dat meisje moest richten, haar nooit uit het oog moest verliezen, zelfs niet als ze geërgerd zou raken en mij weg zou jagen.

8

Waarschijnlijk was dat mijn manier om op afgunst en haat te reageren en die emoties te onderdrukken. Of misschien vermomde ik zo het gevoel van ondergeschiktheid en fascinatie dat ik ervoer. Zeker is dat ik me erin trainde Lila's superioriteit in alles opgewekt te accepteren, en ook haar getreiter.

Daar kwam bij dat de juffrouw op school zich heel verstandig gedroeg. Het is waar dat ze Lila vaak naast zich liet zitten, maar het leek wel of ze dat meer deed om haar in toom te houden dan om haar te belonen. Ze bleef in feite Marisa Sarratore, Carmela Peluso en vooral mij prijzen. Ze liet me schitteren als een stralende ster, ze moedigde me aan om steeds gedisciplineerder, steeds ijveriger en steeds oplettender te worden. Als Lila haar onrust liet varen en mij moeiteloos voorbijstreefde, prees juffrouw Oliviero mij eerst met mate en ging dan over tot verheerlijking van háár knapheid. Ik voelde het gif van de nederlaag meer steken als Marisa me voorbijstreefde, of Carmela. Maar als ik tweede bleek ná Lila, dan knikte ik instemmend, met een gelaten gezicht. Ik geloof dat ik in die jaren maar één ding vreesde: in de door juffrouw

Oliviero vastgestelde hiërarchie niet meer aan Lila gekoppeld te zijn; de juffrouw niet meer trots te horen zeggen: 'Cerullo en Greco zijn de besten.' Als ze op een dag had gezegd: 'De besten zijn Cerullo en Sarratore', of 'Cerullo en Peluso', dan had ik op slag het loodje gelegd. Dus zette ik al mijn kleine-meisjesenergie in, niet om de eerste van de klas te worden – dat leek me iets onmogelijks – maar om niet naar de derde, vierde of laatste plaats af te zakken. Ik wijdde me aan de studie en aan veel andere, moeilijke dingen die ver van me af stonden, om gelijke tred te houden met dat verschrikkelijke, briljante meisje.

Briljant in mijn ogen. Voor alle andere leerlingen was Lila alleen maar verschrikkelijk. Van de eerste tot de laatste klas van de lagere school was zij, door toedoen van het hoofd en ook een beetje van juffrouw Oliviero, het meest gehate meisje van de school en de wijk.

Minstens twee keer per jaar verplichtte het schoolhoofd de klassen zich met elkaar te meten, zodat hij kon zien wie de beste leerlingen en dus ook wie de meest competente onderwijzers waren. Juffrouw Oliviero hield van deze competitie. Voortdurend in conflict met haar collega's, met wie ze soms zelfs bijna op de vuist leek te gaan, gebruikte ze Lila en mij als overduidelijk bewijs van hoe goed zij was, de beste onderwijzeres van de lagere school van onze wijk. Daarom gebeurde het vaak dat ze ons, ook buiten de door het hoofd aangewezen gelegenheden, meenam naar andere klassen om met de kinderen daar, jongens en meisjes, te wedijveren. Gewoonlijk werd ik eerst op verkenning uitgestuurd om het competentieniveau van de vijand te peilen. Over het algemeen won ik, maar zonder overdrijving, en zonder de onderwijzers of de leerlingen te kleineren. Ik was een klein meisje met blonde krullen, best mooi, dat graag liet zien wat ze kon, maar ik was niet brutaal, en er ging iets zachts van me uit dat vertederde. Dus als ik de beste bleek in het opzeggen van versjes en tafels, in het maken van delingen en vermenigvuldigingen, in het opsommen van de verschillende bergketens, dan gaven de andere leerkrachten me toch een aai en voelden de leerlingen hoeveel moeite ik had gedaan om dat alles in mijn geheugen te stampen en haatten ze me niet.

Lila was een ander geval. Al in de eerste klas was ze zo goed dat elke competitie met haar onmogelijk werd. Sterker nog, de juffrouw zei dat ze met een beetje inspanning zo het toegangsexamen voor de tweede kon doen en dat ze, nog geen zeven jaar oud, al naar de derde zou kunnen gaan. Later werd de kloof nog groter. Lila maakte buitengewoon ingewikkelde berekeningen uit het hoofd, in haar dictees zat niet één foutje, ze praatte altijd dialect, zoals wij allemaal, maar als het nodig was kwam ze met een boeken-Italiaans voor de dag waarbij ze ook gebruikmaakte van woorden als doorgaans, weelderig of aangenaam. Met het gevolg dat als de juffrouw haar het strijdperk in stuurde om de wijzen en tijden van de werkwoorden op te noemen of sommen op te lossen, alle hoop om op een of andere manier stand te houden vervloog en de gemoederen verbitterden. Lila was te veel van het goede, voor wie dan ook.

Bovendien gaf ze welwillendheid geen kans. Haar capaciteiten erkennen betekende voor ons, kinderen, toegeven dat we nooit tegen haar op zouden kunnen en dat het zinloos was om met haar te wedijveren, en voor de meesters en juffrouwen betekende het dat ze zouden moeten bekennen dat zijzelf middelmatige kinderen waren geweest. De snelheid van haar geest had iets sissends, iets flitsends, iets van een dodelijke beet. En haar uiterlijk had niets wat corrigerend kon werken. Haar haren zaten slordig, ze was vuil, op haar ellebogen en knieën zaten altijd korsten van verwondingen die geen tijd kregen om te genezen. Haar grote, uiterst levendige ogen konden, voorafgaand aan een briljant antwoord, spleetjes worden waarachter een blik lag die niet alleen weinig kinderlijk leek, maar misschien zelfs niet eens menselijk. Elke beweging van haar vertelde je dat het geen zin had om haar kwaad te doen, omdat zij, hoe de dingen ook zouden uitpakken, altijd wel een manier zou vinden om jou nog meer kwaad te doen.

De haat was dus tastbaar, ik voelde het. Zowel de meisjes

als de jongens waren op haar gebeten, maar de jongens openlijker. Om een mysterieuze reden vond juffrouw Oliviero het namelijk vooral heerlijk ons mee te nemen naar klassen waar we niet zozeer meisjes en juffrouwen konden kleineren als wel jongens en meesters. En om even mysterieuze redenen bevorderde het hoofd vooral dit soort wedstrijden. Later dacht ik dat er op school bij die krachtmetingen om geld werd gewed, misschien zelfs om veel geld. Maar ik overdreef: misschien was het niet meer dan een manier om lucht te geven aan oude rancunes of om het hoofd in staat te stellen de minder goede of minder gezeglijke leerkrachten onder de duim te houden. Feit is dat wij tweeën, toen we in de tweede klas zaten, op een ochtend naar niets minder dan een vierde klas werden gebracht, de vierde klas van meester Ferraro, waar zowel Enzo Scanno in zat, die rotzoon van de groenteman, als Nino Sarratore, de broer van Marisa op wie ik verliefd was.

Iedereen kende Enzo. Hij was een zittenblijver en hij was al zeker een paar keer langs de klassen gesleurd met een bord om zijn hals waarop meester Ferraro – een lange, erg magere man met grijs stekelhaar en een klein, getekend gezicht met verontruste ogen – ezel had geschreven. Nino daarentegen was zo vriendelijk, zo zacht en zo stil dat hij algemeen bekend was en ook geliefd, in het bijzonder door mij. Natuurlijk telde Enzo absoluut niet mee waar het schooldingen betrof, we hielden alleen maar rekening met hem omdat zijn handen loszaten. Onze tegenstanders op intellectueel gebied waren Nino en – ontdekten we toen – Alfonso Carracci, de derde zoon van don Achille, een jochie dat net als wij in de tweede klas zat, er heel netjes uitzag en jonger leek dan de zeven jaar die hij telde. Het was duidelijk dat de meester hem naar de vierde had gehaald omdat hij meer op hem vertrouwde dan op de bijna twee jaar oudere Nino.

Er was enig geharrewar tussen juffrouw Oliviero en meester Ferraro over het onvoorziene naar voren schuiven van Carracci en daarna begon de wedstrijd, ten overstaan van de in één lokaal bijeengebrachte klassen. Ze vroegen ons de werkwoorden, ze vroegen ons de tafels, ze vroegen ons de vier rekenkundige bewerkingen, eerst op het bord, daarna uit het hoofd. Drie dingen zijn me van die bijzondere gelegenheid bijgebleven. Het eerste is dat de kleine Alfonso Carracci mij meteen versloeg, hij was kalm en precies, maar het mooie bij hem was dat hij er zich niet om verkneukelde. Het tweede dat Nino Sarratore totaal onverwacht bijna nooit op de vragen antwoordde, hij stond daar maar alsof hij niet begreep wat de twee leerkrachten hem vroegen. Het derde dat Lila de zoon van don Achille lusteloos het hoofd bood, alsof het haar niet kon schelen dat hij haar zou kunnen verslaan. Er kwam pas wat meer leven in de brouwerij toen we tot het hoofdrekenen overgingen, optellen, aftrekken, vermenigvuldigen en delen. Ondanks de lusteloosheid van Lila, die soms stond te zwijgen alsof ze de vraag niet had gehoord, begon Alfonso fouten te maken, hij vergiste zich vooral bij de vermenigvuldigingen en de delingen. Maar al ging de zoon van don Achille onderuit, ook Lila kon het niet aan en ze leken dus ongeveer even sterk. Maar op een gegeven moment gebeurde er iets onverwachts. Tot twee keer toe, als Lila geen of Alfonso het verkeerde antwoord gaf, klonk vol minachting de stem van Enzo Scanno, die vanaf de achterste bank de juiste uitkomst liet horen.

Dat verbaasde de klas, de onderwijzers, het hoofd, Lila en mij. Hoe was het mogelijk dat iemand als Enzo, een onverschillige stomme lummel, beter ingewikkelde berekeningen uit het hoofd kon maken dan Alfonso Carracci en Nino Sarratore en ik? Ineens was het alsof Lila wakker werd. Alfonso was binnen de kortste keren uitgeschakeld en toen begon er, met de trotse instemming van de meester die prompt van kampioen verwisselde, een duel tussen Lila en Enzo.

Lange tijd trotseerden de twee elkaar. Op een gegeven ogenblik passeerde het hoofd de onderwijzer en liet hij de zoon van de groentevrouw naast Lila voor het bord komen. Enzo stond op van de achterste bank, onder nerveus gegrinnik van hemzelf en zijn vriendenschaar, maar kwam toen toch somber en niet op zijn gemak naast het bord staan, tegenover Lila. Het duel ging voort met steeds moeilijker hoofdrekensommen. De jongen zei de uitkomsten in het Napolitaans, alsof hij op straat was en niet in een klaslokaal, en de meester verbeterde zijn uitspraak, maar het getal was altijd juist. Enzo leek erg trots op dat glorievolle moment, zelf verbaasd over hoe knap hij was. Daarna begon hij te bezwijken want Lila was definitief wakker, had nu die extreem vastbesloten spleetoogjes en antwoordde nauwkeurig. Enzo verloor uiteindelijk. Hij verloor, maar zonder zich daarbij neer te leggen. Hij begon te vloeken en verschrikkelijke dingen te schreeuwen. De meester beval hem achter het bord op zijn knieën te gaan zitten, maar hij weigerde. Hij kreeg klappen op zijn knoken met de aanwijsstok en werd bij zijn oren naar de strafhoek gesleurd. En zo eindigde de schooldag.

Maar vanaf dat moment begon het stel jongens stenen naar ons te gooien.

9

Die ochtend van het duel tussen haar en Enzo was belangrijk in onze lange geschiedenis. Toen ontstonden veel moeilijk te doorgronden gedragingen. Vanaf toen zag je bijvoorbeeld duidelijk dat Lila, als ze wilde, het gebruik van haar capaciteiten wist te doseren. Dat had ze met de zoon van don Achille gedaan. Niet alleen had ze hem niet willen verslaan, maar ze had ook stiltes en antwoorden zo afgewogen gebruikt dat ze zelf niet verslagen werd. We waren toen nog geen vriendinnen en ik kon haar niet vragen waarom ze zich zo had gedragen. Het was eigenlijk ook niet nodig om vragen te stellen, ik kon de reden wel raden. Net als ik had ook zij het consigne gekregen niet alleen don Achille niet te beledigen, maar ook zijn hele familie niet.

Zo stonden de zaken. We wisten niet waar die angst-wrokhaat-onderdanigheid vandaan kwam die onze ouders ten aanzien van de Carracci's vertoonden en die ze op ons overdroegen, maar het was er allemaal wel, dat was een vaststaand feit, net zoals de wijk, zijn wittige huizen, de armoedige geur op de overlopen, het stof in de straten er waren. Naar alle waarschijnlijkheid had ook Nino Sarratore stommetje gespeeld om Alfonso in staat te stellen zich van zijn beste kant te laten zien. Mooi, netjes gekamd, met zijn lange wimpers, slank en gespierd, had hij een paar dingen gemompeld en er ten slotte het zwijgen toe gedaan. Om van hem te kunnen blijven houden wilde ik denken dat het zo was gegaan. Maar diep in mijn hart twijfelde ik. Was het een keuze van hem geweest, net als bij Lila? Ik was er niet zeker van. Ik had me teruggetrokken omdat Alfonso echt beter was dan ik. Lila had hem meteen kunnen verslaan, en toch had ze het verkozen op gelijkspel te mikken. En hij? Er was iets geweest wat mij verward had, misschien zelfs verdriet had gedaan: geen onmacht, en ook geen opgeven, maar, zou ik vandaag zeggen, een wijken. Dat gemompel, zijn bleekheid, het paars dat plotseling zijn ogen had opgeslokt: wat was hij mooi, zo mat, en toch, wat had zijn matheid mij gehinderd!

Ook Lila had me op een gegeven moment prachtig geleken. Doorgaans was ik het mooie meisje. Zij daarentegen was mager als een gezouten ansjovis, de geur die ze verspreidde had iets wilds, haar gezicht was lang en smal bij de slapen, ingesloten tussen twee stroken glad, pikzwart haar. Maar toen ze besloten had zowel Alfonso als Enzo te overtroeven, was er een gloed als van een strijdende heilige over haar gekomen. Haar wangen waren rood geworden, een teken dat ze een en al bezieling was, zo vol vuur dat ik voor het eerst had gedacht: Lila is mooier dan ik. Ik was dus tweede in alles. Ik had mezelf toegewenst dat niemand dat ooit zou merken.

Maar het belangrijkste van die ochtend was de ontdekking dat een formulering die we vaak gebruikten om aan straf te ontkomen, een kern van waarheid bevatte, dus niet te sturen was en daarmee gevaarlijk. Die formulering luidde: ik heb het niet expres gedaan. Enzo was namelijk niet met opzet aan die wedstrijd mee gaan doen en hij had Alfonso niet met opzet verslagen. Lila had Enzo met opzet verslagen, maar ze had Alfonso niet ook met opzet verslagen en ze had hem niet met opzet vernederd, dat was slechts een onvermijdelijke passage geweest. De feiten die eruit voortvloeiden overtuigden ons ervan dat het maar beter was alles met opzet te doen, met voorbedachten rade, zodat we wisten wat we konden verwachten.

Want ja, wat er vervolgens gebeurde overviel ons volledig. Aangezien er bijna niets met opzet was gedaan, kwam er plotseling een massa dingen als een lavastroom over ons heen, het een na het ander. Alfonso kwam vanwege de nederlaag huilend thuis. Zijn broer Stefano – veertien, leerling in de kruidenierswinkel (de vroegere werkplaats van timmerman Peluso) waarvan zijn vader eigenaar was, hoewel hij er nooit een voet zette – kwam de volgende dag naar school en zei verschrikkelijke dingen tegen Lila, bedreigde haar zelfs. Op een gegeven moment riep zij hem een heel smerige belediging toe, hij drukte haar tegen een muur en probeerde haar tong te pakken te krijgen, terwijl hij schreeuwde dat hij er een naald doorheen wilde steken. Lila ging naar huis en vertelde alles tegen haar broer Rino, die onder haar verhaal steeds roder werd en een wilde gloed in zijn ogen kreeg. Intussen werd Enzo, toen hij 's avonds zonder zijn clubje boerenjongens naar huis terugkeerde, door Stefano staande gehouden en geslagen, gestompt en geschopt. Rino zocht Stefano 's ochtends op, ze raakten slaags en tuigden elkaar af, allebei ongeveer even hard. Een paar dagen later klopte de vrouw van don Achille, zia Maria, bij de Cerullo's aan en ging schreeuwend en scheldend tegen Nunzia tekeer. Er verliep enige tijd en op een zondag, na de mis, liep Fernando Cerullo, de schoenmaker, vader van Lila en Rino, een kleine, heel magere man, schuchter op don Achille toe en vroeg hem excuus zonder ook maar een woord te zeggen over waarvoor hij zich excuseerde. Ik zag het niet, of tenminste, ik herinner het me niet, maar ze zeiden dat het excuus hardop was uitgesproken en zodanig dat iedereen het hoorde, ook al was don Achille doorgelopen alsof de schoenmaker het niet tegen hem had gehad. Korte tijd daarna verwondden Lila en ik Enzo met een steen aan zijn enkel en gooide Enzo een steen die Lila's hoofd trof. Terwijl ik gilde van angst en Lila weer overeind kwam en het bloed van onder haar haren naar beneden stroomde, kwam Enzo de dijk af, ook hij bloedend, en toen hij Lila in die toestand zag begon hij, totaal onverwacht en in onze ogen onbegrijpelijk, te huilen. Na een poosje kwam Rino, Lila's aanbeden broer, naar school en gaf Enzo, die zich nauwelijks verdedigde, er flink met een stok van langs. Rino was groter, zwaarder en gemotiveerder. Maar er was nog meer: Enzo zei niets over de klappen die hij had gehad, niet tegen zijn clubje en niet tegen zijn moeder en niet tegen zijn vader of tegen zijn broertjes en zijn neefjes, die allemaal op het veld werkten en met een karretje langs de deuren gingen om groenten en fruit te verkopen. En zo kwam er een einde aan de wraakoefeningen. Dankzij hem.

10

Lila liep een tijdje trots rond met haar hoofd in het verband. Daarna haalde ze het verband eraf en toonde ze iedereen die het maar wilde de zwarte, aan de randjes rood gekleurde wond, die op haar voorhoofd onder de haargrens uit piepte. Ten slotte vergat ze wat haar was overkomen, en als iemand naar de wittige streep staarde die op haar huid was achtergebleven, maakte ze een agressief gebaar dat wilde zeggen: waar kijk je naar, bemoei je met je eigen zaken. Tegen mij zei ze er nooit iets over, ik kreeg nog geen woordje van dank omdat ik haar stenen had aangegeven, omdat ik haar bloed met de slip van mijn schort had opgedept. Maar vanaf dat moment begon ze me aan proeven van moed te onderwerpen die niet meer met school te maken hadden.

We zagen elkaar steeds vaker op de binnenplaats. We lieten elkaar onze poppen zien, maar onopvallend, de een in de buurt van de ander, alsof we alleen waren. Op een gegeven moment lieten we ze elkaar ontmoeten, om het uit te proberen, om te zien of ze het met elkaar konden vinden. En zo kwam de dag waarop we naast het souterrainraam met het losse gaas zaten en we ruilden, zij hield mijn pop een tijdje vast en ik een tijdje de hare, en toen duwde Lila Tina zomaar ineens door de opening in het gaas en liet ze haar vallen.

Ik voelde een ondraaglijk verdriet. Ik was aan mijn celluloid pop gehecht, ze was voor mij het kostbaarste dat ik bezat. Ik wist dat Lila een heel stout meisje was, maar ik had nooit verwacht dat ze zoiets gemeens met me zou uithalen. Mijn pop leefde voor mij en het besef dat ze daar op de grond van het souterrain lag, tussen de duizenden beesten die er leefden, maakte me wanhopig. Maar bij die gelegenheid leerde ik wel iets waarin ik later erg goed ben geworden. Ik hield mijn wanhoop binnen, ik hield haar op de rand van mijn glanzende ogen tegen, zo goed dat Lila in dialect tegen me zei: 'Kan het je niet schelen?'

Ik gaf geen antwoord. Mijn verdriet was onnoemelijk fel, maar ik voelde dat ruzie met haar maken nog erger zou zijn. Ik werd als het ware gewurgd door twee soorten lijden, een dat er al was, dat van het verlies van mijn pop, en een dat zou kunnen komen, dat van het verlies van Lila. Ik zei niets, ik maakte alleen een gebaar zonder ergernis, alsof het natuurlijk was, ook al was het niet natuurlijk en wist ik dat ik een groot risico liep. Ik beperkte me ertoe haar Nu, de pop die ze me net had gegeven, ook in het souterrain te gooien.

Lila keek me ongelovig aan.

'Wat jij doet, doe ik ook,' zei ik hardop en erg geschrokken.

'Je gaat haar nu halen.'

'Als jij de mijne haalt.'

We gingen samen. In de entree van de flat was links de lage deur die toegang gaf tot de souterrains, we kenden hem goed. Hij hing scheef – een van de vleugels rustte op slechts één hengsel – en werd tegengehouden door een deurketting die de twee panelen op een ongelukkige manier bij elkaar hield. Elk kind kwam in de verleiding, maar was er tegelijk doodsbang voor, om de deur zo ver open te duwen dat je erlangs kon, naar de andere kant. Dat deden wij. We maakten net zo veel ruimte dat onze dunne, soepele lijfjes het souterrain in konden glippen.

Eenmaal binnen, eerst Lila en daarna ik, daalden we via vijf stenen treetjes af naar een vochtige ruimte die schaars werd verlicht door de kleine openingen op straathoogte. Ik was bang, ik probeerde vlak achter Lila te blijven, maar die leek boos en stoof vooruit om haar pop te zoeken. Ik liep tastend verder. Onder de zolen van mijn sandalen hoorde ik dingen kraken, glas, steentjes, insecten. Om me heen lagen niet te identificeren donkere massa's, puntig of vierkant of rond. Het beetje licht dat door de duisternis brak, viel soms op herkenbare dingen: het frame van een stoel, de poot van een lamp, fruitkistjes, achter- en zijkanten van kasten, ijzeren strips. Ik schrok erg van iets wat me een slap gezicht met grote, glazen ogen leek en dat uitliep in een kin in de vorm van een doos. Ik zag het met een treurige uitdrukking aan een houten rekje hangen en gaf een gil, wees Lila ernaar. Zij draaide zich met een ruk om, liep er langzaam met haar rug naar me toe heen, stak voorzichtig een hand uit, maakte het los van het rekje. Toen draaide ze zich om. Ze had het gelaat met de glazen ogen over het hare gelegd en had nu een enorm gezicht, ronde oogkassen zonder pupillen, niets van een mond, alleen die zwarte kinnebak die op haar borst bungelde.

Het waren momenten die voor altijd in mijn geheugen gegrift zijn gebleven. Ik weet het niet zeker, maar waarschijnlijk ontsnapte me een kreet van angst, want ze haastte zich me met een resonerende stem te vertellen dat het maar een gasmasker was, zo noemde haar vader het, hij had er precies zo een thuis in het berghok liggen. Ik bleef beven en kermen van angst, wat haar er kennelijk toe bracht het af te rukken en in een hoekje te gooien, met luid geraas en veel stof dat zich in de strepen licht van de raampjes samenpakte.

Ik kalmeerde. Lila keek om zich heen, ontdekte de opening waar we Tina en Nu doorheen hadden laten vallen. We gingen bij de ruwe, korrelige muur staan, keken in de duisternis. De poppen lagen er niet. Lila bleef maar in het Napolitaans zeggen: 'Ze zijn er niet, ze zijn er niet, ze zijn er niet', en zocht met haar handen de grond af, iets waar ik de moed niet voor had.

Lange, lange minuten verstreken. Slechts één keer meende ik Tina te zien, mijn hart sprong op en ik bukte me om haar te pakken, maar het was alleen maar een oud, ineengefrommeld stuk krant. 'Ze zijn er niet,' herhaalde Lila en ze liep weg naar de uitgang. Op dat moment voelde ik me verloren, niet in staat daar alleen achter te blijven en door te zoeken en niet in staat om samen met haar weg te gaan als ik mijn pop niet had gevonden.

Boven aan het trapje zei ze: 'Don Achille heeft ze gepikt, hij heeft ze in zijn zwarte tas gestopt.'*

En op datzelfde moment hoorde ik hem, don Achille: hij sloop rond tussen alle onduidelijke voorwerpen, streek erlangs. Ik liet Tina aan haar lot over en vluchtte weg om Lila niet kwijt te raken, die zich al lenig naar de andere kant van de gammele deur aan het wringen was.

11

Ik geloofde alles wat ze me vertelde. Nog zie ik de vormeloze massa van don Achille met slingerende armen door onderaardse gangen rennen, terwijl hij met zijn dikke vingers aan de ene kant het hoofd van Nu en aan de andere dat van Tina vasthoudt. Ik had veel verdriet. Ik werd ziek, kreeg groeikoorts, genas, en werd opnieuw ziek. Er overviel me een soort zintuiglijke stoornis, soms had ik de indruk dat alle levende wezens om me heen hun levensritme versnelden en dat de vaste oppervlakken week werden onder mijn vingers of opzwollen en lege ruimten lieten tussen hun massa binnenin en hun oppervlaktelaag. Als ik mijn lichaam betastte leek het of

* 'borsa nera'. De kinderen hebben deze woorden opgevangen en denken dat het over een zwarte tas gaat, maar in het Italiaans betekent 'borsa nera' ook 'zwarte markt', en daar heeft don Achille zich verrijkt. (Noot vert.)

zelfs dat opgezet was en dat stemde me treurig. Ik was ervan overtuigd dat ik bolronde wangen had, handen vol zaagsel, oorlelletjes die wel rijpe peerlijsterbessen leken en voeten in de vorm van broodjes. Toen ik weer de straat op kon en opnieuw naar school ging, voelde ik dat ook de ruimte was veranderd. Die leek verankerd te liggen tussen twee donkere polen, aan de ene kant de ondergrondse luchtbel die tegen de fundamenten van de huizen drukte, de grimmige grot waar onze poppen in waren gevallen; aan de andere kant de bovengrondse bel, op de vierde verdieping van het gebouw waar don Achille woonde, die de poppen van ons gestolen had. De twee luchtbellen zaten als het ware vastgeschroefd aan de uiteinden van een ijzeren staaf die in mijn verbeelding dwars door de appartementen, de straten, de velden, de tunnel en de spoorrails stak en ze samenperste. Ik voelde me daartussen vastgeklemd, samen met alle voorwerpen en mensen die ik dagelijks om me heen zag, en had een vieze smaak in mijn mond, en voortdurend een gevoel van misselijkheid dat me uitputte, alsof alles wat op die manier steeds strakker werd samengeperst, mij vermaalde en me tot een walgelijke, zalfachtige materie reduceerde.

Het was een hardnekkige onpasselijkheid, die misschien wel jaren duurde, tot na de vroege puberteit. Maar uitgerekend in de tijd dat ik eraan begon te lijden, kreeg ik onverwacht mijn eerste liefdesverklaring.

Lila en ik hadden nog niet geprobeerd naar boven te gaan, naar don Achille; de rouw om het verlies van Tina was nog ondraaglijk. Ik was lusteloos brood gaan kopen. Mijn moeder had me gestuurd en ik was op de terugweg, het overgebleven geld stevig in mijn vuist om het niet te verliezen en het platte, nog warme brood tegen mijn borst, toen ik merkte dat Nino Sarratore achter me aan liep, met zijn kleine broertje aan de hand. Zijn moeder, Lidia, stuurde hem 's zomers altijd naar buiten met Pino, die in die tijd niet ouder was dan vijf, met de waarschuwing hem nooit los te laten. Dicht bij een straathoek, iets voorbij de winkel van de Carracci's, leek Nino me in te willen halen, maar in plaats van door te lopen sneed hij mij de pas af, duwde me tegen de muur, legde zijn vrije hand ertegen aan als een barrière die me moest verhinderen om weg te vluchten en trok met de andere zijn broertje naast zich, stille getuige van zijn onderneming. Heel gejaagd zei hij iets wat ik niet begreep. Hij was bleek, glimlachte eerst, werd vervolgens ernstig en begon daarna weer te glimlachen. Ten slotte zei hij duidelijk articulerend in het Italiaans van op school: 'Als we groot zijn, wil ik met je trouwen.'

Daarna vroeg hij me of ik me alvast met hem wilde verloven. Hij was een beetje groter dan ik, heel mager, lange hals, een beetje uitstaande oren. Hij had weerbarstige haren, ogen met een intense blik en lange wimpers. De moeite die hij deed om zijn verlegenheid te overwinnen, was ontroerend. Maar hoewel ik ook met hem wilde trouwen, antwoordde ik toch: 'Nee, dat kan niet.'

Hij was met stomheid geslagen, Pino rukte aan zijn arm. Ik vluchtte weg.

Vanaf dat moment maakte ik me telkens als ik hem zag uit de voeten. En toch vond ik hem prachtig. Hoe vaak was ik niet in de buurt van zijn zusje Marisa gebleven om bij hem in de buurt te zijn en samen met hen terug naar huis te lopen! Maar hij had zich kennelijk op een verkeerd moment uitgesproken. Hij kon niet weten hoe stuurloos ik me voelde, hoe de verdwijning van Tina me kwelde, hoe de moeite om Lila bij te houden me uitputte, hoezeer de samengeperste ruimte van de binnenplaats, van de flats, van de wijk me beklemde. Na vele lange, angstige blikken vanuit de verte begon ook hij me te ontlopen. Een tijdlang was hij waarschijnlijk bang dat ik de andere meisjes, en vooral zijn zusje, zou vertellen van het aanzoek dat hij me had gedaan. Het was bekend dat Gigliola Spagnuolo, de dochter van de banketbakker, dat had gedaan toen Enzo haar had gevraagd zich met hem te verloven. En Enzo was het te weten gekomen en hij was boos geworden, had bij school tegen haar geschreeuwd dat ze een liegbeest was, hij had zelfs gedreigd dat hij haar dood zou steken. Ook ik kwam even in de verleiding alles te vertellen, maar liet het er toen toch maar bij zitten, ik zei het tegen niemand, ook niet tegen Lila toen we vriendinnen werden. Langzaam maar zeker vergat ik het zelf.

Ik dacht er weer aan toen de hele familie Sarratore enige tijd later verhuisde. Op een ochtend verschenen de kar en het paard van Assunta's man, Nicola, op de binnenplaats: dezelfde kar en hetzelfde oude paard waarmee hij door de straten van de wijk trok en samen met zijn vrouw groenten en fruit verkocht. Nicola had een mooi, breed gezicht en dezelfde blauwe ogen en hetzelfde blonde haar als zijn zoon Enzo. Behalve met groenten en fruit verkopen hield hij zich ook met verhuizingen bezig. En inderdaad, Donato Sarratore, Nino zelf en ook Lidia begonnen van alles naar beneden te dragen, spullen van uiteenlopende aard, matrassen, meubels, en stapelden alles op de kar.

De vrouwen hadden het lawaai van de wielen op de binnenplaats nog niet gehoord of ze kwamen bij hun ramen staan, ook mijn moeder, ook ik. De nieuwsgierigheid was groot. Het scheen dat Donato een nieuw huis had gekregen, rechtstreeks van de Spoorwegen, in de buurt van een plein dat piazza Nazionale heette. Maar volgens mijn moeder had zijn vrouw hem gedwongen om te verhuizen, om te ontkomen aan het getreiter van Melina die haar man van haar wilde afpikken. Dat was mogelijk. Mijn moeder zag altijd het kwade, en tot mijn grote ergernis ontdekte je vroeg of laat dat het er ook echt was, en haar schele oog leek speciaal gemaakt te zijn om de geheime bewegingen in de wijk op te merken. Hoe zou Melina reageren? Was het waar wat ik had horen fluisteren, dat ze met Sarratore een kind had gemaakt en dat toen had gedood? En zou ze misschien verschrikkelijke dingen gaan gillen, waaronder ook dat? Alle vrouwen, groot en klein, stonden aan het raam, misschien om het vertrekkende gezin uit te zwaaien, misschien om het schouwspel van de razernij van die lelijke, dorre weduwvrouw bij te wonen. Ik zag dat ook Lila en haar moeder Nunzia uit het raam leunden om te kijken.

Ik zocht Nino's ogen, maar hij leek andere dingen te doen te hebben. Toen overviel me, zoals gewoonlijk zonder duidelijke reden, een gevoel van uitputting dat alles om me heen krachteloos maakte. Ik bedacht dat hij me dat aanzoek misschien had gedaan omdat hij al wist dat hij weg zou gaan en me eerst wilde vertellen wat hij voor me voelde. Ik keek naar hem terwijl hij zich uitsloofde met kistjes boordevol spullen en voelde me schuldig en verdrietig omdat ik nee tegen hem had gezegd. Nu vloog hij als een vogeltje weg.

Ten slotte kwam er een eind aan de processie van meubels en huisraad. Nicola en Donato begonnen touwen aan elkaar door te geven om alles op de kar vast te sjorren. Lidia Sarratore verscheen gekleed alsof ze naar een feest ging, ze had zelfs een zomerhoedje opgezet, van blauw stro. Ze duwde de kinderwagen met haar kleine zoontje erin en naast haar liepen de twee meisjes, Marisa die van mijn leeftijd was, acht à negen, en Clelia van zes. Plotseling klonk op de tweede verdieping het lawaai van brekende dingen. Bijna op hetzelfde moment begon Melina te krijsen. Het waren zulke verscheurende kreten dat Lila haar handen op haar oren legde, zag ik. Ook hoorde je de diep bedroefde stem van Ada, Melina's oudste dochter, die 'mama, nee, mama!' riep. Na een korte aarzeling stopte ook ik mijn oren dicht. Maar intussen vloog er van alles uit het raam en mijn nieuwsgierigheid was zo groot dat ik mijn trommelvliezen weer vrij maakte, alsof ik duidelijke klanken nodig had om het te begrijpen. Maar Melina schreeuwde geen woorden, ze riep alleen maar aaah aaah, alsof ze gewond was. Ze was niet te zien, en zelfs de arm of hand die die voorwerpen gooide verscheen niet. Koperen pannen, glazen, flessen, borden leken uit eigen wil het raam uit te vliegen. Beneden maakte Lidia Sarratore zich uit de voeten, met gebogen hoofd, haar rug boven de kinderwagen gekromd, haar dochters achter haar aan, en Donato klom op de kar te midden van zijn eigendommen, en don Nicola hield het paard bij het bit en intussen raakten de voorwerpen het asfalt, stuiterden, en braken waarbij de scherven tussen de zenuwachtige poten van het dier schoten.

Ik zocht Lila met mijn ogen, haar gezicht leek veranderd, ze zag er verloren uit. Waarschijnlijk merkte ze dat ik naar haar keek, want ze verdween onmiddellijk uit de raamopening. Intussen kwam de kar in beweging. Vlak langs de muur, zonder iemand te groeten, glipten ook Lidia en haar vier kleinste kinderen naar het hek, terwijl Nino geen zin leek te hebben om weg te gaan en eruitzag alsof hij gehypnotiseerd was door dat zinloze teloorgaan van breekbare dingen op het asfalt.

Als laatste zag ik een soort zwarte vlek uit het raam komen. Het was een strijkbout, helemaal van ijzer, niet alleen het onderstuk, maar ook het handvat. Toen ik Tina nog had en thuis zat te spelen, gebruikte ik dat van mijn moeder, dat precies hetzelfde was, met die vorm van een voorsteven, en dan deed ik of het een boot in een storm was. Het ding kwam in duikvlucht naar beneden en maakte met een droge klap een gat in de grond, op enkele centimeters van Nino vandaan. Het scheelde niet veel of hij was dood geweest.

12

Geen enkele jongen verklaarde Lila ooit zijn liefde en zij heeft me nooit verteld of ze daaronder leed. Gigliola Spagnuolo kreeg voortdurend verlovingsaanzoeken, en ook ik was erg gewild. Maar Lila vonden ze niet aantrekkelijk, allereerst omdat ze graatmager was en vuil en altijd wel ergens een wond had, maar ook vanwege haar scherpe tong en omdat ze vernederende bijnamen verzon en ze, hoewel ze bij de juffrouw met Italiaanse woorden pronkte die niemand kende, met ons uitsluitend in zuiver dialect praatte, vol grove woorden, waardoor elk liefdesgevoel in de kiem werd gesmoord. Alleen Enzo deed iets wat weliswaar geen echt verlovingsaanzoek was, maar toch opgevat kon worden als een teken van bewondering en respect. Een hele tijd nadat hij haar met een steen een gat in het hoofd had bezorgd, en ik meen voordat hij door Gigliola Spagnuolo werd afgewezen, kwam hij ons een keer op de grote weg achterna en stak hij tot mijn verbazing Lila een krans peerlijsterbessen toe.

'Wat moet ik daarmee?'
'Opeten.'
'Zo zuur?'
'Laat ze rijpen.'
'Ik wil ze niet.'
'Gooi ze dan maar weg.'

Dat was alles. Enzo draaide zich om en rende weg om te gaan werken. Lila en ik begonnen te lachen. We praatten weinig, maar lachten om alles wat ons overkwam. Ik zei alleen op geamuseerde toon: 'Ik vind ze wel lekker.'

Maar eigenlijk loog ik, het waren vruchten waar ik niet van hield. De rood-gelige kleur die ze hadden als ze nog niet rijp waren en hun op zonnige dagen glanzende compactheid trokken me aan. Maar als ze op balkons hingen te rijpen en bruin en week werden als beurse peertjes, en de schil gemakkelijk losliet en korrelig vruchtvlees zichtbaar werd dat niet vies smaakte, maar rot leek op een manier die me aan de rattenlijkjes langs de grote weg deden denken, dan bleef ik er mooi van af. Ik had het bijna als test gezegd, in de hoop dat Lila ze aan mij gaf: 'Hier, pak jij ze maar.' Ik voelde dat ik, als ze Enzo's cadeau aan mij zou geven, nog blijer zou zijn dan wanneer ze me iets van zichzelf had gegeven. Maar ze deed het niet en ik herinner me nog het gevoel van verraad toen ze de krans mee naar huis nam. Ze sloeg persoonlijk een spijker in het raamkozijn. En ik zag haar de krans eraan ophangen.

13

Enzo gaf haar nooit meer iets. Na de ruzie met Gigliola, die iedereen van zijn liefdesverklaring had verteld, zagen we hem steeds minder. Ook al had hij laten zien hoe vreselijk goed hij was in hoofdrekenen, hij was te ongemotiveerd, zodat zijn onderwijzer hem niet voordroeg voor het toelatingsexamen voor de middenschool, en daar was hij niet rouwig om, integendeel, hij was er blij om. Hij schreef zich in voor een praktijkgerichte cursus, maar werkte in feite al met zijn ouders mee. Hij stond heel vroeg op om met zijn vader naar de groente- en fruitveiling te gaan of met de kar rond te rijden en de producten van hun velden in de wijk te verkopen, en met de school was het dus gauw gedaan.

Maar toen wij op het punt stonden de hoogste klas te verlaten, werd ons meegedeeld dat we gemaakt waren om verder te leren. De juffrouw liet mijn ouders en die van Gigliola en Lila om de beurt bij zich komen om hun te vertellen dat wij niet alleen het examen voor het lagereschooldiploma moesten afleggen, maar ook absoluut het toelatingsexamen voor de middenschool. Ik verzon van alles om gedaan te krijgen dat mijn vader niet mijn manke, en vooral eeuwig nijdige moeder met haar wiebelende oog naar de juffrouw stuurde, maar dat hij zelf ging, hij, de conciërge die zich netjes wist te gedragen. Het lukte me niet. Mijn moeder ging, praatte met de juffrouw en kwam heel somber weer thuis.

'De juffrouw wil geld. Ze zegt dat ze bijlessen moet geven omdat het een moeilijk examen is.'

'Maar waar dient dat examen toe?' vroeg mijn vader.

'Om haar Latijn te laten leren.'

'Waarom?'

'Omdat ze zeggen dat ze goed is.'

'Maar als ze goed is, waarom moet de juffrouw haar dan die lessen tegen betaling geven?'

'Om er zichzelf beter en ons slechter van te laten worden.'

Ze praatten er uitgebreid over. Aanvankelijk was mijn moeder tegen en mijn vader onzeker; daarna werd mijn vader er voorzichtig vóór en legde mijn moeder zich erbij neer er een beetje minder tegen te zijn; ten slotte besloten ze me het examen te laten doen, maar op voorwaarde dat ik het op school heel goed zou doen, omdat ze me er anders meteen af zouden halen.

Lila's ouders daarentegen zeiden nee. Nunzia Cerullo deed een paar weinig overtuigde pogingen, maar haar man wilde er niet eens over praten en gaf Rino zelfs een klap toen die tegen hem zei dat hij een fout beging. Lila's ouders wilden eigenlijk niet eens naar de juffrouw toe gaan, maar die liet hen door het hoofd ontbieden en toen moest Nunzia er wel heen. Bij de verlegen maar duidelijke weigering van die bange vrouw, kwam juffrouw Oliviero, stuurs maar kalm, met Lila's schitterende opstellen voor de dag en haar briljante oplossingen van moeilijke sommen en zelfs met haar kleurige tekeningen die, als ze er in de klas haar best op deed, ons allemaal in verrukking brachten, want ze schetste – met pastelkrijtjes die ze her en der pikte – heel realistische prinsessen met kapsels, juwelen, kleren en schoenen zoals je ze in geen enkel boek en zelfs niet in de parochiebioscoop zag. Maar toen de weigering werd herhaald, verloor juffrouw Oliviero haar kalmte en sleepte ze Lila's moeder als een ongehoorzame leerling mee naar het hoofd. Nunzia kon echter niet zwichten, dat mocht ze niet van haar man. En dus herhaalde ze haar nee totdat zijzelf, en ook de juffrouw en het hoofd, er doodmoe van waren.

De dag erna zei Lila onder het naar school gaan op haar bekende toon: 'Dat examen doe ik toch.' Ik geloofde haar, het was zinloos haar iets te verbieden, dat wisten we allemaal. Ze leek de sterkste van ons, meisjes, maar ze leek ook sterker dan Enzo en Alfonso en Stefano, sterker dan haar broer Rino, sterker dan onze ouders, sterker dan alle volwassenen, de juffrouw en de carabinieri die je in de gevangenis konden zetten inbegrepen. Hoewel ze er broos uitzag, verloor elk verbod bij haar zijn consistentie. Ze wist hoe ze grenzen kon overschrijden zonder daar ooit echt de gevolgen van te ondergaan. Uiteindelijk zwichtten de mensen en moesten ze haar zelfs prijzen, al deden ze dat met tegenzin.

14

Ook naar don Achille gaan was verboden, maar zij besloot het toch te doen, en ik ging haar achterna. Het was bij déze gelegenheid dat ik ervan overtuigd raakte dat niets haar kon tegenhouden en sterker nog, dat elke ongehoorzaamheid van haar een adembenemend verrassende afloop kende.

We wilden dat don Achille ons onze poppen teruggaf. Daarom gingen we de trap op, maar bij elke volgende tree scheelde het maar een haartje of ik was omgedraaid en teruggegaan naar de binnenplaats. Ik voel nog Lila's hand de mijne pakken en ik denk graag dat ze daar niet alleen toe besloot omdat ze aanvoelde dat ik de moed niet had om helemaal naar de bovenste verdieping te gaan, maar ook omdat zijzelf met dat gebaar de kracht zocht om verder te gaan. En zo legden we de laatste stukken trap af, naast elkaar, ik aan de kant van de muur en zij aan de kant van de leuning, terwijl we elkaars bezwete handen stevig vasthielden. Voor de deur van don Achille klopte mijn hart verschrikkelijk, ik hoorde het in mijn oren, maar ik troostte mezelf met de gedachte dat ik ook het lawaai van Lila's hart hoorde.

Er klonken stemmen in het appartement, misschien van Alfonso of van Stefano of Pinuccia. Na een heel lange, zwijgende pauze voor de deur drukte Lila op de bel. Stilte, vervolgens geslof. Donna Maria deed open, ze droeg een vaalgroene peignoir. Toen ze praatte zag ik een gouden tand in haar mond, die erg blonk. Ze dacht dat we voor Alfonso kwamen en was een beetje verbaasd. Lila zei in het Napolitaans tegen haar: 'Nee, we willen don Achille.'

'Zeg het maar tegen mij.'

'We moeten met hem praten.'

De vrouw riep: 'Achì.'

Weer geslof. Er dook een gedrongen figuur op uit het halfduister. Hij had een lang bovenlijf, korte benen, armen die tot zijn knieën reikten en een sigaret in zijn mond, je zag het gloeiende uiteinde. Met hese stem vroeg hij: 'Wie is daar?'

'De dochter van de schoenmaker en de oudste van de Greco's.'

Don Achille kwam in het licht staan en voor het eerst zagen we hem goed. Niks mineralen, niks geschitter van glas. Zijn gezicht was van vlees, lang, en hij had alleen bij zijn oren wat warrige haren, het hele midden van zijn hoofd glom. Hij had glanzende ogen, waarvan het wit rood dooraderd was, een brede, smalle mond en een stevige kin met een kuiltje in het midden. Ik vond hem lelijk, maar niet zo erg als ik me had voorgesteld.

'Ja?'

'De poppen,' zei Lila.

'Welke poppen?'

'Die van ons.'

'We hebben jullie poppen niet nodig hier.'

'U hebt ze beneden in het souterrain gepakt.'

Don Achille draaide zich om en riep naar binnen:

'Pinù, heb jij de pop van de dochter van de schoenmaker gepakt?'

'Nee hoor.'

'En jij, Alfò?'

Gelach.

Waar ze al die moed vandaan had weet ik niet, maar Lila zei gedecideerd: 'U hebt ze gepakt, we hebben u gezien.'

Het was even stil.

'Hebben jullie mij gezien?' vroeg don Achille.

'Ja, en u hebt ze in uw zwarte tas gestopt.'

Toen de man die laatste woorden hoorde, fronste hij geërgerd zijn voorhoofd.

Ik kon niet geloven dat wij daar stonden, voor don Achille, en Lila zo tegen hem praatte terwijl hij haar stomverbaasd aanstaarde en Alfonso, Stefano en Pinuccia vaag op de achtergrond te zien waren en donna Maria de tafel dekte voor het avondeten. Ik kon niet geloven dat hij een gewoon iemand was, een beetje klein, een beetje kaal, een beetje ongeproportioneerd, maar gewoon. Daarom verwachtte ik dat hij zich elk ogenblik kon transformeren.

Alsof hij de betekenis van die woorden goed wilde begrijpen, herhaalde don Achille: 'Ik heb jullie poppen gepakt en ze in een zwarte tas gedaan?'

Ik voelde dat hij niet boos was, maar plotseling treurig, alsof hij de bevestiging kreeg van iets wat hij al wist. Hij zei iets in het Napolitaans wat ik niet begreep.

Maria riep: 'Achì, het eten is klaar.'

'Ik kom eraan.'

Don Achille bracht een grote, brede knuist naar de achterzak van zijn broek. Wij knepen hard in elkaars hand, in de verwachting dat hij een mes tevoorschijn zou trekken. Maar hij haalde er zijn beurs uit, deed hem open, keek erin en reikte Lila geld aan, hoeveel weet ik niet meer.

'Koop ieder maar een pop,' zei hij.

Lila griste het geld uit zijn hand en sleurde me mee, de trap af. Terwijl hij aan de balustrade kwam staan mompelde hij: 'En vergeet niet dat jullie ze van mij hebben gekregen.'

Ik zei in het Italiaans, terwijl ik oplette niet van de trap te vallen: 'Goedenavond en smakelijk eten.'

15

Meteen na Pasen begonnen Gigliola Spagnuolo en ik ons bij juffrouw Oliviero thuis voor te bereiden op het toelatingsexamen. Ze woonde meteen naast de parochiekerk van de Heilige Familie, haar ramen keken uit op het parkje en van daar zag je, achter dichte begroeiing, de palen langs de spoorweg. Gigliola kwam bij mij beneden langs en riep me. Ik stond al klaar en rende de deur uit. Ik hield van die privélessen, twee per week, geloof ik. Aan het eind van de les bood de juffrouw ons droge biscuitjes in de vorm van een hartje aan en een glas priklimonade.

Lila kwam nooit, haar ouders hadden de juffrouw niet willen betalen. Maar aangezien we inmiddels dikke vriendinnen waren, bleef ze tegen me zeggen dat ze het examen zou doen en op de middenschool in dezelfde klas zou komen als ik.

'En de boeken?'

'Die leen jij me.'

Maar intussen kocht ze met het geld van don Achille een roman: *Onder moeders vleugels.* Ze besloot hem te kopen omdat ze hem al kende en prachtig had gevonden. In de vierde had juffrouw Oliviero de knapsten onder ons boeken te lezen gegeven. Lila had *Onder moeders vleugels* gekregen, vergezeld van de volgende zin: 'Dit is voor grote meisjes, maar voor jou kan het wel', en ik het boek *Cuore*, zonder ook maar één woord dat me vertelde waar het over ging. Lila had binnen de kortste keren zowel *Onder moeders vleugels* als *Cuore* gelezen en ze zei dat het geen vergelijk was; volgens haar was *Onder moeders vleugels* prachtig. Het was mij niet gelukt het te lezen, ik had *Cuore* maar met moeite op tijd uit gekregen, net voor de dag waarop de juffrouw had bepaald dat we de boeken terug moesten geven. Ik was een trage lezer, en dat ben ik nog. Toen Lila *Onder moeders vleugels* aan juffrouw Oliviero moest teruggeven, had ze het betreurd dat ze het niet voortdurend opnieuw kon lezen, maar ook dat ze er niet met mij over kon praten. Daarom nam ze op een ochtend een beslissing. Ze riep me vanaf de straat, we gingen naar de meertjes, naar de plek waar we het geld van don Achille in een metalen doosje hadden begraven, pakten dat geld en vroegen Iolanda – de mevrouw van de kantoorboekhandel, die god weet hoelang al een door de zon vergeeld exemplaar van *Onder moeders vleugels* in de etalage had liggen – of het genoeg was. Het was genoeg. Vanaf het moment dat het boek ons eigendom was, begonnen we op de binnenplaats bij elkaar te komen om het te lezen, zachtjes voor onszelf, vlak naast elkaar, of hardop. We lazen het maandenlang en zo vaak dat het boek vuil werd, aan flarden raakte, zijn rug verloor, dat de draden los begonnen te raken en de katernen ook. Maar het was ons boek, we hielden er erg veel van. Ik zorgde ervoor, bewaarde het thuis bij mijn schoolboeken, omdat Lila het liever niet bij haar thuis had. Haar vader werd in die tijd al kwaad als hij haar erop betrapte dat ze zat te lezen.

Maar Rino beschermde haar. Toen die kwestie van het toelatingsexamen speelde, barstten er voortdurend ruzies los tussen hem en zijn vader. Rino was een jaar of zestien indertijd, erg gespannen en in een gevecht gewikkeld om betaald te worden voor het werk dat hij deed. Hij redeneerde als volgt: ik sta om zes uur op; ik ga naar de winkel en werk tot acht uur 's avonds; ik wil een salaris. Maar die woorden choqueerden zowel zijn vader als zijn moeder. Rino had een bed om in te slapen, hij had te eten, waarom wilde hij geld? Het was zijn taak om het gezin te helpen, niet om het armer te maken. Maar de jongen drong aan, hij vond het oneerlijk om net zo hard als zijn vader te ploeteren en er geen cent voor te krijgen. Dan antwoordde Fernando Cerullo hem schijnbaar geduldig: 'Ik betaal je al, Rino, ik betaal je rijkelijk door je het hele vak te leren: binnenkort zul je niet alleen in staat zijn nieuwe hakken en zolen aan te brengen en naden te repareren; je vader is je alles aan het leren wat hij weet en het duurt niet lang meer of je zult een hele schoen kunnen maken, volgens de regelen der kunst.' Maar die betaling op basis van onderricht was voor Rino niet voldoende en dus kibbelden ze, vooral tijdens het avondeten. Ze begonnen met over geld te praten en eindigden met ruzie over Lila.

'Als jij me betaalt, zorg ik dat ze kan leren,' zei Rino.

'Leren? Waarom? Heb ik geleerd?'

'Nee.'

'En heb jij geleerd?'

'Nee.'

'Waarom moet jouw zus, een meisje, dan leren?'

Het eindigde er bijna altijd mee dat Rino een klap in zijn gezicht kreeg, omdat hij zich op de een of andere manier, ook al was het onbedoeld, toch onbehoorlijk tegen zijn vader had gedragen. Zonder te huilen en met kwade stem vroeg de jongen dan excuus.

Lila zweeg tijdens die discussies. Ze heeft het me nooit gezegd, maar ik kreeg de indruk dat zij ondanks alles niet kwaad was op haar vader, terwijl ik mijn moeder haatte, echt, diep haatte. Lila zei dat hij erg aardig was, dat hij als er gerekend moest worden dat door haar liet doen, dat ze hem tegen vrienden had horen zeggen dat zijn dochter de meest intelligente persoon van de wijk was en dat hij haar, als het haar naamdag was, persoonlijk warme chocolademelk en vier koekjes op bed bracht. Maar er was weinig aan te doen, dat zij doorleerde paste niet in zijn denkpatroon. En evenmin paste het bij zijn financiële mogelijkheden: de familie was groot, ze teerden allemaal op het winkeltje, twee ongehuwde zussen van Fernando en de ouders van Nunzia incluis. Praten over het onderwerp 'leren' was dus als praten tegen een muur. En haar moeder was alles bij elkaar genomen dezelfde mening toegedaan. Alleen haar broer dacht er anders over en verzette zich moedig tegen hun vader. En Lila leek er om redenen die ik niet begreep van overtuigd dat Rino zou winnen. Hij zou zijn salaris krijgen en haar van zijn geld naar school laten gaan.

'Als er iets betaald moet worden, dan doet híj dat,' legde ze me uit.

Ze wist zeker dat haar broer haar ook het geld voor de schoolboeken zou geven en zelfs voor de pennen, het etui, de pastelkrijtjes, de wereldkaart, de schort en de strik. Ze aanbad hem. Ze zei dat ze veel geld wilde verdienen als ze uitgeleerd was, alleen maar om haar broer de rijkste man van de wijk te maken.

Rijkdom werd in dat laatste jaar van de lagere school een idee-fixe voor ons. We praatten erover zoals in romans over het zoeken naar een schat wordt gepraat. We zeiden: 'Als we later rijk zijn, doen we dit, doen we dat.' Als je ons hoorde, leek het of de rijkdommen ergens in de wijk verborgen lagen, in schatkisten die, eenmaal geopend, ons toe zouden fonkelen, en dat ze alleen maar lagen te wachten tot wij ze vonden. Maar later veranderden de dingen, waarom weet ik niet, en begonnen we studie en geld met elkaar in verband te brengen. We dachten dat we door heel veel te studeren boeken zouden kunnen schrijven en dat die boeken ons rijk zouden maken. Rijkdom was altijd een gefonkel van in talloze kisten opgeslagen gouden munten, en om die te bereiken was het voldoende te studeren en een boek te schrijven.

'We gaan er samen een schrijven,' zei Lila een keer, en dat vervulde me met vreugde.

Misschien vatte dat idee bij haar post toen ze ontdekte dat de auteur van *Onder moeders vleugels* zo rijk was geworden dat ze een beetje van haar rijkdom aan haar familie had gegeven. Maar daar durf ik mijn hoofd niet onder te verwedden. We discussieerden erover, ik zei dat we meteen na het toelatingsexamen konden beginnen. Daar stemde ze mee in, maar ze kon de verleiding niet weerstaan. Terwijl ik hard moest werken, ook al vanwege de middaglessen met Gigliola bij juffrouw Oliviero, was zij vrijer, ze ging aan de slag en schreef een roman, zonder mij.

Ik was erg teleurgesteld toen ze me de roman bracht om hem me te laten lezen, maar ik zei niets, liet zelfs niets van mijn teleurstelling merken en deed heel enthousiast. Het betrof een tiental blaadjes ruitjespapier, dubbelgevouwen en met een speld bijeengehouden. Er was ook een met pastelkrijtjes getekende omslag, ik herinner me de titel. Het boek heette *De blauwe fee*, en wat was het boeiend, en wat zaten er veel moeilijke woorden in! Ik zei dat ze het aan de juffrouw moest laten lezen. Dat wilde ze niet. Ik smeekte het haar, bood aan dat ik haar de roman zou geven. Weinig overtuigd knikte ze van ja.

Op een keer dat ik bij juffrouw Oliviero was voor de les, profiteerde ik van een moment dat Gigliola naar de wc was om *De blauwe fee* tevoorschijn te halen. Ik zei dat het een prachtige roman was, door Lila geschreven, en dat Lila hem aan haar wilde laten lezen. Maar de juffrouw, die, afgezien van Lila's stoute streken, de afgelopen vijf jaar altijd enthousiast was geweest over alles wat mijn vriendinnetje deed, antwoordde koel: 'Zeg tegen Cerullo dat ze beter voor het diploma kan werken in plaats van haar tijd te verdoen.' En hoewel ze Lila's roman aannam, liet ze hem toch zonder er een blik in te werpen op tafel liggen.

Die houding verwarde me. Wat was er gebeurd? Was ze boos op Lila's moeder en gold haar boosheid nu ook Lila zelf? Zat het geld haar dwars dat de ouders van Lila haar niet hadden willen geven? Ik begreep het niet. Een paar dagen later vroeg ik haar voorzichtig of ze *De blauwe fee* had gelezen. Ze antwoordde op een ongewone toon, geheimzinnig, alsof alleen zij en ik elkaar werkelijk konden begrijpen.

'Weet je wat het plebs is, Greco?'

'Ja, het plebs, de tribunen van het plebs, de Gracchen.'

'Het plebs is iets heel akeligs.'

'Ja.'

'En als iemand bij het plebs wil blijven horen, hij en zijn kinderen en de kinderen van zijn kinderen, dan verdient hij niet beter. Vergeet Lila en zorg voor jezelf.'

Juffrouw Oliviero zei nooit meer iets over *De blauwe fee*. Lila vroeg me er een paar keer naar, maar liet het ten slotte maar zitten. Ze zei somber: 'Zo gauw ik tijd heb schrijf ik een andere, deze was niet goed.'

'Hij was prachtig.'

'Hij was waardeloos.'

Maar ze werd minder levendig, vooral in de klas; waarschijnlijk omdat ze merkte dat juffrouw Oliviero haar niet meer prees, soms zelfs geërgerd deed over haar buitensporige knapheid. Bij de wedstrijd aan het eind van het schooljaar bleek ze niettemin de beste, maar zonder haar vroegere brutaliteit. Tot besluit van de dag legde het hoofd een heel moeilijke, persoonlijk bedachte redeneersom voor aan de overgeblevenen – in feite aan Lila, Gigliola en mij. Gigliola en ik spanden ons tevergeefs in. Lila kneep zoals gewoonlijk haar ogen tot twee spleetjes en deed haar best. Ze was de laatste die het opgaf. Op een verlegen, voor haar ongebruikelijke toon zei ze dat de som niet opgelost kon worden omdat er in de tekst iets niet klopte, maar wat wist ze niet. En toen had je de poppen aan het dansen. Juffrouw Oliviero gaf haar geweldig op haar kop. Ik zag Lila daar bij het bord staan, tenger, het krijt in de hand, heel bleek, terwijl ze een stortvloed van gemene zinnen over zich heen kreeg. Ik voelde haar pijn, ik kon dat trillen van haar onderlip niet verdragen en was bijna in tranen uitgebarsten.

'Als men een som niet weet op te lossen,' besloot de juffrouw ijzig, 'dan zegt men niet: de som is fout, dan zegt men: ik ben niet bij machte hem op te lossen.'

Het hoofd zweeg. En dat was, voor zover ik me herinner, het einde van die dag.

16

Vlak voor het examen bracht Lila me ertoe weer een van die vele dingen te doen waarvoor ik in mijn eentje de moed niet zou hebben gehad. We besloten de school de school te laten en ons buiten de grenzen van de wijk te wagen.

Dat was nog nooit gebeurd. Zolang ik me kon herinneren had ik nooit de witte, vier verdiepingen hoge gebouwtjes, de binnenplaats, de parochiekerk of het parkje verlaten, en had ik ook nooit de drang gevoeld om dat te doen. Aan de andere kant van de velden kwamen voortdurend treinen voorbij en op de grote weg reden auto's en vrachtwagens heen en weer, en toch kan ik me niet één gelegenheid herinneren waarbij ik mezelf of mijn vader of de juffrouw vroeg waar die auto's, die vrachtwagens en die treinen heen gingen, naar welke stad, naar welke wereld.

Ook Lila had zich nooit bijzonder geïnteresseerd getoond, maar die keer had zij alles geregeld. Ze zei dat ik tegen mijn moeder moest zeggen dat we na school allemaal naar het huis van de juffrouw zouden gaan voor een feestje vanwege het einde van het schooljaar, en hoewel ik probeerde haar eraan te herinneren dat de juffrouwen ons, meisjes, nooit allemaal bij hen thuis hadden uitgenodigd om feest te vieren, zei zij dat we dat juist daarom moesten zeggen. Het zou zo'n uitzonderlijk gebeuren lijken dat geen van onze ouders het lef zou hebben om op school te gaan vragen of het waar was of niet. Zoals gewoonlijk vertrouwde ik haar, en het ging precies zoals ze gezegd had. Iedereen bij mij thuis geloofde het, niet alleen mijn vader en mijn broertjes en zusje, maar ook mijn moeder.

De nacht ervoor kon ik niet slapen. Wat was er als je de wijk uit was, aan de andere kant van zijn overbekende grenzen? Achter ons verhieven zich een dicht met bomen begroeide heuvel en een paar gebouwen langs glimmende rails. Vóór ons, aan de andere kant van de grote weg, strekte zich een weg vol kuilen uit die langs de meertjes liep. Als je het hek uit kwam lag er rechts een reep boomloze velden onder een enorme lucht. Links ervan was een tunnel met drie openingen, maar als je tot aan de spoorrails naar boven klom, zag je op heldere dagen, achter enkele lage huizen, tufstenen muren en een dichte vegetatie, een blauwe berg met een lagere en een hogere top, hij heette Vesuvius en was een vulkaan.

Maar niets van waar wij dagelijks op uitkeken, of wat je kon zien als je de heuvel op klom, maakte indruk op ons. Gewend als we door de schoolboeken waren om heel deskundig te praten over wat we nooit hadden gezien, was het met name het onzichtbare dat ons opwond. Lila zei dat precies in de richting van de Vesuvius de zee lag. Rino, die er was geweest, had haar verteld dat het blauw water was, dat fonkelde en glinsterde, een schitterend schouwspel. 's Zondags, vooral 's zomers, maar vaak ook 's winters, ging hij er met zijn vrienden heen om te zwemmen, en hij had haar beloofd dat hij haar een keer mee zou nemen. Hij was natuurlijk niet de enige die de zee had gezien, ook anderen die we kenden hadden hem gezien. Op een keer hadden Nino Sarratore en zijn zusje Marisa erover gepraat, op de toon van mensen die het normaal vinden dat je daar van tijd tot tijd *taralli* en zeevruchten gaat eten. Ook Gigliola Spagnuolo was er geweest. Zij en Nino en Marisa waren zo gelukkig ouders te hebben die hun kinderen heel verre wandelingen lieten maken, niet alleen maar die paar passen in het parkje tegenover de parochiekerk. De onze waren niet zo, ze hadden geen tijd, ze hadden geen geld, ze hadden geen zin. Het is wel zo dat ik een vage, blauwige herinnering meende te hebben. Mijn moeder beweerde dat ze me toen ik klein was had meegenomen naar zee toen zij haar zieke been daar zandbaden moest geven. Maar ik geloofde mijn moeder niet erg en tegen Lila, die er geen idee van had, zei ik maar dat ik er ook geen idee van had. En zo vatte ze het plan op om net als Rino te doen, gewoon zelf op weg te gaan en erheen te lopen. Ze haalde me over om met haar mee te gaan. De volgende dag.

Ik stond vroeg op en deed alles alsof ik naar school ging: ik doopte mijn brood in mijn warme melk, pakte mijn schooltas en deed mijn schort aan. Ik wachtte zoals gewoonlijk voor het hek op Lila, maar in plaats van rechtsaf te slaan, staken we nu de grote weg over en gingen we linksaf, richting tunnel.

Het was vroeg in de ochtend en al warm. Er hing een sterke geur van aarde en gras die opdroogden in de zon. We klommen tussen hoge struiken door naar boven, over vage paadjes die naar de rails liepen. Toen we bij een hoogspanningsmast kwamen, deden we onze schorten uit en stopten ze in onze tassen, die we tussen de struiken verborgen. Daarna liepen we snel door een veld dat we heel goed kenden en vlogen een en al opwinding een helling af, waardoor we vlak naast de tunnel terechtkwamen. De rechter opening was stikdonker, nog nooit waren we die duisternis binnengedrongen. We namen elkaar bij de hand en gingen op weg. Het was een lange doorgang, de lichte cirkel van de uitgang leek heel ver. Terwijl het gedreun van onze stappen ons verdoofde, zagen we, eenmaal aan het schemerduister gewend, strepen zilverig water langs de wanden naar beneden glijden en grote plassen. Uiterst gespannen liepen we voort. Toen gaf Lila een schreeuw en ze lachte, omdat het als een heftige explosie klonk. Meteen erna schreeuwde ik en ik lachte op mijn beurt. Vanaf dat moment hielden we niet op met schreeuwen, samen en ieder apart: gelach en geschreeuw, geschreeuw en gelach, omdat het leuk was de geluiden zo versterkt te horen. Onze gespannenheid nam af, onze reis begon.

We hadden heel wat uren voor ons waarin niemand van onze families ons zou zoeken. Als ik denk aan het plezier van vrij zijn, denk ik aan het begin van die dag, aan toen we uit de tunnel kwamen en ineens op een weg stonden die kaarsrecht, zo ver als het oog reikte, voor ons lag, de weg die je, zo had Rino tegen Lila gezegd, als je hem helemaal af liep bij de zee bracht. Vrolijk stelde ik me bloot aan het onbekende. Dit was niet te vergelijken met naar het souterrain afdalen of naar het huis van don Achille klimmen. Er stond een heiige zon, het rook sterk naar verbranding. We liepen lange tijd tussen ingestorte en met onkruid overwoekerde muren, lage gebouwen waaruit stemmen in dialect kwamen en soms gegil. We zagen een paard dat voorzichtig van een dijk af kwam en hinnikend de weg overstak. We zagen een jonge vrouw op een balkonnetje die zich kamde met een luizenkam. We zagen veel kinderen met snotneuzen die ophielden met spelen en dreigend naar ons keken. We zagen ook een dikke man in onderhemd die uit een vervallen huis opdook, zijn broek opendeed en ons zijn penis liet zien. Maar wij schrokken nergens van: don Nicola, de vader van Enzo, liet ons soms zijn paard aaien, ook op onze binnenplaats waren de kinderen agressief en we hadden de oude don Mimì, die ons als we uit school kwamen altijd zijn vieze ding liet zien. Minstens drie uur lang leek de weg waarover we liepen niet anders dan het stukje wereld waarop wij elke dag uitkeken. En of we op de goede weg zaten of niet, daar voelde ik me geen moment verantwoordelijk voor. We hielden elkaar bij de hand, liepen zij aan zij voort, maar voor mij was het zoals gewoonlijk, alsof Lila tien stappen voor me liep en precies wist wat we moesten doen en waar we heen moesten. Ik was eraan gewend me in alles tweede te voelen en daarom was ik er zeker van dat voor haar, die steeds de eerste was geweest, alles helemaal duidelijk was: het tempo, hoeveel tijd we hadden voor de heen- en de terugweg, hoe je moest lopen om bij de zee te komen. Het voelde alsof alles zo precies in haar hoofd zat dat de wereld om ons heen die orde nooit zou kunnen verstoren. Ik gaf me vrolijk over. Ik herinner me een gedempt licht, dat niet uit de lucht leek te komen maar uit de diepte van de aarde, die echter, zo aan de oppervlakte gezien, arm en lelijk was.

Toen begonnen we moe te worden en honger en dorst te krijgen. Daar hadden we niet aan gedacht. Lila ging langzamer lopen, ik ook. Ik betrapte haar er twee of drie keer op dat ze naar me keek alsof ze een gemene streek met me had uitgehaald en daar spijt van had. Wat was er aan de hand? Ik merkte dat ze zich vaak omdraaide en ook ik begon me om te draaien. Haar hand begon te zweten. De tunnel, de grens van onze wijk, zagen we al lang niet meer achter ons. Het stuk dat we al hadden afgelegd, had inmiddels niet veel vertrouwds meer, net zomin als de weg die zich maar voor ons bleef uitstrekken. De mensen leken volkomen onverschillig voor ons lot. En intussen kreeg het landschap om ons heen hoe langer hoe meer het karakter van verlatenheid: gedeukte vaten, geschroeid hout, autowrakken, karrenwielen met gebroken spaken, half kapotte meubels, oud, roestig ijzer. Waarom keek Lila om? Waarom zei ze niets meer? Was er iets mis?

Ik keek nog eens wat beter. De lucht die in het begin heel hoog was geweest, was als het ware gezakt. Achter ons was hij helemaal zwart aan het worden, grote, zware wolken rustten op de bomen en de elektriciteitspalen. Vóór ons daarentegen was het licht nog verblindend, maar opzij werd het als het ware op de hielen gezeten door een paarsig grijs dat het leek te willen verstikken. In de verte klonken donderslagen. Ik was bang, maar nog banger maakte me de uitdrukking op Lila's gezicht, die nieuw was voor mij. Haar mond stond open, haar ogen waren groot, ze keek zenuwachtig naar voren, naar achteren, opzij, en ze hield mijn hand erg stevig vast. Zou ze bang zijn? vroeg ik me af. Wat gebeurde er met haar?

De eerste grote druppels vielen, ze raakten het stof op de weg en lieten kleine, bruine vlekken achter.

'Laten we teruggaan,' zei Lila.

'En de zee?'

'Die is te ver.'

'Ons huis niet dan?'

'Ook.'

'Dan gaan we naar de zee.'

'Nee.'

'Waarom niet?'

Ze was onrustig, zag ik, zo had ik haar nooit gezien. Er was iets – het lag op het puntje van haar tong, maar ze kwam er niet toe te zeggen wat – iets wat haar plotseling dwong mij haastig mee naar huis te sleuren. Ik begreep het niet: waarom gingen we niet verder? We hadden de tijd, de zee kon niet ver meer zijn, en of we nu teruggingen of verder liepen, nat zouden we toch worden als er regen kwam. Het was een manier van redeneren die ik van haar had geleerd en het verbaasde me dat zij hem niet toepaste.

Een paarsig licht doorkliefde de zwarte hemel, het donderde nu harder. Lila gaf me een stevige ruk en toen was ik ineens weinig overtuigd in de richting van onze wijk aan het rennen. De wind stak op, de grote druppels begonnen dichter te vallen en binnen enkele seconden veranderden ze in een waterval. Geen van ons beiden kwam op het idee om een schuilplaats te zoeken. We renden verblind door de regen, onze kleren meteen drijfnat, onze blote voeten in versleten sandalen hadden weinig grip op de intussen modderige grond. We renden zo lang we genoeg adem hadden.

Op een gegeven moment konden we niet meer en gingen we langzamer lopen. Bliksemflitsen, donder, een lava van regenwater stroomde aan weerskanten van de grote weg, lawaaiige vrachtwagens reden hard voorbij en wierpen golven modder op. We legden het stuk in snelle pas af, met wild kloppend hart, eerst in de stortregen, later in een fijne regen en ten slotte onder een grijze hemel. We waren doorweekt, onze haren plakten aan onze schedels, onze lippen waren paars, onze ogen stonden bang. We gingen de tunnel weer door, klommen naar boven naar het veld. De struiken waren zwaar van de regen, als ze langs ons streken moesten we ervan rillen. We vonden onze schooltassen terug, deden onze droge schorten over onze natte kleren aan, en gingen op weg naar huis. Lila, gespannen, de ogen steeds neergeslagen, gaf me inmiddels geen hand meer.

Al gauw ontdekten we dat er niets was gegaan zoals we hadden verwacht. Tegelijkertijd met het uitgaan van de school was de lucht boven de wijk zwart geworden. Mijn moeder was met een paraplu naar school gegaan om me ermee naar het feestje van de juffrouw te begeleiden. Ze had ontdekt dat ik er niet was en dat er helemaal geen feestje was. Ze was me al uren aan het zoeken. Toen ik haar zielig hinkende figuur in de verte zag, liep ik meteen van Lila weg om te voorkomen dat ze kwaad op haar werd, en ik rende haar tegemoet. Ze liet me niet eens iets zeggen. Ze sloeg me met haar hand en ook met de paraplu, terwijl ze schreeuwde dat ze me zou vermoorden als ik nog eens zoiets uithaalde.

Lila ging er gauw vandoor; bij haar thuis had niemand iets gemerkt.

’s Avonds vertelde mijn moeder alles tegen mijn vader en

dwong ze hem mij te slaan. Hij werd zenuwachtig, wilde eigenlijk niet en het liep uit op ruzie. Eerst gaf hij haar een mep, en daarna, kwaad op zichzelf, gaf hij mij een stevige aframmeling. De hele avond probeerde ik te begrijpen wat er nu eigenlijk was gebeurd. We zouden naar zee gaan en hadden dat niet gedaan, ik had voor niets een pak rammel gekregen. Er had zich een raadselachtige omkering in ons gedrag voorgedaan: ik zou zijn doorgelopen, in weerwil van de regen, ik voelde me ver van alles en iedereen, de afstand – had ik voor het eerst ontdekt – maakte een einde aan elke band en aan elke bezorgdheid; Lila had plotseling spijt gekregen van haar eigen plan, ze had van de zee afgezien en weer naar de wijk willen terugkeren. Ik begreep er niets van.

De volgende dag wachtte ik haar niet bij het hek op, ik ging alleen naar school. We zagen elkaar in het parkje, ze ontdekte de blauwe plekken op mijn armen en vroeg wat er was gebeurd. Ik haalde mijn schouders op, het was nu eenmaal gegaan zoals het gegaan was.

'Hebben ze je alleen maar geslagen?'

'Wat moesten ze dan doen?'

'Mag je nog Latijn gaan leren?'

Ik keek haar verbluft aan.

Kon dat? Had ze me meegesleurd in de hoop dat mijn ouders me voor straf niet meer naar de middenschool zouden laten gaan? Of had ze me juist om die straf te vermijden halsoverkop teruggebracht? Of – vraag ik me nu af – had ze dat, op verschillende momenten, allebei gewild?

17

Het afsluitend examen deden we samen. Toen ze zich realiseerde dat ik ook het toelatingsexamen zou doen, verloor Lila haar energie. En zo gebeurde er iets waar iedereen verbaasd over was: ik slaagde voor allebei de examens met alleen maar tienen; Lila haalde haar diploma met allemaal negens en een acht voor rekenen.

Ze zei niets, geen woord van woede of ontevredenheid. Maar ze begon met Carmela Peluso op te trekken, de dochter van de timmerman-gokker, alsof ze aan mij niet meer genoeg had. Binnen een paar dagen werden we een trio, waarin ik, die op school de eerste was gebleken, nu echter bijna steeds de derde was. Ze praatten voortdurend met zijn tweetjes en maakten grapjes, of liever gezegd, Lila praatte en maakte grapjes en Carmela luisterde en lachte. Als we tussen de parochiekerk en de grote weg gingen wandelen, liep Lila altijd in het midden en wij tweeën opzij. Als ik merkte dat ze de neiging had dichter bij Carmela te gaan lopen, leed ik daaronder en kreeg ik zin om terug naar huis te gaan.

In die laatste periode was ze als het ware versuft, alsof ze een zonnesteek had gehad. Het was al erg warm en vaak maakten we ons hoofd nat bij het fonteintje. Ik herinner me hoe ze, met haar gezicht en haren vol druppels, almaar wilde praten over het volgende jaar dat we naar school zouden gaan. Dat was haar lievelingsonderwerp geworden en daar had ze het steeds over, alsof het een van de verhalen was die ze wilde schrijven om rijk te worden. Als ze praatte, richtte ze zich bij voorkeur tot Carmela Peluso, die op haar diploma allemaal zevens had gehad en evenmin als zij het toelatingsexamen had gedaan.

Lila was heel bedreven in het vertellen, het leek allemaal echt waar, de school waar we heen zouden gaan, de leraren, en ik moest erom lachen, maar ik maakte me ook zorgen. Op een ochtend onderbrak ik haar.

'Lila,' zei ik, 'je kunt niet naar de middenschool, je hebt geen toelatingsexamen gedaan. Jij kunt er niet heen en Carmela ook niet.'

Ze werd boos. Ze zei dat ze er toch heen zou gaan, examen of geen examen.

'Carmela ook?'

'Ja, zij ook.'

'Dat is onmogelijk.'

'Let maar eens op!'

Maar mijn woorden moeten haar toch wakker hebben geschud. Vanaf dat moment was het gedaan met haar verhalen over onze toekomstige schooltijd en werd ze weer even zwijgzaam als vroeger. Maar toen begon ze plotseling opzettelijk iedereen thuis te kwellen met geschreeuw over dat ze net zoals Gigliola Spagnuolo en ik Latijn wilde gaan leren. Ze had het vooral op Rino begrepen, die beloofd had haar te helpen maar het niet had gedaan. Het had geen zin haar uit te leggen dat er inmiddels niets meer aan te doen viel, ze werd er alleen nog maar onredelijker en gemener door.

Aan het begin van de zomer kreeg ik een gevoel dat moeilijk in woorden is te vatten. Ik merkte dat ze even gespannen en agressief was als ze altijd was geweest en daar was ik blij om, zo kende ik haar weer. Maar achter haar oude manier van doen voelde ik ook een verdriet dat me hinderde. Ze leed en haar verdriet beviel me niet. Ik had liever de Lila die anders was dan ik, die mijlenver afstond van wat mij verontrustte. En het ongemakkelijke gevoel dat ik kreeg door de ontdekking dat ze kwetsbaar was, veranderde via geheimzinnige wegen in een behoefte bij mij om superieur te zijn. Als het maar even kon, en vooral als Carmela Peluso erbij was, vond ik wel een manier om er haar voorzichtig aan te herinneren dat ik een beter rapport had gehad dan zij. Als het maar even kon vestigde ik er voorzichtig haar aandacht op dat ik naar de middenschool zou gaan en zij niet. Niet langer tweede zijn, haar overtreffen, voor het eerst leek me dat een succes. Ze merkte het waarschijnlijk, want ze werd nog feller, maar tegen haar familie, niet tegen mij.

Als ik wachtte tot ze naar beneden, naar de binnenplaats kwam, hoorde ik vaak haar geschreeuw uit de ramen komen. Ze gooide met scheldwoorden in de ergste straattaal, zo vulgair dat er gedachten over orde en respect bij me opkwamen als ik ze hoorde, het leek me niet netjes dat ze de volwassenen en ook haar broer Rino op die manier behandelde. Natuurlijk, als haar vader, Fernando de schoenmaker, door het lint ging, dan werd hij gemeen. Maar alle vaders werden wel eens razend. En die van haar was, als zij hem niet provoceerde, ook nog eens een vriendelijke, sympathieke man, een harde werker. Zijn gezicht leek op dat van een acteur die Randolph Scott heette, maar zonder diens verfijning. Hij was grover, bij hem geen lichte kleuren, hij had een zware, zwarte baard die tot onder zijn ogen groeide en korte, brede handen met vuil in elke plooi ervan en onder zijn nagels. Hij maakte graag grapjes. Als ik bij Lila thuis kwam nam hij mijn neus tussen midden- en wijsvinger en deed hij of hij hem lostrok. Hij wilde me laten geloven dat hij hem van me gestolen had en dat mijn neus, eenmaal tussen zijn vingers gevangen, worstelde om weg te vluchten, terug naar mijn gezicht. Dat vond ik leuk. Maar als Rino of Lila of de andere kinderen hem kwaad maakten en ik hem vanaf de straat hoorde, dan werd ik ook bang.

Ik weet niet wat er op een middag gebeurde. In het warme seizoen bleven we tot het avondeten buiten. Die keer liet Lila zich niet zien. Ik ging onder hun ramen staan, die op de eerste verdieping waren, en riep haar. Ik gilde 'Lì, Lì, Lì' en mijn stem voegde zich bij de donderende stem van Fernando, de harde stem van zijn vrouw en de halsstarrige stem van mijn vriendin. Ik voelde heel duidelijk dat er iets verschrikkelijks gaande was. Er klonk grof Napolitaans uit de ramen en lawaai van kapotgesmeten dingen. Oppervlakkig gezien niets anders dan wat er bij mij thuis gebeurde als mijn moeder kwaad werd omdat er niet genoeg geld was, en mijn vader kwaad werd omdat zij het deel van zijn loon dat ze van hem had gekregen, al had uitgegeven. In werkelijkheid was er een fundamenteel verschil. Mijn vader hield zich in, zelfs als hij woedend was, hij werd onderdrukt heftig, gaf zijn stem geen kans om te exploderen, ook al zwollen de aders in zijn hals en schoten zijn ogen vuur. Fernando daarentegen schreeuwde, gooide dingen kapot, en zijn woede voedde zichzelf, wist van geen ophouden, sterker nog, de pogingen van zijn vrouw om hem te laten stoppen maakten hem nog razender en ook al was hij niet kwaad op haar, het liep er toch op uit dat hij haar sloeg. Ik ging dus door met Lila roepen, ook al om haar uit die storm van geschreeuw, obsceniteiten en geluiden van vernieling te halen. Ik gilde 'Lì, Lì, Lì', maar zij – ik hoorde haar – bleef maar tegen haar vader schelden.

We waren tien jaar, en zouden al heel gauw elf worden. Ik werd steeds voller, Lila bleef klein van stuk en erg mager, ze was licht en fijn gebouwd. Plotseling hield het geschreeuw op en een moment later vloog mijn vriendin uit het raam, over mijn hoofd heen en belandde op het asfalt achter mij.

Ik was met stomheid geslagen. Fernando verscheen in de raamopening terwijl hij verschrikkelijke bedreigingen tegen zijn dochter bleef schreeuwen. Hij had haar als een ding naar buiten gegooid.

Verbijsterd keek ik toe, terwijl zij probeerde overeind te komen en met een bijna geamuseerde grijns tegen me zei: 'Ik heb niks.'

Maar ze bloedde en had een gebroken arm.

18

Dat en nog veel meer konden vaders hun brutale kinderen aandoen. Na deze gebeurtenis werd Fernando somberder en werkte hij nog harder dan gewoonlijk. Carmela, Lila en ik kwamen die zomer vaak langs zijn werkplaats, maar al de tijd dat zijn dochters arm in het gips zat, keek de schoenmaker niet eens op, terwijl Rino ons altijd vrolijk toezwaaide. Het was duidelijk dat hij het erg vond. Maar vergeleken bij de algemene gewelddadigheid in de wijk stelde zijn vaderlijke gewelddadigheid eigenlijk niet veel voor. In café Solara leidde, als het heet was, verlies bij het spel en hinderlijke dronkenschap vaak tot wanhoop (een woord dat in het Napolitaans betekende dat je alle hoop verloren had maar tegelijkertijd ook dat je totaal blut was) en dus tot klappen. Silvio Solara, de baas, groot, met een indrukwekkende buik, blauwe ogen en een bijzonder hoog voorhoofd, had achter de tapkast een donkere stok en hij aarzelde niet die te gebruiken om mensen te slaan die hun consumpties niet betaalden, geld van hem hadden geleend en dat op de vervaldag niet wilden teruggeven of bepaalde afspraken maakten en zich daar niet aan hielden. Daarbij werd hij vaak geholpen door zijn zoons, Marcello en Michele, jongens van de leeftijd van Lila's broer, die nog harder sloegen dan hun vader. Er werden klappen gegeven en geïncasseerd. En vervolgens keerden de mannen terug naar huis, verbitterd door het verlies bij het spel, door de alcohol, door de schulden, door de vervaldagen, door de klappen, en bij het eerste verkeerde woord sloegen ze dan hun familieleden: een aaneenschakeling van onrechtvaardigheden die onrechtvaardigheden uitlokten.

Midden in dat eindeloos lange seizoen gebeurde er iets waar iedereen van ondersteboven was, maar wat op Lila een bijzondere uitwerking had. Don Achille, de verschrikkelijke don Achille, werd in de voormiddag van een verrassend regenachtige augustusdag in zijn eigen huis vermoord.

Hij was in de keuken en had net het raam opengezet om de frisse regenlucht binnen te laten. Hij was er speciaal voor van zijn bed gekomen, had er zijn siësta voor onderbroken. Hij droeg een versleten, lichtblauwe pyjama en aan zijn voeten had hij alleen maar sokken van een gelige kleur die aan de hielen zwart was geworden. Hij had het raam nog niet open of hij kreeg een vlaag regen in zijn gezicht – en aan de rechterkant van zijn hals, precies halverwege tussen zijn kaak en zijn sleutelbeen, een messteek.

Het bloed spoot uit zijn hals en raakte een koperen pan die aan de muur hing. Het koper blonk zo dat het bloed een vlek inkt leek waaruit – zo vertelde Lila ons – een grillige zwarte streep droop. De moordenaar – maar zij dacht eerder aan een moordenares – was zonder inbraak binnengekomen. Op een tijdstip waarop de kleine en de grote kinderen op straat waren en de volwassenen die niet aan het werk waren een uiltje knapten. Hij had de deur vast en zeker met een valse sleutel geopend. En vast en zeker had hij de bedoeling gehad don Achille terwijl hij sliep in het hart te raken, maar hij had hem wakker aangetroffen en hem die steek in de hals toegebracht. Don Achille had zich omgedraaid, met het lemmet helemaal diep in zijn hals, zijn ogen opengesperd, terwijl het bloed naar buiten stroomde en op zijn pyjama droop. Daarna was hij op zijn knieën gevallen en vervolgens met zijn gezicht op de vloer.

De moord had zo'n grote indruk op Lila gemaakt dat zij ons bijna elke dag het verhaal ervan opdrong, waarbij ze er dan met een ernstig gezicht steeds nieuwe details aan toevoegde, alsof ze erbij was geweest. Zowel Carmela Peluso als ik werd bang als we haar zo hoorden, Carmela werd zelfs zo bang dat ze er 's nachts niet van sliep. Op de ergste momenten, als de zwarte streep langs de koperen pan droop, werden Lila's ogen twee felle spleetjes. Dat de moordenaar een vrouw was, veronderstelde ze geheid alleen maar omdat het voor haar daardoor gemakkelijker was zich in te leven.

In die tijd gingen we vaak bij de Peluso's thuis dammen en tritsen. Daar was Lila ineens dol op geworden. Van Carmela's moeder mochten we in de eetkamer, waar meubels stonden die allemaal eigenhandig door haar man waren gemaakt toen don Achille hem zijn timmergereedschap en zijn werkplaats nog niet had afgenomen. We gingen aan de tafel zitten, die tussen twee buffetten met spiegels stond, en speelden. Ik vond Carmela steeds onsympathieker, maar deed alsof ik met haar minstens zo bevriend was als met Lila, sterker nog, een enkele keer liet ik het zelfs voorkomen dat ik meer op haar gesteld was. Mevrouw Peluso vond ik echter heel aardig. Ze werkte vroeger in de tabaksfabriek, maar was een paar maanden tevoren haar baan kwijtgeraakt en zat altijd thuis. Maar of het nu goed of niet goed ging, ze was hoe dan ook een vrolijk, dik mens met een grote boezem en twee blozende wangen, en ze had, hoewel er maar weinig geld was, toch altijd iets lekkers voor ons. Ook haar man leek een beetje tot rust gekomen. Hij was nu ober in een pizzeria en deed zijn uiterste best om niet meer naar café Solara te gaan en daar het weinige dat hij verdiende met kaarten te verliezen.

Op een ochtend zaten we in de eetkamer te dammen, Carmela en ik tegen Lila. We zaten aan de tafel, wij twee aan de ene, zij aan de andere kant. Zowel achter Lila als achter ons stond een buffet met een spiegel, identiek aan elkaar. Ze waren van donker hout en hadden een gekrulde lijst. Ik keek naar ons eindeloos herhaalde spiegelbeeld en kon me niet concentreren, door al die spiegelbeelden van ons die me niet aanstonden, maar ook door het geschreeuw van Alfredo Peluso, die die dag erg gespannen was en zijn vrouw Giuseppina overal de schuld van gaf.

Op een gegeven moment werd er op de deur geklopt en mevrouw Peluso deed open. Kreten, geschreeuw. Wij gingen alle drie in de deuropening staan en zagen de carabinieri, lui waar we erg bang voor waren. De carabinieri grepen Alfredo vast en namen hem mee. Hij sloeg met zijn armen, schreeuwde, riep zijn kinderen één voor één, Pasquale, Carmela, Ciro, Immacolata, greep zich aan de eigenhandig gemaakte meubels vast en aan de stoelen en aan Giuseppina en zwoer dat hij don Achille niet had vermoord, dat hij onschuldig was. Carmela huilde wanhopig, iedereen huilde en ook ik begon te huilen. Lila niet, Lila trok dat gezicht dat ze jaren eerder om Melina had getrokken, maar met enig verschil: hoewel ze nu stil bleef staan leek ze toch in beweging te zijn, samen met Alfredo Peluso die schorre kreten slaakte, angstwekkende aaah's.

Dit was het verschrikkelijkste dat we tijdens onze kindertijd meemaakten en ik was er erg van onder de indruk. Lila zorgde voor Carmela, troostte haar. Ze zei tegen haar dat als het echt haar vader was geweest die don Achille had vermoord, hij daar heel goed aan had gedaan, maar dat hij het volgens haar niet geweest was: hij was vast en zeker onschuldig en zou al heel gauw uit de gevangenis weten te ontsnappen. Ze stonden voortdurend samen te smoezen en als ik naar hen toe liep, gingen zij een eindje verderop staan om te voorkomen dat ik hen hoorde.

Puberteit

Het verhaal van de schoenen

1

Op 31 december 1958 beleefde Lila haar eerste moment van ontmarginalisering. De term is niet van mij, ze gebruikte hem altijd zelf en deed daarmee de gewone betekenis van het woord geweld aan. Ze zei dat op die momenten de randen van de mensen en de dingen plotseling oplosten. Toen ze in die nacht op het dakterras waar we de komst van 1959 vierden zomaar ineens door zo'n gevoel werd overvallen, schrok ze en hield ze het voor zich, nog niet in staat het te benoemen. Pas jaren later, op een novemberavond in 1980 – we waren intussen allebei zesendertig, getrouwd en hadden kinderen – vertelde ze me uitvoerig wat er bij die gelegenheid was gebeurd, en haar nog steeds overkwam, en maakte ze voor het eerst gebruik van dat woord.

We stonden buiten, boven op een van de flats van de wijk. Hoewel het erg koud was, hadden we lichte, gedecolleteerde jurkjes aangetrokken, om mooi te zijn. We keken naar de jongens, die vrolijk en onstuimig waren, donkere figuren verhit door het feest, het eten en de mousserende wijn. Ze staken de lonten van het vuurwerk aan om het nieuwe jaar te vieren, een ritueel waaraan Lila, zoals ik nog zal vertellen, uitgebreid had meegewerkt, zodat ze nu met een blij gevoel naar de vurige strepen in de lucht keek. Maar ineens – vertelde ze – was ze, in weerwil van de kou, helemaal gaan zweten. Het was geweest alsof iedereen te hard schreeuwde en te snel bewoog. Die sensatie was vergezeld gegaan van misselijkheid en zij had de indruk gehad dat iets volstrekt materieels dat altijd al om haar en iedereen en alles heen was geweest, maar zonder dat je het kon waarnemen, bezig was de omtrekken van mensen en dingen uit te wissen en zich zo openbaarde.

Haar hart was op hol geslagen. Ze was het geschreeuw gaan verfoeien dat uit de kelen kwam van al die mensen die in de rook en het geknal over het dakterras liepen, alsof hun kabaal aan nieuwe, onbekende wetten gehoorzaamde. Ze was misselijk geworden, het dialect had al zijn vertrouwdheid verloren, de manier waarop onze vochtige kelen de woorden met speekselnat bevochtigden was plotseling onverdraaglijk voor haar. Al die bewegende lichamen, hun botstructuur, de bezetenheid die hen dreef hadden iets afschuwwekkends gekregen. Wat zitten we slecht in elkaar, had ze gedacht, wat zijn we gebrekkig. De brede schouders, de armen, de benen, de oren, neuzen en ogen hadden haar attributen geleken van monsterlijke wezens, die uit een of andere uithoek van de donkere hemel naar beneden waren gevallen. En haar afkeer had zich, god weet waarom, vooral geconcentreerd op het lichaam van haar broer Rino, de persoon die ze toch het beste kende en van wie ze het meeste hield.

Ze had het idee gehad dat ze hem voor het eerst zag zoals hij werkelijk was: een plompe, dierlijke gedaante, gedrongen, die het hardste schreeuwde en het woestste, het gretigste en het kleingeestigste was. Het tumult in haar hart was haar te veel geworden, ze had het gevoel gehad dat ze stikte. Te veel rook, te veel stank, te veel geflits van vuurwerk in de kou. Lila had geprobeerd weer tot rust te komen. Ik moet dat wat daar door me heen gaat vastgrijpen en van me af gooien, had ze zichzelf voorgehouden. Maar op dat moment had ze in het gejuich een soort laatste knal gehoord en was er iets als de zucht van een vleugelslag langs haar gestreken. Er stond iemand te schieten en het waren geen vuurpijlen en rotjes meer, maar pistoolschoten. Haar broer Rino schreeuwde onverdraaglijke grofheden in de richting van de gelige flitsen.

Toen ze me dat verhaal vertelde, zei Lila ook nog dat wat zij ontmarginalisering noemde, niet helemaal nieuw voor haar was geweest, ook al was het haar toen pas zo duidelijk overkomen. Ze had bijvoorbeeld al vaak het gevoel gehad dat ze zich enkele fracties van een seconde in iemand of iets of in een cijfer of een lettergreep verplaatste en de omtrekken daarvan dan geweld aandeed. En dat ze die dag dat haar vader haar uit het raam had gegooid, terwijl ze daar naar het asfalt vloog, er absoluut zeker van was geweest dat heel vriendelijke, roodachtige diertjes bezig waren de straat zijn samenstelling te ontnemen en hem in een gladde, zachte materie te veranderen. Maar in die nieuwjaarsnacht was het haar voor het eerst overkomen dat ze onbekende wezens voelde die de contouren van de wereld oplosten en de angstaanjagende aard ervan lieten zien. Dat had haar van streek gemaakt.

2

Toen bij Lila het gips eraf ging en er een bleek, maar weer uitstekend werkend armpje verscheen, kwam vader Fernando tot een akkoord met zichzelf en gaf hij haar, zonder het haar rechtstreeks te zeggen, via zijn zoon Rino en zijn vrouw Nunzia toestemming om naar school te gaan en iets te leren. Wat weet ik niet precies, steno en typen, of boekhouden of huishoudkunde, of dat allemaal samen.

Ze ging er met tegenzin heen. Nunzia werd bij de leraren ontboden omdat haar dochter vaak zonder bericht afwezig was, de les verstoorde, bij overhoring weigerde te antwoorden en als ze oefeningen moest maken dat in vijf minuten deed en daarna haar klasgenoten hinderde. Op een gegeven moment kreeg zij, die nooit ziek werd, een zware griep te pakken, die ze met een soort overgave leek te accepteren, zodat het virus haar al heel gauw alle energie ontnam. Er gingen dagen voorbij en het lukte haar maar niet er weer bovenop te komen. Zodra ze, bleker dan gewoonlijk, weer aan het gewone leven probeerde mee te doen, kreeg ze opnieuw koorts. Op een dag zag ik haar op straat en het was alsof ik een geest zag, zoals die van het meisje dat giftige bessen had gegeten op een tekening in een boek van juffrouw Oliviero. Daarna verspreidde zich het gerucht dat ze al gauw dood zou gaan, iets wat ondraaglijke bezorgdheid bij me veroorzaakte. Ze herstelde echter, bijna in weerwil van zichzelf. Maar ze ging steeds minder naar school, zogenaamd omdat ze er de kracht niet voor had, en aan het eind van het jaar zakte ze voor het examen.

Ook ik voelde me niet prettig in de eerste klas van de middenschool. In het begin had ik hoge verwachtingen, en ook al zei ik het niet met zoveel woorden tegen mezelf, ik was blij dat ik daar samen met Gigliola Spagnuolo terecht was gekomen en niet met Lila. Ergens diep in mijn hart verheugde ik me op een school waartoe zij nooit toegang zou hebben, waar ik door haar afwezigheid de beste zou blijken en waarover ik, als de gelegenheid zich voordeed, tegenover haar zou kunnen praten en opscheppen. Maar het ging meteen minder goed dan ik had verwacht en heel wat kinderen bleken beter te zijn dan ik. Samen met Gigliola kwam ik in een soort moeras terecht, we waren van hun eigen middelmatigheid geschrokken diertjes en vochten het hele jaar om niet bij de slechtste leerlingen te eindigen. Ik was erg teleurgesteld. En langzaam ontstond het idee dat ik zonder Lila nooit meer het prettige gevoel zou hebben tot het zeer beperkte groepje van de besten te behoren.

Soms ontmoette ik Alfonso bij de ingang, de jongste zoon van don Achille, maar dan deden we of we elkaar niet kenden. Ik wist niet wat ik tegen hem moest zeggen, volgens mij had Alfredo Peluso er goed aan gedaan zijn vader te vermoorden en ik vond geen woorden van troost. Het lukte me ook niet medelijden met hem te voelen vanwege het feit dat hij geen vader meer had, het was alsof hij ook een beetje schuldig was aan de angst die don Achille me jarenlang had aangejaagd. Er was een zwart bandje op zijn jack genaaid, hij lachte nooit en bemoeide zich met niemand. Hij zat in een andere klas dan ik en ze zeiden dat hij erg goed was. Aan het eind van het schooljaar hoorden we dat hij over was met gemiddeld een acht en dat ontmoedigde me behoorlijk. Gigliola kreeg herexamens voor Latijn en wiskunde, ik kwam er met allemaal zessen vanaf.

Toen de rapporten waren uitgedeeld, liet mijn lerares mijn moeder komen en zei, waar ik bij stond, dat het alleen maar aan haar edelmoedigheid te danken was dat ik het met Latijn had gered, maar dat dat zonder bijlessen het komende jaar vast en zeker niet het geval zou zijn. Ik had een dubbel gevoel van vernedering: ik schaamde me omdat ik niet in staat was geweest om net zo goed te zijn als op de lagere school, en ik schaamde me om het verschil tussen de harmonieuze, keurig geklede verschijning van de lerares, tussen haar Italiaans dat een beetje op dat van *Cuore* leek, en de scheve gestalte van mijn moeder, haar oude schoenen, haar glansloze haren, haar tot een krom Italiaans omgebogen dialect.

Ook mijn moeder had waarschijnlijk een gevoel van vernedering. Met een bars gezicht keerde ze terug naar huis, ze zei tegen mijn vader dat de leraren niet tevreden over me waren, dat zij hulp nodig had in huis en dat ik op moest houden met leren. Ze discussieerden er lang over, maakten ruzie en ten slotte besloot mijn vader dat ik, aangezien ik in elk geval over was terwijl Gigliola in wel twee vakken herexamens had, het verdiende om door te gaan.

Het was een lome zomer, die ik doorbracht op de binnenplaats of bij de meertjes, meestal in gezelschap van Gigliola, die het dikwijls over de jonge universiteitsstudent had die haar thuis bijles kwam geven en die, volgens haar, van haar hield. Ik luisterde naar haar maar verveelde me. Van tijd tot tijd zag ik Lila met Carmela Peluso op straat lopen, ook Carmela had een of andere opleiding gevolgd, en ook zij was gezakt. Ik voelde dat Lila mijn vriendin niet meer wilde zijn en die gedachte veroorzaakte een vermoeidheid alsof ik slaap had. Soms ging ik, in de hoop dat mijn moeder het niet zag, op bed liggen en dommelde een beetje.

Op een middag viel ik echt in slaap en toen ik wakker werd voelde ik dat ik nat was. Ik ging naar de wc om te zien wat ik had en ontdekte dat mijn broekje onder het bloed zat. Doodsbang voor ik weet niet goed wat, misschien voor een mogelijke uitbrander van mijn moeder omdat ik me tussen mijn benen bezeerd had, waste ik mijn broekje goed, wrong het uit en deed het nat weer aan. Daarna ging ik naar de warme binnenplaats. Mijn hart klopte van angst.

Ik kwam Lila en Carmela tegen en wandelde samen met hen naar de parochiekerk. Ik voelde me weer nat worden, maar probeerde mezelf gerust te stellen door te denken dat het door mijn vochtige broekje kwam. Toen mijn angst ondraaglijk werd fluisterde ik tegen Lila: 'Ik moet je iets zeggen.'

'Wat?'

'Ik wil het alleen maar tegen jou zeggen.'

Ik nam haar bij een arm en probeerde haar bij Carmela weg te trekken, maar die volgde ons. Mijn bezorgdheid was zo groot dat ik het uiteindelijk aan allebei toevertrouwde, maar me alleen tot Lila richtte.

'Wat zou het zijn?' vroeg ik.

Carmela wist alles. Zij had het al een jaar, elke maand.

'Dat is normaal,' zei ze. 'Vrouwen hebben dat van nature, je bloedt een paar dagen, hebt pijn in je buik en in je rug, maar dan gaat het weer over.'

'Weet je dat zeker?'

'Zo zeker als wat.'

Lila's zwijgen dreef me naar Carmela. De vanzelfsprekendheid waarmee ze me het beetje dat ze wist had verteld, stelde me gerust en maakte haar sympathiek in mijn ogen. Ik bracht de hele middag kletsend met haar door, tot aan het avondeten. Je ging niet dood aan die wond, ontdekte ik. Integendeel, 'het betekent dat je groot bent en kinderen kunt krijgen als een jongen zijn ding in jouw buik steekt'.

Lila luisterde naar ons en zei niets, of bijna niets. We vroegen of zij het ook al had, net als wij, zagen haar aarzelen. Maar toen antwoordde ze een beetje weerspannig van nee. Ineens leek ze me klein, kleiner dan ik haar altijd had gezien. Ze was zes of zeven centimeter kleiner, vel over been, heel bleek, ondanks de dagen in de buitenlucht. En ze was gezakt. En ze wist niet eens wat dat was, dat van het bloed. En geen enkele jongen had ooit een liefdesverklaring tegen haar afgestoken.

'Jij krijgt het ook nog wel,' zeiden we allebei op een vals troostende toon.

'Wat kan mij dat verrekken,' zei ze, 'ik heb het niet omdat ik het niet wil hebben, ik vind het walgelijk en ik vind ook iemand die het heeft walgelijk.'

Ze wilde weglopen, maar bleef toen staan en vroeg aan mij: 'Hoe is Latijn?'

'Leuk.'

'Ben je goed?'

'Heel goed.'

Ze dacht even na en mompelde toen: 'Ik ben expres gezakt. Ik wil niet meer naar school, naar geen een.'

'Wat ga je dan doen?'

'Waar ik zin in heb.'

Ze vertrok en liet ons midden op de binnenplaats staan.

De rest van de zomer vertoonde ze zich niet meer. Ik werd dikke maatjes met Carmela Peluso die, hoewel ze heel hinderlijk nu eens overdreven zat te lachen en dan weer overdreven klaagde, zo sterk Lila's invloed had ondergaan dat ze soms een surrogaat-Lila werd. Als Carmela praatte imiteerde ze Lila's toon en gebruikte ze bepaalde uitdrukkingen die Lila regelmatig gebruikte, ze gebaarde op een vergelijkbare manier en als ze liep probeerde ze zich net als zij te bewegen, ook al leek ze fysiek meer op mij: mollig en leuk om te zien, ze blaakte van gezondheid. Ik vond dat soort onrechtmatige toe-eigening een beetje vervelend, maar het trok me ook aan. Ik schommelde tussen irritatie om een namaaksel dat me een karikatuur leek en fascinatie omdat Lila's manier van doen ook in afgezwakte vorm me hoe dan ook bekoorde. Het was door die manier van doen dat Carmela mij uiteindelijk aan zich bond. Ze vertelde hoe akelig de nieuwe school was geweest: iedereen plaagde haar en de leraren konden haar niet uitstaan. Ze vertelde over hoe ze met haar moeder en haar broertjes naar Poggioreale ging om haar vader op te zoeken, en over hoe ze dan huilden. Ze vertelde dat haar vader onschuldig was, dat het een zwartachtig wezen was geweest dat don Achille had vermoord, een beetje man maar vooral vrouw, dat bij de ratten woonde en ook overdag uit de rioolputten naar buiten kwam en dan het verschrikkelijke deed wat het moest doen om vervolgens onder de grond weg te vluchten. Ze vertelde ineens met een onnozel lachje dat ze verliefd was op Alfonso Carracci. Meteen daarna sloeg haar lachen om in huilen: die liefde kwelde haar, putte haar uit, de dochter van de moordenaar was verliefd geworden op de zoon van het slachtoffer. Ze hoefde hem maar de binnenplaats te zien oversteken of langs de grote weg te zien lopen of ze viel al bijna flauw.

Dit laatste was een ontboezeming die me erg trof en onze vriendschap verstevigde. Carmela zwoer dat ze er met niemand over had gepraat, zelfs niet met Lila: dat ze besloten had mij in vertrouwen te nemen kwam omdat ze niet langer in staat was alles binnen te houden. Haar dramatische toon beviel me. Tot de scholen weer begonnen en ik geen tijd meer had om naar haar te luisteren, onderzochten we alle mogelijke gevolgen van die hartstocht.

Wat een verhaal! Zelfs Lila zou zo'n verhaal misschien niet hebben kunnen bedenken.

3

Hierna brak er een periode aan dat ik niet goed in mijn vel zat. Ik werd dikker, op mijn borst verschenen onder mijn huid twee keiharde knoppen, in mijn oksels en op mijn schaamheuvel kwamen haren, ik werd somber en zenuwachtig tegelijk. Op school had ik meer moeite dan de voorgaande jaren, mijn wiskundesommen hadden bijna nooit de uitkomst die het leerboek gaf, de Latijnse zinnen leken kop noch staart te hebben. Als het maar even kon sloot ik me thuis op in de wc en bekeek ik me in de spiegel, naakt. Ik wist niet meer wie ik was. Ik begon te denken dat ik steeds meer zou veranderen, totdat mijn moeder, mank en met dat scheve oog, echt uit me tevoorschijn zou komen, en niemand meer van me zou houden. Ik huilde vaak, zomaar ineens. Mijn borsten, eerst hard, waren intussen groter en zachter geworden. Ik voelde me overgeleverd aan duistere, van binnen uit mijn lichaam werkende krachten, ik was altijd gespannen.

Op een ochtend, bij het uitgaan van de school, kwam Gino, de zoon van de apotheker, op straat achter me aan en zei dat mijn borsten volgens zijn vriendjes niet echt waren, dat ik watten onder mijn truitje propte. Hij praatte en lachte. Hij zei ook dat hij daarentegen dacht dat ze wel echt waren, hij had er twintig lire om verwed. En ten slotte zei hij dat hij als hij won, tien lire zelf zou houden en er tien aan mij zou geven, maar ik moest hem wel laten zien dat er geen watten zaten onder mijn truitje.

Ik schrok erg van dat verzoek. Omdat ik niet wist hoe ik me moest gedragen, nam ik heel bewust mijn toevlucht tot de schaamteloze toon van Lila: 'Kom maar met die tien lire.'

'Waarom? Heb ik gelijk?'

'Ja.'

Hij verdween en ik liep teleurgesteld weg. Maar kort daarna was hij terug, in gezelschap van een jongen uit zijn klas, een heel magere jongen met donker dons boven zijn lip, wiens naam ik me niet herinner. Gino zei: 'Hij moet er ook bij zijn, anders geloven de anderen niet dat ik heb gewonnen.'

Ik nam weer mijn toevlucht tot Lila's toon: 'Eerst het geld.'

'En als er watten zitten?'

'Die zitten er niet.'

Hij gaf me tien lire en toen klommen we alle drie zwijgend naar de bovenste verdieping van een kleine flat op een paar meter van het parkje vandaan. Daar, naast het ijzeren, door heel dunne lichtlijntjes duidelijk afgetekende deurtje dat toegang gaf tot het dakterras, deed ik mijn truitje omhoog en liet ik mijn borsten zien. Die twee bleven stokstijf staan kijken alsof ze niet geloofden wat ze daar zagen. Vervolgens draaiden ze zich om en vlogen ze de trap af.

Ik slaakte een zucht van opluchting en ging in café Solara een ijsje kopen.

Dat voorval is voor altijd in mijn geheugen gegrift omdat ik voor het eerst had gemerkt dat mijn lichaam een magnetische kracht op de jongens uitoefende, maar vooral omdat ik me toen realiseerde dat Lila niet alleen op Carmela maar ook op mij inwerkte als een veeleisend spook. Wat had ik zonder haar gedaan als ik in een dergelijke situatie en in de pure chaos van emoties een beslissing had moeten nemen? Ik zou zijn weggevlucht. En als Lila erbij was geweest? Dan zou ik haar aan een arm hebben getrokken en 'laten we gaan' tegen haar hebben gefluisterd, en daarna zou ik zoals gewoonlijk zijn gebleven, alleen maar omdat zij zoals gewoonlijk besloten zou hebben om te blijven. Maar omdat ze er niet bij was geweest, had ik na een korte aarzeling haar plaats ingenomen, of liever gezegd, had ik in mezelf plaats voor haar gemaakt. Als ik terugdacht aan het moment waarop Gino zijn verzoek deed, voelde ik heel precies hoe ik mezelf had teruggedrongen, hoe ik blik en toon en gebaar van brutale Lila-Cerullo-in-conflictsituaties had nagebootst, en was ik daar heel blij om. Maar soms vroeg ik me een beetje bezorgd af: doe ik net als Carmela? Ik had het idee van niet, ik had het idee dat ik anders was, maar ik zag maar niet waarin dan wel en dat bedierf mijn blijdschap. Toen ik met mijn ijsje langs de werkplaats van Fernando liep en Lila bezig zag met het rangschikken van schoenen op een lange plank, kwam ik in de verleiding haar te roepen en alles te vertellen om te horen wat zij ervan dacht. Maar ze zag me niet en ik liep door.

4

Ze had het altijd druk. Dat jaar dwong Rino haar zich opnieuw op die school in te schrijven, maar weer ging ze er bijna nooit heen en weer liet ze het zover komen dat ze zakte. Haar moeder vroeg haar hulp in huis, haar vader vroeg haar in de winkel te komen, en in plaats van zich te verzetten leek ze het zomaar ineens fijn te vinden zich voor allebei uit de naad te werken. De enkele keren dat we elkaar toevallig zagen – 's zondags na de mis of slenterend tussen het parkje en de grote weg – toonde ze nooit enige nieuwsgierigheid naar mijn school en begon ze onmiddellijk druk en vol bewondering te praten over het werk dat haar vader en haar broer deden.

Ze was te weten gekomen dat haar vader zich in zijn jonge

jaren van thuis had willen losmaken, uit de werkplaats van zijn grootvader – ook schoenmaker – was gevlucht en in een schoenfabriek in Casoria was gaan werken waar hij schoenen voor iedereen had gemaakt, ook voor soldaten die naar het front gingen. Ze had ontdekt dat Fernando wist hoe je een schoen moest maken, van het begin tot het eind, en met de hand, maar dat hij ook de machines heel goed kende en ze allemaal wist te gebruiken, de snijmachine, de zoommachine, de bandschuurmachine, allemaal. Ze had het over zoolleer, bovenleer, juchtleer en leerbewerkers, over hele en halve hakken, over het prepareren van de draad, over zooltjes en over hoe je de zool aanbracht en kleurde en opboende. Ze gebruikte al die vaktermen alsof het toverwoorden waren die haar vader had geleerd in een betoverde wereld – Casoria, de fabriek – waarvan hij als een voldane ontdekkingsreiziger was teruggekeerd, zo voldaan dat hij nu het familiewinkeltje verkoos en zijn rustige bankje, zijn hamer, zijn leest en de lekkere geur van de lijm, vermengd met die van versleten schoenen. Ze trok me met zo veel energie en enthousiasme die woordenschat in dat haar vader en Rino me, dankzij de bekwaamheid waarmee ze de voeten van de mensen in stevige, gemakkelijke schoenen staken, de beste mensen van de hele wijk leken. Maar wat het belangrijkste was: ik kwam telkens weer thuis met het gevoel dat ik, omdat ik als vader maar een heel gewone conciërge had en daarom mijn dagen niet in de werkplaats van een schoenmaker doorbracht, van een zeldzaam privilege was uitgesloten.

In de klas begon ik me zinloos aanwezig te voelen. Maanden- en maandenlang leek het of alle belofte, alle energie uit de leerboeken was weggetrokken. Na school liep ik, verdwaasd van ongelukkigheid, langs de winkel van Fernando – alleen maar om Lila op haar werkplek te zien, aan een tafeltje achterin, met haar broodmagere bovenlijf zonder een spoortje van borsten, haar dunne hals, haar spichtige gezicht. Ik weet niet wat ze precies deed, maar ze was daar, actief, aan de andere kant van die glazen deur, ingeklemd tussen het gebogen hoofd van haar vader en het gebogen hoofd van haar broer, niks boeken, niks lessen, niks huiswerk. Soms bleef ik voor de etalage staan kijken naar de doosjes schoenpoets en de oude, vers verzoolde schoenen en de nieuwe schoenen met vormen erin die het leer oprekten en de schoenen wijder en gemakkelijker maakten, alsof ik een klant was en me voor de koopwaar interesseerde. Ik liep pas weg, met tegenzin, als zij me zag en groette, en ik haar groet beantwoord had en zij zich weer op haar werk concentreerde. Maar vaak zag Rino mij het eerst en dan trok hij gekke gezichten om mij aan het lachten te maken. Gegeneerd rende ik dan weg, zonder te wachten tot Lila keek.

Op een zondag zat ik tot mijn verbazing ineens hartstochtelijk tegen Carmela Peluso over schoenen te praten. Zij kocht de *Sogno* en verslond de fotoromans daarin. Aanvankelijk leek me dat verloren tijd, maar later was ik er ook wel eens een blik in gaan werpen en nu lazen we hem samen, in het parkje, en leverden we commentaar op de in witte letters tegen een zwarte achtergrond geschreven verhalen en de opmerkingen van de verschillende personages. Carmela had meer dan ik de neiging om zonder overgang van commentaar op de verzonnen liefdesverhalen over te springen op commentaar op haar echte liefde, die voor Alfonso. Om niet voor haar onder te doen vertelde ik haar op een keer van de zoon van de apotheker, Gino; ik beweerde dat hij van me hield. Ze geloofde het niet. De zoon van de apotheker was in haar ogen een soort onbereikbare prins, de toekomstige eigenaar van de apotheek, een heer die nooit met de dochter van een conciërge zou trouwen, en toen stond ik op het punt haar te vertellen over die keer dat hij me had gevraagd mijn borsten te laten zien en dat ik dat had gedaan en toen tien lire had verdiend. Maar we hadden de *Sogno* wijdopen op onze knieen liggen en mijn blik viel op de prachtige schoenen met hoge hakken van een van de actrices. Het leek me een heel belangrijk onderwerp, belangrijker dan het tietenverhaal, en ik kon het niet laten: ik begon ze te prijzen, die schoenen, maar ook degene die ze zo mooi had gemaakt en ik begon te fantaseren over hoe wij als wij zulke schoenen zouden dragen, voor zowel Gino als Alfonso onweerstaanbaar zouden zijn. Maar hoe meer ik praatte, hoe ongemakkelijker ik me voelde omdat ik merkte dat ik Lila's nieuwe passie tot de mijne probeerde te maken. Carmela luisterde afwezig, en zei toen dat ze weg moest. Schoenen en schoenmakers interesseerden haar weinig of niets. Hoewel ze Lila's manier van doen imiteerde, hield ze zich, in tegenstelling tot mij, toch strikt bij de dingen die haar fascineerden: fotoromans, liefde.

5

En zo ging het die hele periode door. Ik moest al gauw toegeven dat mijn hart niet sneller ging kloppen van wat ik op mijn eentje deed, alleen wat Lila aanraakte werd belangrijk. Maar als zij afstand nam, als haar stem zich van de dingen losmaakte, dan raakten de dingen bezoedeld, stoffig. De middenschool, Latijn, de leraren, de boeken, de taal van de boeken leken me voorgoed minder interessant dan de afwerking van een schoen, en dat deprimeerde me.

Maar op een zondag veranderde alles weer. Carmela, Lila en ik waren naar de catechismusles gegaan, we moesten ons voorbereiden op de eerste communie. Na afloop zei Lila dat ze iets moest doen en ze vertrok. Maar ik zag dat ze niet richting huis liep: tot mijn grote verrassing ging ze het gebouw van de lagere school binnen.

Ik liep op met Carmela, maar omdat ik me verveelde zei ik haar op een gegeven moment gedag, liep om het gebouw heen en ging terug. Op zondag was de school dicht, waarom was Lila daar naar binnen gelopen? Hevig aarzelend waagde ik het de grote deur door te gaan, de hal in. Ik was nooit meer in mijn oude school geweest en voelde een heftige ontroering, ik herkende de geur, die me op mijn gemak stelde, een gevoel dat ik niet meer kende. Ik liep de enige deur in die op de begane grond openstond. Erachter lag een ruime zaal, door neonlampen verlicht, de wanden waren bedekt met planken vol oude boeken. Ik telde een tiental volwassenen en heel veel kleine en grotere kinderen. Ze pakten boeken, bladerden erin, zetten ze terug op hun plaats, kozen er een.

Daarna sloten ze zich aan bij een rij voor een bureau waarachter een oude vijand van juffrouw Oliviero zat, meester Ferraro, mager en met een grijs bebopkapsel. Ferraro bekeek het gekozen boekwerk, tekende iets op in een register en dan vertrokken de mensen met een of meer boeken.

Ik keek om me heen: Lila was er niet, misschien was ze al weg. Wat deed ze, ze ging niet meer naar school, was verliefd op alles wat schoen was en kwam daar toch boeken lenen, zonder iets tegen me te zeggen? Hield ze van die ruimte? Waarom vroeg ze me niet om met haar mee te gaan? Waarom had ze me bij Carmela achtergelaten? Waarom praatte ze tegen mij over hoe je zolen polijstte en niet over wat ze las?

Ik werd kwaad, en vertrok.

Een tijdlang leken de uren op school me nog waardelozer dan gewoonlijk. Daarna werd ik weer meegezogen in de stroom opdrachten en overhoringen die bij het einde van het schooljaar hoort, ik was bang voor slechte cijfers, werkte op een rampzalige manier, maar wel veel. En dan werd ik ook nog achtervolgd door andere zorgen. Mijn moeder zei dat ik onfatsoenlijk was met die borsten die ik gekregen had en nam me mee om een bh te kopen. Ze was nog kortaffer dan gewoonlijk. Het leek wel of ze zich schaamde dat ik borsten had en dat tante Betje nu ook bij mij op bezoek kwam. De onbehouwen instructies die ze me gaf waren snel en onvoldoende, amper een gemompel. Ik had nog geen tijd gehad om haar iets te vragen of ze had me de rug al toegekeerd en was met haar scheve pas haars weegs gegaan.

Met die bh werden mijn borsten nog zichtbaarder. De laatste schoolmaanden vielen de jongens me lastig en ik begreep al gauw waarom. Gino en zijn vriend hadden rondverteld dat ik er geen probleem van maakte ze te laten zien en van tijd tot tijd kwam iemand me vragen het schouwspel te herhalen. Ik maakte me uit de voeten, drukte mijn borsten plat door er mijn armen gekruist overheen te leggen, voelde me op mysterieuze wijze schuldig en alleen met mijn schuld. De jongens drongen aan, ook op straat, ook op de binnenplaats. Ze lachten, hielden me voor de gek. Ik probeerde ze een paar keer op een Lila-manier af te poeieren, maar het lukte niet goed en dan werd het me te veel en begon ik te huilen. Bang voor al dat lastigvallen sloot ik mezelf in huis op. Ik werkte heel hard en kwam uiteindelijk alleen nog maar de deur uit om met veel tegenzin naar school te gaan.

Op een ochtend in mei kwam Gino me achterna en vroeg hij me zonder stoerdoenerij, erg in de war zelfs, of ik me met hem wilde verloven. Ik zei nee, uit wrok, uit wraak, uit onbehagen, maar was toch trots dat de zoon van de apotheker me wilde. De volgende dag vroeg hij het weer en hij bleef het me vragen, tot juni, toen we – een beetje verlaat omdat zo'n feest het leven van onze ouders compliceerde – onze eerste communie deden, in witte jurken, als bruiden.

In die kleren bleven we nog wat op het kerkplein hangen en zondigden meteen door over de liefde te praten. Carmela kon er met haar hoofd niet bij dat ik de zoon van de apotheker afwees en dat zei ze tegen Lila. En in plaats van er met een gezicht van 'wat kan mij dat schelen' vandoor te gaan, had zij tot mijn verbazing belangstelling voor de kwestie. We praatten er met zijn drieën over.

'Waarom zeg je nee tegen hem?' vroeg Lila in het Napolitaans.

Ik antwoordde zomaar ineens in het Italiaans, om indruk op haar te maken en om haar te laten voelen dat ze me niet als Carmela moest behandelen, ook al bracht ik mijn tijd door met over verloofden praten.

'Omdat ik niet zeker ben van mijn gevoelens.'

Dat was een zin die ik uit de *Sogno* had en zo te zien was Lila erdoor getroffen. We begonnen een gesprek in fotoromanen boekentaal, alsof het zo'n lagereschoolwedstrijd was, iets wat Carmela tot simpele toehoorster reduceerde. Die momenten verhitten mijn hoofd en mijn hart: zij en ik met al die fraai aaneengeregen woorden. Op de middenschool gebeurde niets van dien aard, niet met mijn klasgenoten en niet met de leraren: het was geweldig. Stapje voor stapje overtuigde Lila me ervan dat je in de liefde alleen maar een beetje zekerheid krijgt als je je aanbidder aan zware proeven onderwerpt.

En dus raadde ze me aan, ineens weer in het Napolitaans, om me wel met Gino te verloven, maar op voorwaarde dat hij ermee instemde de hele zomer voor mij, voor haar en voor Carmela ijsjes te kopen.

'Als hij het niet doet betekent dat dat het geen echte liefde is.'

Ik deed zoals zij had gezegd en Gino verdween. Het was dus geen echte liefde, maar ik had er toch geen verdriet van. Die uitwisseling met Lila had me zo intens plezier gedaan dat ik van plan was me totaal aan haar te wijden, vooral in de zomer, als ik meer vrije tijd zou hebben. En intussen wilde ik dat die conversatie model stond voor al onze verdere ontmoetingen. Ik had me weer capabel gevoeld, alsof iets mijn hoofd had geraakt waardoor beelden en woorden naar boven waren gekomen.

Maar dat voorval had niet het verwachte vervolg. In plaats van de relatie tussen Lila en mij weer steviger en exclusief te maken, had het veel andere meisjes naar haar toe getrokken. Het gesprek, de raad die ze me had gegeven, de uitwerking daarvan, hadden Carmela Peluso zo getroffen dat ze het niet kon laten het tegen jan en alleman te vertellen. Het resultaat was dat de dochter van de schoenmaker, die geen borsten had en ook niet menstrueerde en ook geen aanbidder had, binnen enkele dagen de meest betrouwbare adviseuse in hartsaangelegenheden werd. En zij, alweer tot mijn verrassing, accepteerde die rol. Als ze thuis of in de winkel bezig was, zag ik haar nu eens met de een, dan weer met de ander smoezen. Ik liep langs haar heen, zei gedag, maar ze was zo geconcentreerd bezig dat ze het niet hoorde. Ik ving altijd zinnen op die me prachtig leken en daar leed ik onder.

6

Het waren vreselijke dagen, en als hoogtepunt kreeg ik een vernedering te incasseren die ik had moeten voorzien, maar waar ik als een struisvogel mijn kop voor in het zand had gestoken. Alfonso Carracci ging over met gemiddeld een acht. Gigliola Spagnuolo ging over met een gemiddelde van zeven en ik had allemaal zessen en een vier voor Latijn. Ik kreeg een herexamen voor september, alleen in dat vak.

Dit keer zei zelfs mijn vader dat het geen zin had dat ik nog doorging. De schoolboeken hadden al een boel geld gekost. Het Latijnse woordenboek, dat van Campanini en Carboni, was een rib uit zijn lijf geweest, ook al hadden we het tweedehands gekocht. Er was geen geld om mij tijdens de zomer naar bijles te sturen. Maar vooral was het inmiddels duidelijk dat ik niet goed genoeg was: de jongste zoon van don Achille was het gelukt en mij niet, de dochter van banketbakker Spagnuolo was het gelukt en mij niet: we moesten ons erbij neerleggen.

Ik huilde dag en nacht, ik maakte mezelf opzettelijk lelijk, als straf. Ik was de oudste, na mij kwamen twee jongens en nog een meisje, de kleine Elisa: Peppe en Gianni, de twee jongens, kwamen me om de beurt troosten, nu eens door me wat fruit te brengen, dan weer door te vragen of ik met hen kwam spelen. Maar ik bleef me toch alleen voelen, met een akelig lot, en het lukte me maar niet te kalmeren. Toen, op een middag, hoorde ik mijn moeder achter mij. Ze zei op haar bekende ruwe toon: 'Lessen kunnen we niet voor je betalen, maar je kunt wel proberen op je eentje te leren en dan moet je maar zien of je voor dat examen slaagt.' Ik keek haar onzeker aan. Ze was nog steeds dezelfde: haar kleurloze haren, dat wiebelende oog, haar grote neus en zware lichaam. En ze zei ook nog: 'Er staat nergens geschreven dat het je niet lukt.'

Dat zei ze, meer niet, of tenminste, dat is wat ik me herinner. De dag erna begon ik te leren, en ik verbood mezelf om nog naar de binnenplaats of het parkje te gaan.

Maar op een ochtend hoorde ik vanaf de straat mijn naam roepen. Het was Lila, die die gewoonte sinds we van de lagere school af waren totaal was ontwend.

'Lenù,' riep ze.

Ik ging naar het raam.

'Ik moet je iets vertellen.'

'Wat?'

‘Kom naar beneden.’

Ik ging naar beneden, tegen mijn zin, ik vond het vervelend haar te moeten opbiechten dat ik een herexamen had. We slenterden wat over de binnenplaats, in de zon. Ik vroeg lusteloos wat er voor nieuws was op verlovingsgebied. Ik herinner me dat ik haar expliciet vroeg of er ontwikkelingen waren tussen Carmela en Alfonso.

‘Wat voor ontwikkelingen?’

‘Zij houdt van hem.’

Ze kneep haar ogen samen. Als ze dat deed, ernstig, zonder een glimlach, alsof ze door haar pupillen tot een spleetje te reduceren geconcentreerder kon zien, deed ze me denken aan de roofvogels die ik in films in de parochiebioscoop had gezien. Maar op dat moment had ik de indruk dat ze iets had ontdekt waar ze boos over was en wat haar tegelijkertijd bang maakte.

‘Heeft ze je iets over haar vader gezegd?’ vroeg ze.

‘Dat hij onschuldig is.’

‘Wie is de moordenaar dan wel?’

‘Een half mannelijk, half vrouwelijk iets wat in het riool verborgen zit en net als de ratten uit de putten naar buiten komt.’

‘Het is dus waar,’ zei ze ineens bijna gekweld, en ze voegde eraan toe dat Carmela alles wat zij zei als zoete koek slikte, en dat de andere meisjes op de binnenplaats dat ook deden. ‘Ik wil niet meer met ze praten, met niemand,’ mompelde ze boos en ik voelde dat ze dat niet minachtend zei, dat ze niet trots was op de invloed die ze op ons uitoefende, zodat ik het even niet begreep: in haar plaats zou ik heel hoogmoedig zijn geworden. Maar er was geen spoor van hoogmoed in haar, alleen een soort ongeduld, vermengd met angst voor de verantwoordelijkheid.

‘Het is fijn om met anderen te praten,’ zei ik fluisterend.

‘Ja, maar alleen als er iemand reageert op wat je zegt.’

Mijn hart sprong op. Wat lag er voor verzoek in die mooie zin? Zei ze daar dat ze alleen met mij wilde praten omdat ik niet alles wat uit haar mond kwam voor zoete koek aannam, maar reageerde? Zei ze daar dat ik de enige was die wist wat ik met de dingen die bij haar opkwamen aan moest?

Ja. En ze zei het op een toon die ik niet van haar kende, zwak, hoewel ook nors, zoals gewoonlijk. Ik suggereerde, vertelde ze, dat in een roman of in een film de dochter van de moordenaar verliefd zou worden op de zoon van het slachtoffer. Dat dat zou kunnen: om werkelijkheid te worden zou er een echte liefde moeten ontluiken. Maar dat had Carmela niet begrepen en prompt de volgende dag was ze iedereen gaan vertellen dat ze verliefd was op Alfonso; een leugen om bij de andere meisjes een goed figuur te slaan, maar die god weet welke gevolgen had kunnen hebben. We discussieerden erover. We waren twaalf en liepen lang door de bloedhete straten van de wijk, te midden van de vliegen, in het stof dat de oude vrachtwagens in het voorbijgaan achterlieten, als twee oude vrouwtjes die de balans opmaken van hun levens vol teleurstellingen en zich aan elkaar vastklampen. Niemand begreep ons, alleen wij – zo dacht ik – begrepen elkaar. Wij, samen, wij alleen wisten hoe de beklemming die sinds eeuwig, dat wil zeggen zo lang wij het ons herinnerden, over de wijk lag, in elk geval een beetje verdween als niet Peluso, de voormalige timmerman, zijn mes diep in don Achilles hals had gestoken, maar als dat door een rioolbewoner was gedaan, en als de dochter van de moordenaar met de zoon van het slachtoffer trouwde. De dingen, de personen, de huizen, de straten hadden iets ondraaglijks wat alleen maar acceptabel werd als je alles opnieuw bedacht, als bij een spel. Maar essentieel was dat je kon spelen en zij en ik konden dat, alleen zij en ik.

Ze vroeg me op een gegeven moment, zonder duidelijk verband, maar alsof al dat gepraat alleen maar tot die vraag had kunnen leiden: 'Zijn we nog vriendinnen?'

'Ja.'

'Wil je me dan een plezier doen?'

Op die ochtend van verzoening had ik alles voor haar willen doen: van huis weglopen, de wijk verlaten, in boerderijen slapen, ons voeden met plantenwortels, door putten in riolen afdalen, niet meer omkeren, ook niet als het koud was, ook niet als het regende. Maar wat ze me vroeg leek me een ding van niks en stelde me in eerste instantie teleur. Ze wilde alleen maar dat we elkaar eens per dag zagen, in het parkje, al was het maar een uurtje, voor het avondeten, en dat ik dan mijn Latijnse leerboeken meebracht.

'Je zult geen last van me hebben,' zei ze.

Ze wist al dat ik een herexamen had en wilde samen met mij studeren.

7

Er veranderde veel tijdens die middenschooljaren, onder onze ogen, maar dat ging geleidelijk, zodat het ons leek dat er geen sprake was van echte veranderingen.

Café Solara breidde uit, werd een zeer goed voorziene banketbakkerij – met Gigliola Spagnuolo's vader als bekwame banketbakker – waar het 's zondags een heel gedrang was van jonge en oudere mannen die taartjes kochten voor hun gezinnen. De twee zoons van Silvio Solara, Marcello, die een jaar of twintig was, en de iets jongere Michele, kochten een wit-met-blauwe Fiat 1100 en reden daarmee op zondag trots door de straten van de wijk heen en weer.

De voormalige timmermanswerkplaats van Peluso, die, eenmaal in handen van don Achille, een kruidenierswinkel was geworden, vulde zich zo met heerlijkheden dat er ook een stukje van het trottoir door in beslag werd genomen. Als je erlangs liep rook je een geur van specerijen, olijven, worsten, vers brood, *cicoli* – kaantjes – en reuzel om honger van te krijgen. Door de dood van don Achille was diens grimmige schaduw langzaamaan weggetrokken van die plek en van de hele familie. Zijn weduwe, donna Maria, had iets heel hartelijks gekregen en leidde nu persoonlijk de winkel samen met Pinuccia, haar vijftienjarige dochter, en met Stefano, die niet meer het furieuze jongetje was dat Lila's tong uit haar mond had willen rukken, maar heel bezonnen was geworden, en nu een innemende blik had en een zachtaardige glimlach. Het aantal klanten was erg toegenomen. Zelfs mijn moeder stuurde me er voor boodschappen heen en mijn vader verzette zich daar niet tegen, ook al omdat Stefano, als we geen geld hadden, alles in een boekje opschreef en wij dan pas aan het eind van de maand hoefden te betalen.

Assunta, die samen met haar man Nicola met groenten en fruit langs de huizen ging, had er vanwege een gemene rugkwaal mee moeten stoppen, en na een paar maanden had een longontsteking haar echtgenoot bijna het leven gekost. Toch waren die twee rampen een geluk gebleken. Nu trok hun oudste zoon Enzo elke ochtend, 's zomers en 's winters, bij regen en zonneschijn met kar en paard door de wijk. Hij had bijna niets meer van het jongentje dat stenen naar ons gooide, hij was een gedrongen kerel geworden en zag er sterk en gezond uit. Zijn blonde haren zaten altijd in de war, zijn ogen waren hemelsblauw en de stem waarmee hij zijn koopwaar aanprees klonk aangenaam. De jongen had prima spullen en ook als hij alleen maar gebaren maakte ging er iets eerlijks van hem uit, wat voor zijn klanten een geruststellende eigenschap was. Hij hanteerde de weegschaal met grote vaardigheid. Ik vond het erg leuk om te zien hoe snel hij het gewicht langs de staaf liet glijden om het juiste evenwicht te vinden, hup, het geluid van ijzer dat snel langs ijzer schuurt; vervolgens pakte hij dan de aardappels of het fruit in en holde hij weg om ze in de naar beneden gelaten mand van mevrouw Spagnuolo, van Melina of van mijn moeder te deponeren.

Overal in de wijk werden initiatieven ontwikkeld. In de fourniturenwinkel waar Carmela Peluso sinds kort als verkoopster werkte, was er plots een jonge naaister bijgekomen, de winkel was vergroot en men had het ambitieuze streven er een dameskleermakerij van te maken. De garage waar Melina's zoon Antonio werkte, probeerde op initiatief van de zoon van de oude eigenaar, Gentile Gorresio, tot een bromfietsfabriekje uit te groeien. Kortom, de hele wijk trilde, zette zich schrap alsof hij van fysionomie wilde veranderen, niet meer herinnerd wilde worden aan zijn opgehoopte haatgevoelens, zijn spanningen en misère, maar een nieuw gezicht wilde laten zien. Terwijl Lila en ik in het parkje met Latijn bezig waren, veranderde zelfs die doodgewone ruimte om ons heen, het fonteintje, de struik, het gat naast de weg. Er hing voortdurend een geur van teer, de stomende walsmachine die langzaam over de vers aangebrachte laag reed, knetterde, de wegwerkers met ontbloot bovenlijf of in onderhemd asfalteerden de straten en de grote weg. Ook de kleuren veranderden. Carmela's oudste broer, Pasquale, werd aangenomen om de bomen langs de spoorlijn te kappen. Wat kapte hij er veel! Dagenlang hoorden we het geluid van de vernietiging: de bomen trilden, verspreidden een geur van vers hout en groen, doorkliefden de lucht en vielen na lang geruis dat wel een zucht leek tegen de grond, en hij en de anderen zaagden, kloofden en verwijderden wortels die naar ondergrondse aarde roken. De groene vlek verdween en in plaats daarvan verscheen er een gelige vlakte. Pasquale had dat werk door een gelukkig toeval gevonden. Een poosje tevoren had een vriend tegen hem gezegd dat er mensen in café Solara waren geweest die jongens zochten om 's nachts de bomen op een plein in het centrum van Napels te kappen. En omdat hij zijn familie moest onderhouden, was hij erheen gegaan, ook al mocht hij Silvio Solara en zijn zoons niet – in dat café had zijn vader zich te gronde gericht. Bij het krieken van de dag was hij doodmoe thuisgekomen, zijn neus vol van de geur van levend hout, gemarteld groen en de zee. En daarna – van het een komt het ander – werd hij opgeroepen voor nog zo'n karwei. En nu werkte hij op de bouw bij het spoor en zagen we hem soms hoog op de steigers van de nieuwe flats, die verdieping na verdieping hun pijlers verhieven, of we zagen hem tijdens de lunchpauze met zijn hoedje van krantenpapier in de zon zijn brood met worst en raapsteeltjes eten.

Lila werd kwaad als ik naar Pasquale keek en er mijn aandacht niet bij had. Het was al gauw duidelijk dat zij, tot mijn grote verbazing, al veel van Latijn wist. De declinaties kende ze bijvoorbeeld allemaal, en ook de werkwoorden. Ik vroeg haar voorzichtig hoe dat kon en zij gaf, met het bekende boze gezicht van iemand die geen tijd te verliezen heeft, toe dat ze al toen ik naar de eerste klas van de middenschool ging een grammatica van de uitleenbibliotheek, die van meester Ferraro, had meegenomen en dat ze die uit nieuwsgierigheid had bestudeerd. De bibliotheek was voor haar een ware schatkamer. Al kletsend liet ze me trots alle lidmaatschapskaarten zien die ze had, vier in getal: een van haarzelf, een op naam van Rino, een op die van haar vader en een op die van haar moeder. Met iedere kaart kon ze een boek lenen en zo had ze er steeds vier tegelijk. Ze verslond ze en de zondag erop bracht ze ze terug en nam ze vier andere.

Ik vroeg haar nooit welke boeken ze had gelezen of aan het lezen was, daar was geen tijd voor, we moesten werken. Ze ondervroeg me en werd woedend als ik iets niet wist. Op een keer gaf ze me een tik op mijn arm, een harde tik, met haar lange, magere hand, en ze excuseerde zich niet eens, sterker nog, ze zei dat ze me als ik nog eens een fout maakte weer zou slaan, en dan harder. Ze was verrukt van het Latijnse woordenboek, zo dik, met zo veel bladzijden, en zwaar, ze had nog nooit zoiets gezien. Ze zocht er voortdurend woorden in op, niet alleen woorden uit de oefeningen, maar ook alle woorden die in haar opkwamen.

Ze gaf me huiswerk, op de toon die ze van juffrouw Oliviero had geleerd. Ze dwong me dertig zinnen per dag te vertalen, twintig van het Latijn naar het Italiaans en tien van het Italiaans naar het Latijn. Zij vertaalde ze ook, veel vlugger dan ik. Tegen het einde van de zomer, toen het examen nabij was en zij sceptisch had toegekeken hoe ik in het woordenboek de woorden die ik niet kende opzocht in de volgorde waarin ik ze in de te vertalen zin tegenkwam, vervolgens de belangrijkste betekenissen opschreef en pas dan probeerde te begrijpen wat de zin betekende, zei ze voorzichtig: 'Heeft je lerares gezegd dat je het zo moest doen?'

De lerares zei nooit iets, ze gaf alleen maar oefeningen op. Ik pakte het uit mezelf zo aan.

Ze zweeg even en adviseerde toen: 'Lees eerst de zin in het Latijn, daarna ga je kijken waar het werkwoord staat. Uit de persoon van het werkwoord kun je opmaken wat het onderwerp is. Als je eenmaal het onderwerp hebt, zoek je de bepalingen: het lijdend voorwerp als het een overgankelijk werkwoord is, of anders andere bepalingen. Probeer het zo eens.'

Ik probeerde het. Vertalen leek me ineens gemakkelijk. In september deed ik het examen, bij het schriftelijk maakte ik niet één fout en bij het mondeling kon ik alle vragen beantwoorden.

'Wie heeft je bijles gegeven?' vroeg de lerares, een beetje stuurs.

'Een vriendin van me.'

'Universitair?'

Ik wist niet wat dat betekende en antwoordde van ja.

Lila stond buiten in de schaduw op me te wachten. Eenmaal op straat viel ik haar om de hals, ik zei dat het geweldig was gegaan en vroeg haar of we niet het hele komende jaar samen konden werken. Omdat zij als eerste had voorgesteld elkaar alleen te ontmoeten om te studeren, leek haar uitnodigen ermee door te gaan me een mooie manier om haar te vertellen hoe blij en hoe dankbaar ik was. Met een bijna geergerd gebaar onttrok ze zich eraan. Ze zei dat ze alleen maar had willen begrijpen wat dat Latijn was dat die knapperds leerden.

'En?'

'Ik heb het begrepen, meer hoeft niet.'

'Vind je het niks?'

'Jawel. Ik zal wat boeken uit de bibliotheek halen.'

'In het Latijn?'

'Ja.'

'Maar er is nog veel te leren.'

'Leer jij maar voor mij, en help me maar als ik op moeilijkheden stuit. Nu moet ik iets met mijn broer doen.'

'Wat?'

'Dat laat ik je nog wel zien.'

8

De school begon weer en ik was meteen goed in alle vakken. Ik kon niet wachten tot Lila me hulp vroeg bij Latijn of iets anders en daarom leerde ik, geloof ik, niet zozeer voor de school als wel voor haar. Ik werd de beste van de klas, zelfs op de lagere school was ik niet zo goed geweest.

Dat jaar had ik de indruk dat ik uitzette als pizzadeeg. Ik kreeg steeds vollere borsten, dijen en billen. Toen ik op een zondag op weg was naar het parkje waar ik met Gigliola Spagnuolo had afgesproken, kwamen de jongens Solara in hun Fiat 1100 naast me rijden. Marcello, de oudste, zat aan het stuur, Michele, de jongste, naast hem. Ze waren allebei mooi, met pikzwarte, glanzende haren en een stralend witte glimlach. Maar het aantrekkelijkste van die twee vond ik Marcello, hij leek op Hector zoals die in mijn schooluitgave van de *Ilias* was afgebeeld. Ze volgden me de hele weg, ik op het trottoir, zij naast me in de Fiat 1100.

'Heb je wel eens in een auto gereden?'

'Nee.'

'Stap maar in, dan rijden we een rondje.'

'Dat vindt mijn vader niet goed.'

'Nou, dan vertellen we het hem toch niet! Wanneer krijg je nog eens een kans om in zo'n auto te stappen?'

Nooit, dacht ik. Maar intussen zei ik nee en bleef ik nee zeggen tot aan het parkje, waar ze gas gaven en in een flits met de auto achter de flats in aanbouw verdwenen. Ik zei nee, want als mijn vader te weten was gekomen dat ik in die auto was gestapt, dan had hij me, al was hij nog zo'n beste man, onmiddellijk doodgeslagen, terwijl parallel daarmee mijn broertjes, Peppe en Gianni, zich, al waren ze nog klein, nu en in de toekomst verplicht zouden voelen om te proberen de jongens Solara te vermoorden. Daar waren geen geschreven regels voor, je wist dat het zo was en daarmee uit. Ook de Solara's wisten dat, niet voor niets waren ze vriendelijk geweest en hadden ze me alleen maar uitgenodigd om in te stappen.

Zo gingen ze een tijdje later niet om met Ada, de oudste dochter van Melina Cappuccio, de gekke weduwe dus, die zo'n schandaal had gemaakt toen de Sarratores verhuisden. Ada was veertien. 's Zondags deed ze stiekem lippenstift op en met haar lange, rechte benen en nog grotere borsten dan die van mij, was ze mooi en leek ze volwassen. De jongens

Solara zeiden vulgaire dingen tegen haar, het lukte Michele haar bij een arm te grijpen, het portier te openen en haar naar binnen te trekken. Een uur later zetten ze haar op dezelfde plek weer af en Ada was een beetje boos maar ze lachte ook.

Iemand van de mensen die zagen hoe ze met geweld in de auto werd getrokken, vertelde het echter aan Antonio, haar oudste broer die monteur was in de garage van Gorresio. Antonio was een harde werker, gedisciplineerd, erg verlegen en zowel door de voortijdige dood van zijn vader als door de gekte van zijn moeder zichtbaar aangetast. Zonder iets tegen vrienden of familie te zeggen vatte hij post voor café Solara en toen Marcello en Michele zich vertoonden, ging hij ze zonder een woord vooraf schoppend en stompend te lijf. Een paar minuten hield hij goed stand, maar toen kwamen pa Solara en een van de obers naar buiten. Met zijn vieren ranselden ze hem tot bloedens toe af en niemand van de voorbijgangers of de klanten schoot hem te hulp.

Door dit voorval raakten wij meisjes in twee kampen verdeeld. Gigliola Spagnuolo en Carmela Peluso waren voor de twee Solara's, maar alleen omdat ze mooi waren en die Fiat 1100 hadden. Ik aarzelde. In het bijzijn van mijn twee vriendinnen was ik voor de Solara's en probeerden we elkaar in onze adoratie voor hen de loef af te steken, aangezien ze inderdaad erg mooi waren en wij het niet konden laten ons voor te stellen wat een goed figuur we zouden slaan als we naast een van beiden in de auto zouden zitten. Maar ik voelde ook dat die twee zich tegenover Ada heel slecht hadden gedragen en dat Antonio, al was hij niet zo mooi en zo gespierd als die jongens, die elke dag op de sportschool met gewichten in de weer waren, toch bewondering verdiende omdat hij de moed had gehad ze te lijf te gaan. En daarom liet ik in aanwezigheid van Lila, die dezelfde mening was toegedaan en dat onomwonden zei, ook wel een paar bedenkingen horen.

Op een keer liep de discussie zo hoog op dat Lila, misschien omdat ze lijfelijk niet zo ontwikkeld was als wij en die mengeling van genot en angst niet kende die je voelde als de ogen van de Solara's op je rustten, nog bleker dan gewoonlijk werd en zei dat als haar overkwam wat er met Ada was gebeurd, zij die twee persoonlijk voor haar rekening zou nemen, om haar vader en haar broer Rino problemen te besparen.

'Pfft, Marcello en Michele kijken niet eens naar je,' zei Gigliola Spagnuolo, en we dachten dat Lila boos zou worden. Maar ze antwoordde ernstig: 'Des te beter.'

Ze was nog altijd even tenger, maar gespannen tot in de kleinste vezels. Ik keek verbaasd naar haar handen: in korte tijd waren ze als die van Rino en haar vader geworden, de huid op haar vingertopjes was hard en gelig. Al dwong niemand haar tot reparatiewerkjes – dat was haar taak niet in de winkel – ze was ze toch gaan doen, ze prepareerde de draad, tornde los, plakte, zoomde ook, en nu hanteerde ze Fernando's gereedschap bijna net zo goed als haar broer. Kijk, daarom vroeg ze me dat jaar nooit iets over Latijn. Maar op een gegeven moment vertelde ze me wel over het plan dat ze in haar hoofd had, iets wat niets met boeken had uit te staan: ze probeerde haar vader over te halen om nieuwe schoenen te gaan maken. Maar Fernando wilde er niet van horen. 'Handmatig schoenen maken,' zei hij haar, 'dat is een kunst zonder toekomst: we hebben tegenwoordig machines en machines kosten geld, en het geld ligt óf op de bank óf bij de woekeraars, het zit niet in de zakken van de familie Cerullo.' Dan drong ze aan, overlaadde hem met oprechte lof: 'Zoals jij schoenen kunt maken, papa, kan niemand dat.' En dan antwoordde hij dat dat misschien wel waar was, maar dat alles inmiddels in fabrieken werd gemaakt, in serie, goedkoop, en omdat hij in fabrieken had gewerkt, wist hij goed wat een troep er op de markt verscheen, maar daar was niet veel aan te doen, als de mensen nieuwe schoenen nodig hadden gingen ze niet meer naar de schoenmaker in de wijk, maar naar de winkels aan de Rettifilo, met het gevolg dat je, als je volgens de regels van de kunst wilde werken, het handgemaakte product niet verkocht, het was weggegooid geld en verspilde moeite, je ging eraan failliet.

Lila had zich niet laten overtuigen en was er zoals gewoonlijk in geslaagd Rino aan haar kant te krijgen. Aanvankelijk had haar broer – geërgerd over het feit dat ze zich bemoeide met dingen die het werk betroffen, die niets met boeken te maken hadden en waarin hij de expert was – partij gekozen voor zijn vader. Later had hij zich beetje bij beetje laten verlokken en nu maakte hij vrijwel om de dag ruzie met Fernando, waarbij hij herhaalde wat zijn zus hem in het hoofd had gezet.

'Laten we het op zijn minst proberen.'

'Nee.'

'Heb je gezien wat voor auto de Solara's hebben en heb je gezien hoe goed de winkel van de Carracci's loopt?'

'Ik heb gezien dat de fourniturenwinkel die kleermakerij wilde worden dat plan maar heeft laten varen en ik heb gezien dat Gorresio door de stupiditeit van zijn zoon met dat fabriekje te hoog heeft gemikt.'

'Maar de Solara's breiden steeds meer uit.'

'Hou je met je eigen zaken bezig en vergeet de Solara's.'

'Bij het spoor komt een nieuwe wijk.'

'Nou en?'

'De mensen verdienen en willen hun geld uitgeven, pa!'

'De mensen geven geld uit aan dingen om te eten, want eten moeten ze iedere dag. Maar ten eerste eet je geen schoenen en ten tweede, als schoenen kapotgaan laat je ze herstellen, zo kunnen ze wel twintig jaar mee. Ons werk vandaag de dag is schoenen herstellen en verder niks.'

Het beviel me zoals die jongen, die altijd aardig tegen me was maar zo hard kon zijn dat zelfs zijn vader er een beetje bang van werd, altijd en in alle omstandigheden voor zijn zusje opkwam. Ik benijdde Lila om die sterke broer en soms dacht ik dat het echte verschil tussen haar en mij was dat ik alleen maar kleine broertjes had en dus niemand die sterk genoeg was om mij aan te moedigen en tot steun te zijn tegen mijn moeder waardoor ik wat lucht zou krijgen, terwijl Lila kon rekenen op Rino, die in staat was haar tegen wie dan ook te verdedigen, wat ze ook bedacht. Toch had Fernando volgens mij wel gelijk, ik voelde me aan zijn kant staan. En toen ik er met Lila over praatte, ontdekte ik dat dat ook voor haar gold.

Op een keer liet ze me tekeningen zien van de schoenen die ze samen met haar broer wilde maken, zowel mannen- als vrouwenschoenen. Het waren prachtige tekeningen, op ruitjespapier, rijk aan kleurige details en heel precies, alsof ze in de gelegenheid was geweest om in een wereld parallel aan de onze dergelijke schoenen van dichtbij te bekijken en ze daarna op papier had vastgelegd. In werkelijkheid had ze ze zelf bedacht, in hun geheel en in elk detail, zoals ze op de lagere school deed als ze prinsessen tekende, zodat die schoenen, ook al waren ze heel normaal, toch niet leken op de schoenen die je in de wijk zag, en ook niet op die van de actrices in de fotoromans.

'Vind je ze mooi?'

'Heel elegant.'

'Rino zegt dat ze moeilijk zijn.'

'Maar zou hij ze kunnen maken?'

'Hij zweert van wel.'

'En je vader?'

'Die kan het zeker.'

'Maak ze dan.'

'Papa wil niet.'

'Waarom niet?'

'Hij zei dat het prima is zolang het mijn speeltje is, maar dat hij en Rino geen tijd met mij kunnen verliezen.'

'Wat bedoelt hij daarmee?'

'Daar bedoelt hij mee dat het tijd en geld kost als je ze echt wilt maken.'

Ze stond op het punt me ook de berekeningen te laten zien die ze achter Rino's rug om had neergekrabbeld om te ontdekken hoeveel geld er echt nodig was om ze te maken. Maar toen deed ze dat toch maar niet, ze vouwde de velletjes waarmee ze had staan zwaaien weer op en zei dat het geen zin had om tijd te verknoeien: haar vader had gelijk.

'En nu?'

'We moeten het toch proberen.'

'Fernando zal kwaad worden.'

'Als je niets probeert, verandert er ook niets.'

Wat er volgens haar moest veranderen was altijd hetzelfde: van arm moesten we rijk worden, van niets hebben moesten we zo ver komen dat we alles hadden. Ik probeerde iets te zeggen over het oude plan om romans te schrijven, net zoals de auteur van *Onder moeders vleugels* had gedaan. Dat wilde ik nog steeds, ik was aan dat plan gehecht. Speciaal daarvoor leerde ik Latijn en diep in mijn hart was ik ervan overtuigd dat zij, ook al ging ze niet meer naar school en was ze nu op schoenen gefixeerd, alleen maar zo veel boeken uit de bibliotheek van meester Ferraro leende omdat ze hoe dan ook samen met mij een roman wilde schrijven en heel veel geld wilde verdienen. Maar onverschillig zoals ze kon zijn, haalde ze haar schouders op: ze had haar mening over *Onder moeders vleugels* bijgesteld. 'Om echt rijk te worden,' legde ze uit, 'moet je nu iets economisch doen.' En dus dacht ze erover om met één enkel paar schoenen te beginnen, alleen maar om haar vader te laten zien hoe mooi en comfortabel ze waren; daarna, als Fernando eenmaal over de streep was, moesten ze de productie op gang brengen: twee paar schoenen vandaag, vier paar morgen, dertig in een maand, vierhonderd in een jaar, om in korte tijd samen met haar vader, Rino, haar moeder en de andere kinderen een schoenfabriek op te zetten met machines en minstens vijftig werknemers: schoenfabriek Cerullo.

'Een fabriek?'

'Ja.'

Ze praatte er met veel overtuiging over, zoals ze dat zo goed kon, met zinnen in het Italiaans waardoor ik het uithangbord van de fabriek voor me zag: Cerullo; en het in het bovenleer gedreven merk: Cerullo; en daarna de Cerullo-schoenen in hun geheel, een en al glans, bijzonder elegant zoals op haar tekeningen, schoenen die als je ze eenmaal aan hebt, zei ze, zo mooi en gemakkelijk zijn dat je ze als je 's avonds naar bed gaat niet meer uitdoet.

We lachten, hadden plezier.

Toen klapte Lila dicht. Ze leek zich te realiseren dat we aan het spelen waren zoals jaren tevoren met onze poppen, met Tina en Nu, voor het luchtgat van het souterrain, en uit een dringende behoefte aan concreetheid zei ze, daarmee de indruk van klein meisje-oud vrouwtje die me typerend voor haar leek te worden versterkend: 'Weet je waarom de jongens

Solara denken dat ze het hier in de wijk voor het zeggen hebben?'

'Omdat ze arrogant zijn.'

'Nee, omdat ze geld hebben.'

'Denk je?'

'Nou en of. Heb je niet gemerkt dat ze Pinuccia Caracci nooit lastig hebben gevallen?'

'Jawel.'

'En weet je waarom ze zich tegenover Ada gedroegen zoals ze zich gedragen hebben?'

'Nee.'

'Omdat Ada geen vader heeft en haar broer Antonio niks voorstelt en ze Melina helpt met het schoonmaken van de trappen in de flats.'

En dus moesten wij ook rijk worden, nog rijker dan de Solara's, of we moesten, om ons tegen de twee broers te beschermen, overgaan tot flink pijn doen. Ze liet me een vlijmscherp schoenmakersmes zien dat ze uit de werkplaats van haar vader had meegenomen.

'Aan mij komen ze niet, want ik ben lelijk en menstrueer niet,' zei ze, 'maar aan jou misschien wel. Als dat gebeurt, zeg het me dan.'

Ik keek haar verward aan. Met onze bijna dertien jaren wisten we niets van normen, wetten, justitie. We herhaalden, eventueel met overtuiging, wat we vanaf onze jongste jaren om ons heen hadden gehoord en gezien. Was justitie niet een kwestie van klappen? Had Peluso don Achille niet vermoord? Ik ging weer naar huis. En ik besefte dat ze met die laatste zinnen had toegegeven dat ze erg aan me gehecht was. Ik voelde me gelukkig.

9

Ik slaagde voor het examen van de middenschool met allemaal achten, en een negen voor Italiaans en Latijn. Ik bleek de beste van de school: beter dan Alfonso die gemiddeld een acht had, en een stuk beter dan Gino. Dagen- en dagenlang genoot ik van die absolute suprematie. Ik werd erg geprezen door mijn vader, die van dat moment af aan tegenover iedereen begon op te scheppen over die oudste dochter van hem die een negen voor Italiaans en zelfs een negen voor Latijn had gehad. Tot mijn verrassing zei mijn moeder terwijl ze voor het aanrecht groenten stond schoon te maken, zonder zich om te draaien: 'Je mag 's zondags mijn zilveren armband omdoen, maar verlies hem niet.'

Op de binnenplaats had ik minder succes. Daar telden alleen liefdes en verloofden. Toen ik Carmela Peluso vertelde dat ik de beste van de school was, begon ze onmiddellijk te praten over hoe Alfonso naar haar keek als ze langskwam. Gigliola Spagnuolo had erg de pest in omdat ze een herexamen voor Latijn en wiskunde had en ze probeerde haar prestige op te krikken door te vertellen dat Gino achter haar aan zat, maar dat zij geen sjoege gaf omdat ze verliefd was op Marcello Solara die misschien ook van haar hield. Ook Lila deed niet bijzonder enthousiast. Toen ik vak voor vak mijn cijfers voor haar opsomde zei ze lachend, op haar bekende gemene toontje: 'Hebben ze geen tienen gegeven?'

Ik was teleurgesteld. Een tien gaven ze alleen voor gedrag, voor de belangrijke vakken hadden de leraren niemand een tien gegeven. Maar dat zinnetje was genoeg om me ineens bewust te worden van een gedachte die sluimerend in me aanwezig was: als zij ook naar school was gegaan, in dezelfde klas als ik had gezeten, als ze haar dat hadden toegestaan, dan zou zij nu allemaal tienen hebben gehad en dit had ik altijd geweten, en zij wist het ook, en dat liet ze me nu voelen.

Ik ging naar huis met het smeulende verdriet dat ik de beste was, maar eigenlijk ook weer niet. Daar kwam nog bij dat mijn ouders met elkaar begonnen te overleggen over waar ze een baantje voor me konden vinden, nu ik zelfs een middenschooldiploma had. Mijn moeder wilde de mevrouw van de kantoorboekhandel vragen mij als hulpje te nemen: volgens haar was ik met mijn knappe kop geschikt om pennen, potloden, schriften en schoolboeken te verkopen. Mijn vader fantaseerde over hoe hij in de toekomst met zijn relaties op het gemeentehuis een baan met aanzien voor mij zou regelen. Ik voelde een triestheid in me die, ook al viel ze niet te omschrijven, toch groeide en groeide en groeide, tot ze zo erg werd dat ik zelfs 's zondags geen zin meer had om de deur uit te gaan.

Ik was niet blij meer met mezelf, alles was mat geworden. Ik keek naar mezelf in de spiegel en zag niet wat ik graag had willen zien. Van blond waren mijn haren kastanjebruin geworden. Mijn neus was breed en plat. Mijn hele lijf bleef maar uitdijen, zonder de hoogte in te gaan. En ook met mijn huid ging het de verkeerde kant op: op mijn voorhoofd, kin en bij mijn kaken kwamen steeds meer archipels van roodachtige zwellinkjes die later paarsig werden en ten slotte gelige puntjes kregen. Helemaal uit mezelf begon ik mijn moeder te helpen met poetsen en koken en het opruimen van de troep die mijn broertjes achterlieten en het zorgen voor Elisa, de kleinste. In vrije ogenblikjes ging ik niet naar buiten maar zocht ik een hoekje op om daar de romans te lezen die ik uit de bibliotheek haalde: Grazia Deledda, Pirandello, Tsjechov, Tolstoj, Dostojevski. Soms voelde ik een sterke behoefte om Lila in de werkplaats op te zoeken en met haar over personages te praten die me bijzonder aanstonden, over zinnen die ik uit het hoofd had geleerd, maar dan deed ik het toch maar niet: ze zou iets gemeens hebben gezegd, ze zou over de plannen die ze met Rino had zijn begonnen, over schoenen, de schoenfabriek, geld, en ik zou langzaam maar zeker de boeken die ik las nutteloos zijn gaan vinden en mijn leven, mijn toekomst en wat ik zou worden: een dikke, puisterige winkeljuffrouw in de kantoorboekhandel tegenover de parochiekerk of een ongetrouwde, vroeg of laat manke en schele kantoorjuffrouw bij de gemeente, zou me heel treurig toeschijnen.

Op een zondag, aangespoord door een per post verzonden aan mij gerichte uitnodiging, waarmee meester Ferraro me opriep om die ochtend naar de bibliotheek te komen, besloot ik eindelijk te reageren. Ik probeerde mezelf zo mooi te maken als ik in mijn kinderjaren meende te zijn geweest, en zoals ik wilde geloven dat ik nog steeds was, en ging de deur uit.

Ik had nogal wat tijd doorgebracht met het uitdrukken van de puistjes, met het resultaat dat mijn gezicht nog roder was, ik had mijn moeders armband omgedaan en mijn haren losgemaakt. Maar ik bleef ontevreden over mezelf. Terneergeslagen legde ik de weg af naar de bibliotheek, in de hitte die in dat seizoen als een dikke, van koorts gezwollen hand al van 's ochtends vroeg over de wijk lag.

Door de kleine menigte ouders en kinderen van de lagere en de middenschool die door de hoofdpoort toestroomde, begreep ik meteen dat er iets anders gaande was dan gewoonlijk. Ik ging naar binnen. Er stonden rijen stoelen, allemaal al bezet, en er hingen kleurige slingers; de pastoor was er, Ferraro was er en zelfs het hoofd van de lagere school en juffrouw Oliviero waren er. De meester, zo ontdekte ik, had bedacht dat hij de mensen die volgens zijn registers de meest ijverige lezers waren elk met een boek wilde belonen. Omdat de ceremonie op het punt stond te beginnen en er tijdelijk niet werd uitgeleend, ging ik achter in het zaaltje zitten. Ik zocht Lila, maar zag alleen Gigliola Spagnuolo samen met Gino en Alfonso. Ik schoof op mijn stoel heen en weer, voelde me niet op mijn gemak. Na een poosje kwamen Carmela Peluso en haar broer Pasquale naast me zitten. Ciao, ciao. Ik bedekte mijn geïrriteerde wangen nog een beetje meer met mijn haren.

De kleine plechtigheid begon. De winnaars werden opgenoemd: de eerste prijs was voor Raffaella Cerullo, de tweede voor Fernando Cerullo, de derde voor Nunzia Cerullo, de vierde voor Rino Cerullo, de vijfde voor Elena Greco, voor mij dus.

Ik moest lachen en Pasquale ook. We keken elkaar aan, onderdrukten ons gelach, terwijl Carmela nadrukkelijk fluisterde: 'Waarom lachen jullie?' We gaven geen antwoord, keken elkaar weer aan en lachten met de hand voor onze mond. En zo, met dat lachen nog in mijn ogen en een onverwacht prettig gevoel, werd ik, vijfde op de ranglijst, nadat de onderwijzer meerdere keren en tevergeefs had gevraagd of er iemand van de familie Cerullo in de zaal zat, naar voren geroepen om de prijs in ontvangst te nemen. Ferraro overhandigde me met veel complimenten *Drie mannen in een boot* van Jerome K. Jerome. Ik bedankte en vroeg in één adem door: 'Mag ik ook de prijzen van de familie Cerullo, dan breng ik ze hun wel.'

De onderwijzer gaf me de boeken die de Cerullo's hadden gewonnen. Terwijl we naar buiten gingen en Carmela wrokkig naar Gigliola liep die helemaal gelukkig met Alfonso en Gino kletste, zei Pasquale dingen in het Napolitaans die me steeds harder aan het lachen brachten, over Rino die met al die boeken zijn ogen bedierf, over Fernando de schoenmaker die 's nachts niet sliep om maar te kunnen lezen, over signora Nunzia die, een roman in de ene hand, een soeplepel in de andere, naast het fornuis stond te lezen terwijl ze pasta met aardappels kookte. Op de lagere school had hij in dezelfde klas en in dezelfde bank gezeten als Rino – zei hij met tranen in de ogen van het lachen – en na zes of zeven jaar, zittenblijven inbegrepen, waren ze allebei, hij en zijn vriend en ook als ze elkaar hielpen, hoogstens in staat 'sigarenwinkel', 'delicatessen' of 'postkantoor' te lezen. Daarna vroeg hij me wat de prijs van zijn voormalige schoolkameraad was.

'*Brugge, die stille.*'

'Komen er spoken in voor?'

'Dat weet ik niet.'

'Mag ik met je mee als je het hem geeft? Of liever, mag ik het zelf geven?'

Weer barstten we in lachen uit.

'Ja.'

'Ze hebben Rinuccio een prijs gegeven. Van de gekken. Lina is degene die alles leest, mensenkinderen, wat een slimme meid is dat toch!'

Pasquale Peluso's aandacht voor mij troostte me erg, ik vond het fijn dat hij me aan het lachen bracht. Misschien ben ik toch niet zo lelijk, dacht ik, misschien ligt het aan mij en zie ik mezelf verkeerd.

Op dat moment hoorde ik mijn naam roepen; het was juffrouw Oliviero.

Ik liep naar haar toe, ze keek me aan met die altijd schattende blik van haar en zei, bijna als bevestiging van de legitimiteit van een meer welwillend oordeel over mijn uiterlijk: 'Wat ben je mooi, wat ben je groot geworden.'

'Niet waar, juffrouw.'

'Wel waar, je bent een dotje, gezond, lekker mollig. En ook een bolleboos. Ik hoorde dat je de beste van de school was.'

'Ja.'

'Wat ga je nu doen?'

'Ik ga werken.'

Haar gezicht betrok.

'Geen sprake van, jij moet doorleren.'

Ik keek haar verrast aan. Wat was er nog te leren? Ik wist niets van schoolsystemen, ik wist niet precies wat er na het middenschooldiploma nog kwam. Woorden als lyceum en universiteit hadden geen inhoud voor mij, zoals zo veel woorden die ik in romans tegenkwam.

'Dat kan niet, mijn ouders laten me niet gaan.'

'Welk cijfer heeft je Latijnse leraar je gegeven?'

'Een negen.'

'Echt waar?'

'Ja.'

'Dan praat ik met je ouders.'

Ik wilde weglopen, een beetje geschrokken, moet ik zeggen. Als juffrouw Oliviero echt naar mijn vader en moeder ging om tegen hen te zeggen dat ze me verder moesten laten leren, dan zou ze nieuwe ruzies ontketenen, waarmee ik liever niet geconfronteerd werd. Ik liet de dingen liever zoals ze waren: mijn moeder helpen, in de kantoorboekhandel werken, lelijkheid en puistjes accepteren, gezond zijn, lekker mollig, zoals juffrouw Oliviero zei, en ongelukkig sloven. Deed Lila dat al niet minstens drie jaar, afgezien dan van de dwaze dromen die zij, kind van een schoenmakersfamilie, had?

'Dank u wel, juffrouw,' zei ik, 'tot ziens.'

Maar juffrouw Oliviero hield me bij een arm tegen.

'Verdoe je tijd niet met die jongen,' zei ze terwijl ze naar Pasquale wees die op me stond te wachten. 'Hij is metselaar, en meer zal hij nooit worden. En hij komt ook nog uit een nare familie, zijn vader is communist en heeft don Achille vermoord. Ik wil je absoluut niet met hem zien, hij is vast en zeker ook communist, net als zijn vader.'

Ik knikte van ja en liep weg zonder Pasquale te groeten, die eerst stomverbaasd was, maar daarna, hoorde ik tot mijn plezier, op tien passen afstand achter me aan kwam. Hij was niet mooi, maar dat was ik ook niet meer. Hij had heel krullerig zwart haar, was donker, van huid en ook door de zon, had een brede mond en was de zoon van een moordenaar en misschien ook nog communist.

Ik speelde in mijn hoofd met het woord communist, een woord zonder betekenis voor mij, maar waarop de juffrouw meteen een negatief stempel had gedrukt. Communist, communist, communist. Ik vond het een verrukkelijk woord. Communist en zoon van een moordenaar.

Intussen was Pasquale toen we eenmaal de hoek om waren naast me komen lopen. We liepen samen op tot een paar meter van mijn huis, en weer lachend spraken we af voor de volgende dag: dan zouden we naar de werkplaats van de schoenmaker gaan om Lila en Rino hun boeken te geven. Voor we uit elkaar gingen zei Pasquale ook nog dat hij, zijn zus en wie verder maar wilde de volgende zondag naar Gigliola zouden gaan om te leren dansen. Hij vroeg of ik ook wilde komen, eventueel samen met Lila. Ik was met stomheid geslagen, ik wist al dat mijn moeder me nooit zou laten gaan. Toch zei ik: 'Goed, ik zal zien.' Toen stak hij zijn hand uit en ik, niet gewend aan een dergelijk gebaar, aarzelde, raakte zijn hand, die hard en ruw was, heel even aan en trok toen de mijne terug.

'Ben je nog steeds metselaar?' vroeg ik, ook al wist ik al dat hij dat was.

'Ja.'

'En ben je communist?'

Hij keek me met onzekere ogen aan.

'Ja.'

'En zoek je je vader op in Poggioreale?'

Hij werd ernstig.

'Zo vaak ik kan.'

'Ciao.'
'Ciao.'

10

Diezelfde middag verscheen juffrouw Oliviero bij mij thuis, zonder waarschuwing vooraf, waardoor ze mijn vader in opperste ongerustheid bracht en ergernis wekte bij mijn moeder. Ze liet beiden zweren dat ze me op het dichtstbijgelegen gymnasium zouden inschrijven. Ze bood aan persoonlijk voor de boeken te zorgen die ik nodig zou hebben. Ze vertelde mijn vader, terwijl ze mij intussen streng aankeek, dat ze me samen met Pasquale Peluso had gezien, gezelschap dat absoluut niet geschikt was voor een veelbelovend meisje als ik.

Mijn ouders durfden haar niet tegen te spreken. Ze zwoeren zelfs plechtig dat ze me naar de eerste klas van het gymnasium zouden sturen en mijn vader zei met een kwaad gezicht: 'Lenú, waag het nooit meer om met Pasquale Peluso te praten.' Voordat ze afscheid nam vroeg juffrouw Oliviero naar Lila, waar mijn ouders nog bij waren. Ik antwoordde haar dat ze haar vader en haar broer hielp en de boekhouding deed en de winkel op orde hield. Ze vertrok haar gezicht van ergernis en vroeg: 'Weet ze dat je een negen voor Latijn had?'

Ik knikte van ja.

'Zeg haar dat je nu ook Grieks gaat leren, zeg haar dat maar.'

Een en al zelfgenoegzaamheid nam ze afscheid van mijn ouders.

'Dit meisje,' riep ze uit, 'zal ons nog veel voldoening geven.'

Diezelfde avond, terwijl mijn moeder woedend zei dat ze mij nu wel naar die school voor chique mensen móésten sturen, omdat la Oliviero haar anders eindeloos lastig zou vallen en bovendien uit wraak god weet hoe vaak de kleine Elisa zou laten blijven zitten; terwijl mijn vader dreigde dat hij allebei mijn benen zou breken als hij hoorde dat ik alleen met Pasquale Peluso was gezien – alsof dat het belangrijkste probleem was – klonk er plotseling een geweldige gil die ons abrupt tot zwijgen bracht. Het was Ada, Melina's dochter, die om hulp riep.

We renden naar de ramen, op de binnenplaats heerste grote opschudding. We begrepen dat Melina, die zich na de verhuizing van de Sarratores over het algemeen goed had gedragen – natuurlijk, een beetje melancholiek en een beetje verstrooid was ze wel, maar eigenaardig gedrag vertoonde ze nog maar sporadisch en het was altijd onschuldig, zo zong ze bijvoorbeeld keihard als ze de trappen in de flats schoonmaakte of ze gooide emmers vuil water op straat zonder te kijken of er iemand langskwam – een nieuwe aanval van gekte had, een soort gekte van geluk. Ze lachte, sprong op haar bed en trok haar rok op waardoor haar kinderen haar magere dijen en haar onderbroek zagen. Dat was wat mijn moeder had begrepen door de vragen die ze vanuit het raam aan de andere vrouwen stelde die voor hun ramen stonden. Ik zag dat ook Nunzia Cerullo en Lila toesnelden om te zien wat er aan de hand was en ik probeerde de voordeur uit te glippen om naar hen toe te gaan, maar mijn moeder hield me tegen. Ze fatsoeneerde haar haren en ging met haar hobbelende pas zelf de situatie opnemen.

Toen ze terugkwam was ze verontwaardigd. Iemand had Melina een boek gebracht. Een boek, ja, een boek. Voor haar die hoogstens de tweede klas lagere school had doorlopen en er haar hele leven nooit een had gelezen. Op de kaft stond de naam Donato Sarratore. En binnenin, op de eerste bladzijde, stond een met een pen geschreven opdracht aan Melina en ook waren met rode inkt de gedichten aangekruist die hij voor haar had gemaakt.

Toen mijn vader die idioterie hoorde, trok hij op uiterst schunnige wijze van leer tegen de spoorwegbeambte-dichter. Mijn moeder zei dat iemand het op zich moest nemen dat stuk stront op die strontbek van hem te slaan. De hele nacht hoorden we Melina zingen van geluk en ook de stemmen van haar kinderen, vooral van Antonio en Ada, die tevergeefs probeerden haar te kalmeren.

Ik daarentegen was ondersteboven van verbazing. Op een

en dezelfde dag had ik de aandacht getrokken van een donkere jongeman als Pasquale, had een nieuwe school zijn deuren voor mij geopend en had ik ontdekt dat iemand die tot voor kort in de wijk had gewoond, uitgerekend in de flat tegenover ons, een boek had gepubliceerd. Dit laatste was iets wat bewees dat Lila gelijk had gehad toen ze dacht dat dat ook ons kon overkomen. Natuurlijk, zij had er intussen van afgezien, maar misschien kon ik, als ik maar naar die moeilijke school, dat gymnasium, ging en mogelijk gesterkt werd door Pasquales liefde, er op mijn eentje een schrijven, net zoals Sarratore. Wie weet, als alles goed ging was ik misschien eerder rijk dan Lila met haar schoenontwerpen en haar schoenfabriek.

11

Daags daarna ging ik stiekem naar de afspraak met Pasquale Peluso. Hij kwam buiten adem aanrennen, in werkkleren, helemaal bezweet en onder de witte kalkvlekken. Terwijl we samen opliepen, vertelde ik hem het verhaal van Donato en Melina. Ik zei dat de recente gebeurtenissen bewezen dat Melina niet gek was, dat Donato echt verliefd op haar was geworden en nog van haar hield. Maar al terwijl ik sprak, al terwijl Pasquale me gelijk gaf en daarmee liet blijken dat hij gevoelig was voor liefdeszaken, besefte ik dat wat van die laatste ontwikkelingen mij het meeste bezighield, het feit was dat Donato Sarratore een bóék had gepubliceerd. Die spoorwegbeambte was auteur geworden van een boek dat meester Ferraro heel goed in zijn bibliotheek zou kunnen zetten en zou kunnen uitlenen. Dus, zei ik tegen Pasquale, hadden we allemaal niet zomaar een man gekend, een zwakke man omdat hij zich door zijn vrouw Lidia op de kop liet zitten, maar een dichter. Zijn tragische liefde was dus onder onze ogen ontloken en degene die die liefde bij hem had gewekt was iemand die wij heel goed kenden, namelijk Melina. Ik was erg opgewonden, mijn hart klopte wild. Maar ik merkte dat Pasquale me wat dit betreft niet kon volgen, hij zei alleen maar ja om me niet tegen te spreken. En inderdaad, na een poosje begon hij over iets anders, hij vroeg me van alles over Lila: hoe ze op school was geweest, wat ik van haar dacht, of we dikke vriendinnen waren. Ik antwoordde graag: het was voor het eerst dat iemand me vragen stelde over mijn vriendschap met haar en ik praatte er de hele weg met veel enthousiasme over. Het was ook voor het eerst dat ik voelde hoe ik, omdat ik de woorden moest zoeken voor een onderwerp waarvoor ik geen woorden paraat had, geneigd was de relatie tussen Lila en mij te reduceren tot overdreven uitspraken en enthousiaste kreten.

Toen we de winkel van de schoenmaker bereikten, waren we er nog over bezig. Fernando was naar huis gegaan voor zijn siësta; Lila en Rino stonden met sombere gezichten naast elkaar over iets gebogen wat ze vijandig bekeken, maar zodra ze ons achter de glazen deur zagen, stopten ze alles weg. Ik gaf mijn vriendin de cadeaus van meester Ferraro, terwijl Pasquale zijn vriend voor de gek hield door diens prijs onder zijn neus open te slaan en tegen hem te zeggen: 'Als je het verhaal over dat dode Brugge uit hebt en het leuk vond, lees ik het misschien ook wel.' Ze lachten veel samen en van tijd tot tijd fluisterden ze elkaar dingen over Brugge in het oor, vast en zeker schunnige praatjes. Maar op een gegeven moment merkte ik dat Pasquale wel met Rino stond te grapjassen, maar toch ook heimelijke blikken op Lila wierp. Waarom keek hij zo naar haar, wat zocht hij, wat zag hij in haar? Het waren lange, intense blikken, die zij niet eens leek op te merken, terwijl Rino, zo leek me, er nog meer op lette dan ik en Pasquale al gauw mee de straat op sleurde, alsof hij wilde voorkomen dat wij hoorden wat zij zo leuk aan Brugge vonden, maar in werkelijkheid geërgerd was over hoe zijn vriend naar zijn zusje keek.

Ik liep met Lila mee naar achteren terwijl ik mijn best deed te ontdekken wat in haar Pasquales aandacht zo had getrokken. Ze leek me nog steeds hetzelfde tengere meisje, vel over been, bloedeloos, afgezien misschien van haar ogen die groter leken, en die lichte golving van haar borst. Ze zette de boeken tussen andere boeken die ze daar had staan, tussen oude schoenen en schriften met gehavende kaften. Ik zei iets over de gektes van Melina, maar probeerde vooral mijn enthousiasme op haar over te brengen over dat we eindelijk konden zeggen dat we iemand kenden die zojuist een boek had gepubliceerd, Donato Sarratore. Ik zei zachtjes in het Italiaans tegen haar: ‘Moet je nagaan, zijn zoon Nino zat bij ons op school, moet je nagaan, misschien wordt de hele familie Sarratore wel rijk.’ Zij lachte vaag, sceptisch.

‘Hiermee?’ vroeg ze. Ze stak een hand uit en liet me Sarratores boek zien.

Antonio, Melina’s oudste zoon, had het haar gegeven om het voor altijd uit zijn moeders gezichtsveld en bereik te houden. Ik pakte het boekwerk aan en bekeek het. De titel luidde *Proeven van helderheid*. Het had een roodachtige kaft met een tekening van een stralende zon op een bergtop. Het was opwindend om recht boven de titel de naam ‘Donato Sarratore’ te lezen. Ik sloeg het boekje open, las hardop de met een pen geschreven opdracht: *Voor Melina die mijn zang heeft gevoed. Donato. Napels, 12 juni 1958.* Het greep me aan, ik voelde een rilling in mijn nek, bij de haargrens. Ik zei: ‘Nino krijgt een nog mooiere auto dan die van de Solara’s.’

Maar Lila kneep haar ogen samen tot haar bekende intense blik, en ik zag haar als het ware vergroeien met het boek dat ze in de hand had.

‘Als dat gebeurt, horen we het wel,’ mompelde ze. ‘Tot nu toe hebben die gedichten alleen maar ellende veroorzaakt.’

‘Waarom?’

‘Sarratore heeft niet de moed gehad persoonlijk naar Melina te gaan en in plaats van zichzelf heeft hij haar het boek gestuurd.’

‘Is dat niet mooi?’

‘Wie zal het zeggen. Nu wacht Melina op hem en als Sarratore niet komt, lijdt ze nog meer dan ze tot nu toe heeft gedaan.’

Wat een mooie woorden! Ik keek naar haar huid, zo blank en glad, zonder één oneffenheid. Ik keek naar haar lippen, naar de verfijnde vorm van haar oren. Ja, dacht ik, misschien is ze aan het veranderen, en niet alleen fysiek, ook in hoe ze zich uitdrukt. Het leek me – in hedendaagse termen geformuleerd – dat ze niet alleen de dingen goed wist te zeggen, maar dat ze ook bezig was een gave te ontwikkelen die ik al kende: nog beter dan toen ze klein was, nam ze nu de feiten en gaf ze daar op een natuurlijke manier spanning aan; ze versterkte de werkelijkheid terwijl ze die reduceerde tot woorden en daar energie aan meegaf. Maar ik merkte ook, tot mijn vreugde, dat ik, zodra zij dat begon te doen, me ineens in staat voelde om hetzelfde te doen en ik probeerde het, en het ging me goed af. Dit – dacht ik blij – onderscheidt me van Carmela en van alle andere meisjes: ik raak samen met haar enthousiast, hier, op het moment waarop ze tegen me praat. Hoe mooi en sterk waren haar handen, hoe fraai haar gebaren, hoe intens haar blikken!

Maar terwijl Lila en ik over liefde praatten, kwam een nare gedachte mijn plezier bederven. Ik begreep ineens dat ik me had vergist: Pasquale de metselaar, de communist, de zoon van de moordenaar, had niet om mij mee willen komen maar om haar, het was een kans om haar te kunnen zien.

12

Die gedachte benam me even de adem. Toen de twee jongens weer binnenkwamen en ons gepraat onderbraken, bekende Pasquale lachend dat hij van de bouw was weggerend zonder iets tegen de voorman te zeggen, maar dat hij nu onmiddellijk weer aan het werk moest. Ik zag dat hij opnieuw lang en intens naar Lila keek, bijna in weerwil van zichzelf, misschien om haar te laten weten dat het alleen maar om haar was dat hij het risico nam ontslagen te worden. En intussen zei hij, terwijl hij zich tot Rino wendde: 'Zondag gaan we allemaal bij Gigliola dansen, Lenuccia komt ook, en jullie?'

'Zondag is nog ver weg, we zien wel,' antwoordde Rino.

Pasquale wierp Lila een laatste blik toe en ging er toen vandoor, zonder me te vragen of ik meekwam.

Het ergerde me en dat maakte me nerveus. Ik begon met

mijn vingers mijn wangen te betasten, uitgerekend de plekken met puistjes; ik merkte het en dwong mezelf het niet meer te doen. Terwijl Rino de dingen waarmee hij bij onze komst aan het werk was van onder zijn bankje tevoorschijn haalde en ze aarzelend bekeek, probeerde ik weer met Lila over boeken en liefdesgeschiedenissen te praten. We bliezen Sarratore, de liefdeswaanzin van Melina en de rol van dat boek buitensporig op. Wat zou er gebeuren? Welke reactie zou niet het lezen van de gedichten maar het boek op zich veroorzaken, het feit dat de kaft ervan, de titel, de voor- en de achternaam het hart van de vrouw opnieuw in vuur en vlam hadden gezet? We praatten er zo hartstochtelijk over dat Rino ineens zijn geduld verloor en naar ons schreeuwde: 'Hou op! Lila, laten we proberen te werken, want als pa terugkomt kunnen we niks meer doen.'

We hielden op. Ik keek even naar waar ze mee bezig waren, een houten vorm met een warboel van zooltjes, leren reepjes, stukjes hard leer eromheen te midden van priemen en andersoortig ijzeren gereedschap. Lila vertelde me dat Rino en zij aan het proberen waren een mannenschoen te maken, een schoen voor op reis, en onmiddellijk daarna liet haar broer, ongerust, me op mijn zusje Elisa zweren dat ik daar nooit met iemand over zou praten. Ze waren er stiekem mee bezig, Rino had via een vriend die zijn dagelijks brood in een leerlooierij bij Ponte di Casanova verdiende, het zoolleer en het bovenleer op de kop kunnen tikken. Ze wijdden vijf minuutjes nu, tien minuutjes morgen, aan de vervaardiging van de schoen, want ze hadden hun vader op geen enkele manier kunnen overhalen hen te helpen, erger nog, elke keer dat ze dat onderwerp ter sprake brachten, stuurde Fernando Lila naar huis, schreeuwend dat hij haar niet meer in de winkel wilde zien, en dreigde hij intussen Rino te vermoorden, omdat die zich, negentien jaar oud, respectloos in het hoofd had gezet het beter te weten dan hij.

Ik deed of ik me voor hun geheime onderneming interesseerde, maar in feite was ik er niet blij mee. Hoewel broer én zus me erbij hadden betrokken door me tot hun vertrouweling te maken, betrof het toch een ervaring waaraan ik alleen maar als getuige deel kon nemen: op die weg zou Lila in haar eentje grote dingen tot stand brengen, ik was ervan buitengesloten. Maar vooral: hoe was het mogelijk dat zij me, na ons intensieve gepraat over liefde en poëzie, zoals nu naar de deur bracht en dat gespannen gedoe rond een schoen heel wat interessanter vond? We hadden zo goed over Sarratore en Melina gepraat. Ik kon niet geloven dat, ook al had ze me op die hoop leer en gereedschappen gewezen, bij haar niet, net zoals bij mij, de angstige bezorgdheid om die vrouw met haar liefdesleed doorwerkte. Wat konden mij schoenen schelen! Ik zag de geheimste bewegingen van die geschiedenis van bedrogen trouw en hartstocht en van zang die tot boek werd nog helemaal voor me, en het was alsof zij en ik samen een roman hadden gelezen, alsof we daar in het achterkamertje, en niet op een zondag in de parochiezaal, een heel dramatische film hadden gezien. Ik voelde me verdrietig om dit verknoeien, omdat ik weg moest, omdat zij het schoenenavontuur verkoos boven onze gesprekken, omdat ze wist dat ze autonoom was en ik haar daarentegen nodig had, omdat zij eigen dingen in zich borg die voor mij ontoegankelijk waren, omdat Pasquale, een man, geen jongetje, vast en zeker nieuwe mogelijkheden zou zoeken om haar te zien, haar te versieren en te proberen haar over te halen zich in het geheim met hem te verloven en zich te laten kussen en betasten, zoals ze zeiden dat erbij hoorde als je je verloofde; kortom, omdat ze steeds minder behoefte aan me zou hebben.

Daarom zei ik, bijna om het gevoel van afkeer dat die gedachten bij mij opriepen te verjagen, bijna om mijn waarde en mijn onmisbaarheid te benadrukken, zomaar, plompverloren, dat ik naar het gymnasium zou gaan. Ik zei het in de deuropening van de winkel, of eigenlijk al op straat. Ik vertelde dat juffrouw Oliviero mijn ouders ertoe had verplicht en dat ze had beloofd persoonlijk voor de tweedehandsboeken te zorgen, gratis. Ik zei dat omdat ik wilde dat ze besefte dat ik uiterst bijzonder was en dat ze, ook als ze door samen met Rino schoenen te maken rijk zou worden, toch nooit zonder me zou kunnen, zoals ik niet zonder haar kon.

Ze keek me aarzelend aan.

'Wat is dat, het gymnasium?'

'Een belangrijke school, na de middenschool.'

'En wat ga je daar doen?'

'Leren.'

'Wat?'

'Latijn.'

'En verder?'

'Ook Grieks.'

'Grieks?'

'Ja.'

Ze keek zoals iemand die zich verloren voelt en niet weet wat te zeggen. Ten slotte mompelde ze zonder enig verband: 'Vorige week heb ik tante Betje gekregen.'

En toen ging ze naar binnen, hoewel Rino haar niet had geroepen.

13

Zij bloedde nu dus ook. De geheime bewegingen van het lichaam, die mij als eerste hadden bereikt, waren als de golf van een aardbeving ook tot haar gekomen en zouden haar veranderen, ze was al aan het veranderen. Pasquale – dacht ik – heeft het eerder gemerkt dan ik. Hij en waarschijnlijk ook andere jongens. Het feit dat ik naar het gymnasium zou gaan verloor al snel zijn glans.

Dagenlang kon ik aan niets anders denken dan aan het raadsel welke veranderingen Lila zouden bestormen. Zou ze net zo mooi worden als Pinuccia Caracci en Gigliola en Carmela? Zou ze net als ik lelijker worden? Ik ging naar huis en bestudeerde mezelf in de spiegel. Hoe was ik nu echt? Hoe zou zij vroeg of laat worden?

Ik begon meer zorg aan mezelf te besteden. Op een zondagmiddag trok ik voor het bekende geslenter tussen de grote weg en het parkje mijn feestjurk aan, een lichtblauw geval met een vierkante halsuitsnijding, en ik deed ook mijn moeders zilveren armband om. Toen Lila en ik elkaar ontmoetten, zag ik met heimelijk genoegen dat zij eruitzag als iedere dag, haar pikzwarte haren verward, haar jurkje vaal en versleten. Niets waardoor ze er anders uitzag dan gewoonlijk, ze was het bekende gespierde, magere meisje. Ze leek me alleen iets langer, van aan de kleine kant was ze bijna net zo lang als ik geworden, misschien een centimeter kleiner. Maar waar bestond die verandering eigenlijk uit? Ik had grote borsten, de vormen van een vrouw.

We kwamen bij het parkje, liepen terug, en daarna weer naar het parkje. Het was vroeg, het zondagse geroezemoes en de verkopers van nootjes, geroosterde amandelen en pompoenpitten waren er nog niet. Lila vroeg me voorzichtig weer naar het gymnasium. Ik vertelde haar het beetje dat ik wist maar blies dat wel zo veel mogelijk op. Ik wilde dat ze nieuwsgierig werd, dat ze in elk geval van buitenaf een beetje aan mijn avontuur wilde deelnemen, dat ze het gevoel had me een stukje te verliezen, zoals ik altijd bang was veel van haar te verliezen. Ik liep aan de kant van de straat, zij aan de binnenkant. Ik praatte, zij luisterde heel aandachtig.

Toen kwam de Fiat 1100 van de Solara's naast ons rijden, Michele aan het stuur, Marcello naast hem. Deze laatste begon flauwiteiten tegen ons te debiteren. Tegen ons allebei, niet alleen tegen mij. In het Napolitaans en op een zangerig toontje zei hij dingen als: wat een mooie dames, worden jullie niet moe van al dat heen en weer geloop? Napels is groot, hoor, en de mooiste stad van de wereld, net zo mooi als jullie, stap maar in, een halfuurtje en dan brengen we jullie weer terug.

Ik had het niet moeten doen, maar deed het wel. In plaats van gewoon door te lopen alsof hij en zijn auto en zijn broer niet bestonden, in plaats van gewoon door te kletsen met Lila en hen te negeren. Uit een behoefte om mezelf aantrekkelijk te voelen en een geluksvogel en omdat ik op het punt stond naar de chique school te gaan waar ik hoogstwaarschijnlijk jongens zou treffen met mooiere auto's dan die van hen, draaide ik me om en zei in het Italiaans: 'Dank je, maar we mogen niet.'

Toen stak Marcello een hand uit. Ik zag dat die hand breed en klein was, hoewel hijzelf lang was en goed geproportioneerd. De vijf vingers kwamen door het raampje en pakten mij bij de pols, terwijl zijn stem zei: 'Michè, stop eens, zie je wat een mooie armband de dochter van de conciërge heeft?'

De auto stopte. Marcello's vingers om mijn pols maakten rimpels in de huid, van weerzin trok ik mijn arm los. De armband brak en viel tussen het trottoir en de auto.

'Verdorie, moet je zien wat je hebt gedaan!' riep ik uit, aan mijn moeder denkend.

'Rustig maar,' zei hij en hij deed het portier open en stapte uit. 'Ik maak hem wel voor je.'

Hij was vrolijk, vriendelijk, probeerde opnieuw me bij de pols te nemen alsof hij een vertrouwelijkheid tot stand wilde brengen die mij zou kunnen kalmeren. Het was een kwestie van een moment: Lila, half zo groot als hij, duwde hem tegen de auto en hield het schoenmakersmes tegen zijn keel.

Rustig zei ze in het Napolitaans: 'Raak haar nog eens aan als je durft, dan zul je eens zien wat er gebeurt.'

Ongelovig bleef Marcello staan, hij verroerde geen vin meer. Michele kwam meteen uit de auto en zei op geruststellende toon: 'Ze doet niks, Marcè, daar heeft die troel de moed niet voor.'

'Kom maar op,' zei Lila, 'kom maar op, kun je zien of ik de moed niet heb.'

Michele liep om de auto heen terwijl ik begon te huilen. Van waar ik stond kon ik goed zien dat de punt van het mes al in Marcello's huid had gesneden, een kras waar een dun streepje bloed uit kwam. Heel duidelijk zie ik het tafereel voor me: het was nog erg warm, weinig voorbijgangers. Lila stond vlak voor Marcello alsof ze een gemeen insect op zijn gezicht had gezien dat ze wilde wegjagen. Ook de absolute zekerheid van toen is me bijgebleven: ze zou niet aarzelen hem de keel door te snijden. Ook Michele merkte dat.

'Oké, kalm maar,' zei hij, en nog steeds even rustig, bijna

geamuseerd, ging hij weer in de auto zitten. 'Stap in, Marcè, vraag de dames excuus en dan gaan we.'

Langzaam haalde Lila de punt van het lemmet van Marcello's keel. Hij glimlachte verlegen, keek verward.

'Een ogenblikje,' zei hij.

Hij ging voor mij op zijn knieën op het trottoir zitten, alsof hij zich, door zich aan die hoogste vorm van vernedering te onderwerpen, wilde excuseren. Hij zocht onder de auto, vond de armband, bekeek hem en repareerde hem door met zijn nagels het zilveren ringetje dat het begeven had aan te drukken. Hij gaf de armband terug en keek daarbij niet mij, maar Lila aan. Tegen haar zei hij: 'Sorry.' Daarna stapte hij in de auto, en vervolgens reden ze weg.

'Ik moest om de armband huilen, niet omdat ik bang was,' zei ik.

14

In de loop van die zomer vervaagden de grenzen van de wijk. Op een ochtend nam mijn vader me mee. Hij wilde dat ik, nu ik me voor het gymnasium moest inschrijven, goed begreep welke vervoersmiddelen ik zou moeten nemen en door welke straten ik moest lopen als ik in oktober naar de nieuwe school ging.

Het was een mooie, heldere en winderige dag. Ik voelde me bemind, vertroeteld en bij de genegenheid die ik voor mijn vader koesterde voegde zich al gauw een toenemende bewondering. Hij kende die enorme wereld van de stad heel goed, hij wist waar we de metro moesten nemen of een tram of een bus. Op straat gedroeg hij zich met een beminnelijkheid, een kalme vriendelijkheid, die hij thuis bijna nooit had. Hij was met iedereen meteen goede maatjes, in het openbaar vervoer, in de kantoren, en het lukte hem bijna altijd zijn gesprekspartner duidelijk te maken dat hij op het gemeentehuis werkte en dat hij, indien gewenst, dossiers wel een zetje kon geven, deuren kon openen.

We brachten de hele dag samen door, het was de enige van ons leven dat dat gebeurde, andere herinner ik me niet. Hij wijdde zich intensief aan me, alsof hij al het nuttigs dat hij in de loop van zijn bestaan had geleerd in enkele uren aan mij wilde overdragen. Hij liet me het piazza Garibaldi zien en het station dat ze aan het bouwen waren: volgens hem was het zo modern dat Japanners er speciaal voor uit Japan kwamen om het te bestuderen en het bij hen thuis precies zo na te bouwen, vooral de pilaren. Maar hij bekende me dat hij meer van het vorige station hield, daar was hij meer aan gehecht. Niks aan te doen. Zo was Napels volgens hem altijd al geweest: ze hakken en breken er en bouwen dan iets nieuws, het geld rolt en er is werk.

Hij bracht me via de corso Garibaldi naar het gebouw dat mijn school zou worden. Op het secretariaat deed hij uiterst goedmoedig alles wat er gedaan moest worden. Hij had de gave sympathiek over te komen, een gave die hij in de wijk en thuis verborgen hield. Hij schepte op over mijn buitengewone rapport tegen een conciërge, en tijdens dat gesprek bleek ineens dat hij een van de getuigen bij diens huwelijk goed kende. Ik hoorde dat hij vaak 'alles in orde?' zei, of 'wat we kunnen doen, doen we'. Hij liet me het piazza Carlo III zien, en het Albergo dei poveri, het armenhotel, en de botanische tuin, de via Foria, en het museum. Hij liep met me door de via Costantinopoli, de Port'Alba, over het piazza Dante, door de via Toledo. Ik was overrompeld. Door de namen, het verkeerslawaai, de stemmen, de kleuren en de feestelijke sfeer die er hing, door het gemak waarmee mijn vader met de pizzaverkoper kletste bij wie hij een stuk gloeiendhete pizza met mozzarella voor me kocht, en met de groenteman bij wie ik een diepgele perzik van hem kreeg. En dan de inspanning om alles te onthouden om het er later met Lila over te hebben. Was het mogelijk dat alleen onze wijk zo vol spanning en geweld was en de rest van de stad stralend en vriendelijk?

Hij liet me de plek zien waar hij werkte, op het piazza Municipio. Ook daar, zei hij, was alles nieuw geworden, de bomen gekapt, alles tegen de grond gegooid: 'Kijk nu eens wat een ruimte, het enige wat nog oud is, is de Maschio Angioino, maar die is mooi, verdikkeme wat is die mooi, in Napels heb je maar twee echte mannen, je vader en die daar.' We gingen naar het gemeentehuis, hij groette mensen links en rechts, hij was erg bekend. Tegen sommigen was hij joviaal, hij stelde me aan hen voor en herhaalde voor de zoveelste keer dat ik op school een negen voor Italiaans had gehad en een negen voor Latijn; tegen anderen zei hij bijna niets, alleen maar 'Goed, ja, u beveelt en ik voer uit'. Ten slotte kondigde hij me aan dat hij me de Vesuvius van dichterbij zou laten zien en de zee.

Het was een onvergetelijk moment. We gingen naar de via Caracciolo, er was steeds meer wind, steeds meer zon. De Vesuvius was een berg van een tere, pastelkleurige vorm, met aan de voet ervan de opgehoopte, wittige keien van de stad, het Castel dell'Ovo dat er aardekleurig tegen afstak, de zee. En wat voor zee! Hij was erg woelig, oorverdovend, de wind benam je de adem, plakte de kleren tegen je lijf en blies de haren van je voorhoofd omhoog. We bleven aan de huizenkant van de straat staan, bij een kleine menigte die naar het schouwspel stond te kijken. De golven rolden aan als blauwe metalen buizen met schuimig eiwit erbovenop, en dan braken ze in duizenden fonkelende scherven en spoelden, onder een o! van verbazing en angst van ons, toeschouwers, tot op de straat. Wat jammer dat Lila er niet bij was. Ik voelde me daas door de krachtige windvlagen, door het lawaai. Ik had de indruk dat er, ook al nam ik veel van dat schouwspel in me op, toch heel veel, te veel dingen om me heen ongrijpbaar wegdwarrelden.

Mijn vader hield mijn hand stevig vast, alsof hij bang was dat ik wegglipte. En ik had inderdaad zin om hem los te laten en te rennen, ergens anders te gaan staan, de straat over te steken, me door de fonkelende schubben van de zee te laten overspoelen. Op dat zo intense moment, vol licht en rumoer, deed ik of ik alleen was in al dat nieuwe van de stad, ikzelf nieuw met mijn hele leven voor me, blootgesteld aan de roerige razernij van de dingen, maar verzekerd van de overwinning: ik, Lila en ik, wij tweeën met die capaciteit die wij samen – alleen samen – hadden om het geheel van kleuren, geluiden, dingen en personen in ons op te nemen en voor elkaar te verwoorden en er kracht aan te geven.

Ik kwam terug in de wijk alsof ik in een ver land was geweest. Daar waren de bekende straten weer, daar was de kruidenierswinkel van Stefano en zijn zusje Pinuccia weer, en Enzo die fruit verkocht, en de Fiat van de Solara's voor het café, die Fiat waarvoor ik nu ik weet niet wat over zou hebben gehad om hem van de aardbodem te doen verdwijnen. Gelukkig maar dat mijn moeder niets van dat voorval met haar armband te weten was gekomen. Gelukkig maar dat niemand tegen Rino had gezegd wat er was gebeurd.

Ik vertelde Lila van de straten, hun naam, het rumoer, van het bijzondere licht. Maar ik voelde me meteen ongemakkelijk. Als zij mij het verhaal van die dag had verteld, had ik het niet kunnen laten me er met een tegenmelodie tussen te dringen en zou ik me, ook al was ik er niet bij geweest, levend en actief hebben gevoeld, zou ik vragen hebben gesteld, bepaalde dingen ter sprake hebben gebracht, zou ik hebben geprobeerd haar te laten inzien dat we datzelfde traject absoluut samen moesten afleggen, omdat ik het voor haar zou verrijken, en dat ik veel en veel beter gezelschap zou zijn dan haar vader. Maar zij luisterde naar me zonder nieuwsgierigheid en in eerste instantie dacht ik dat ze zich zo gedroeg omdat ze gemeen wilde zijn en mijn enthousiasme wilde temperen. Maar ik moest erkennen dat het niet zo was, ze had gewoon haar eigen gedachtegang die zich met concrete dingen voedde, zijn dorst leste aan een boek, als aan een fonteintje. Zeker, met haar oren luisterde ze, maar haar ogen en haar geest waren uitsluitend gericht op de grote weg, de paar bomen in het parkje, Gigliola die met Alfonso en Carmela wandelde, Pasquale die vanaf de bouwsteiger zwaaide, Melina die met luide stem over Donato Sarratore praatte terwijl Ada haar mee naar huis probeerde te sleuren, Stefano, de zoon van don Achille, die net een Giardinetta had gekocht en rondreed met zijn moeder naast zich en zijn zusje Pinuccia op de achterbank, Marcello en Michele Solara die in hun Fiat 1100 langsreden terwijl Michele deed of hij ons niet zag en Marcello niet naliet ons een hartelijke blik toe te werpen, maar vooral op het stiekeme werk aan het schoenproject, waar ze achter haar vaders rug om met overgave mee bezig was. Mijn verhaal was voor haar op dat moment alleen maar een geheel van nutteloze signalen uit nutteloze werelden. Ze zou zich wel met die werelden bezighouden, maar pas als ze de gelegenheid kreeg er zelf heen te gaan. En ja hoor, na al mijn gepraat zei ze alleen maar: 'Ik moet Rino zeggen dat we die uitnodiging van Pasquale Peluso voor zondag moeten aannemen.'

Kijk, ik vertelde haar over het centrum van Napels en zij maakte het huis van Gigliola tot centrum, een van de flats van de wijk, waar Pasquale ons mee naartoe wilde nemen om te dansen. Het deed me verdriet. Op Peluso's uitnodigingen hadden we wel altijd ja gezegd maar we waren er nooit heen gegaan, ik om discussies met mijn ouders te vermijden, zij omdat Rino ertegen was. Maar we bespiedden hem vaak op feestdagen, als hij brandschoon op zijn vrienden stond te wachten, grote en kleinere. Hij was royaal, maakte geen onderscheid wat leeftijd betreft, sleurde willekeurig wie mee. Over het algemeen wachtte hij voor het benzinestation en dan arriveerden ze, één voor één: Enzo, en Gigliola, en Carmela die zich nu Carmen liet noemen, en soms Rino als hij niets anders te doen had, en Antonio, op wie de zorg voor zijn moeder Melina rustte, en als Melina kalm was ook zijn zusje Ada, die door de jongens Solara de auto in was getrokken en ruim een uur god weet waar door hen was vastgehouden. Als het mooi weer was gingen ze naar zee en kwamen dan met roodverbrande gezichten weer terug. Of, en dat gebeurde vaker, ze verzamelden zich allemaal bij Gigliola. Haar ouders waren inschikkelijker dan die van ons, en wie kon dansen danste en wie niet kon dansen leerde het daar.

Lila begon me naar die feestjes mee te sleuren; hoe het gekomen was weet ik niet, maar ineens interesseerde ze zich voor dansen. Tot onze verrassing bleken Pasquale en Rino allebei uitstekende dansers en van hen leerden we de tango, de wals, de polka en de mazurka. Als dansleraar verloor Rino, dat moet ik toegeven, al gauw zijn kalmte, vooral als het zijn zusje betrof, terwijl Pasquale erg geduldig was. In het begin liet hij ons met onze voeten op die van hem dansen, zodat we de passen goed leerden, maar zodra we meer ervaring kregen, ging het van 'hup!' en zwierden we door het huis.

Ik ontdekte dat ik dansen geweldig vond en zou wel aan het dansen hebben kunnen blijven. Lila daarentegen keek zoals ze deed als ze goed wilde begrijpen hoe iets moest, en het leek wel of haar hele plezier uit het leren bestond, ze zat dan ook vaak naar ons te kijken, ons te bestuderen, en klapte voor de paren die het beste dansten. Op een keer liet ze me toen ik bij haar thuis was een boekje zien dat ze uit de bibliotheek had gehaald: er stond alles over dansen in en elke beweging werd uitgelegd met zwarte, getekende figuurtjes van een dansende man en vrouw. Ze was erg vrolijk in die tijd, voor haar doen verrassend uitbundig. Ineens greep ze me bij mijn middel en dwong ze me een tango te dansen, zij als man, waarbij ze de muziek neuriede. Rino verscheen in de deuropening, zag ons en begon te lachen. Hij wilde ook dansen, eerst met mij en daarna met zijn zusje, ook zo, zonder muziek. Onder het dansen vertelde hij me dat Lila ineens zo perfectionistisch was dat ze hem voortdurend dwong te oefenen, ook al hadden ze geen grammofoon. Maar dat woord – grammofoon, grammofoon, grammofoon – was nog niet over zijn lippen of Lila riep vanuit een hoek van de kamer terwijl ze haar ogen samenkneep: 'Weet je wat dat voor woord is?'

'Nee.'

'Grieks.'

Ik keek haar onzeker aan. Intussen liet Rino me staan en ging hij met zijn zusje dansen, die een lichte kreet slaakte, mij het dansboekje in handen stopte en met hem door de kamer zwierde. Ik zette het boekje bij haar andere boeken. Wat had ze daar gezegd? Grammofoon was Italiaans, geen Grieks. Maar intussen zag ik onder *Oorlog en vrede*, met het etiket van meester Ferraro's bibliotheek en al, een haveloos boek liggen, *Griekse grammatica* stond erop. Grammatica. Griekse. Ik hoorde haar buiten adem beloven: 'Straks schrijf ik grammofoon voor je, in Griekse letters.'

Ik zei dat ik weg moest en vertrok.

15

Was ze Grieks gaan leren nog voordat ik naar het gymnasium ging? Had ze dat op haar eentje gedaan, terwijl ik er nog niet eens aan dacht, en 's zomers nog wel, in de vakantie? Deed ze nou altijd alles wat ik moest doen eerder en beter dan ik? Ontweek ze me als ik haar opzocht en zat ze me intussen achterna om mij voorbij te streven?

Ik probeerde haar een tijdje niet te zien, ik was boos. Ik ging naar de bibliotheek om ook een Griekse grammatica te halen, maar ze hadden daar maar één exemplaar en dat hadden de Cerullo's om de beurt te leen. Misschien moet ik Lila uit mijn geheugen wissen, zoals je een tekening van een bord veegt, dacht ik, en dat was, geloof ik, de eerste keer. Ik voelde me kwetsbaar, vogelvrij, ik kon mijn tijd toch niet doorbrengen met achter haar aan zitten of met ontdekken dat zij achter mij aan zat, en me in beide gevallen haar mindere voelen? Maar het lukte me niet uit haar buurt te blijven, ik zocht haar meteen weer op. Ze mocht me uitleggen hoe je een quadrille danst. Ze mocht me laten zien dat ze alle Italiaanse woorden in het Griekse alfabet kon schrijven. Ze wilde dat ik dat alfabet ook leerde, voor ik naar school ging, en ze dwong me het op te schrijven en te lezen. Ik kreeg nog meer puistjes, en ging met een constant gevoel van tekortkoming en schaamte naar de danspartijen bij Gigliola.

Ik hoopte dat het overging, maar die gevoelens van tekortkoming en schaamte werden erger. Op een keer gaven Lila en haar broer een staaltje walsen weg. Ze dansten zo goed samen dat we hun alle ruimte lieten. Ik was gefascineerd. Ze waren mooi, je kon zien dat ze vaak met elkaar dansten. Ik keek naar hen en begreep definitief dat Lila al heel gauw het klein meisje-oud vrouwtjesachtige dat ze had kwijt zou zijn, zoals je een heel bekend melodietje kwijtraakt als het met té veel fantasie wordt bewerkt. Ze had vormen gekregen. Haar hoge voorhoofd, haar grote ogen die plotseling tot spleetjes konden worden, haar kleine neus, haar jukbeenderen en lippen en oren waren een nieuwe orkestratie aan het zoeken en leken die bijna gevonden te hebben. Als ze haar haren in een paardenstaart deed, zag je, vertederend elegant, haar lange hals. Haar borst had aantrekkelijke knopjes die steeds zichtbaarder werden. Haar rug maakte een diepe bocht alvorens uit te lopen op de steeds strakkere boog van haar billen. Haar enkels waren nog te mager, kinderenkels; maar hoelang zou het nog duren voor ze zich aan haar gestalte, een meisjesgestalte inmiddels, hadden aangepast? Ik merkte dat de jongens, als ze naar haar keken terwijl ze met Rino danste, nog meer zagen dan ik. Pasquale vooral, maar ook Antonio, en ook Enzo. Ze hielden hun ogen op haar gericht alsof wij, alle andere meisjes, verdwenen waren. En toch had ik meer boezem. En toch was Gigliola verblindend blond, waren haar trekken regelmatig en haar benen volmaakt. En toch had Carmela prachtige ogen en bewoog ze zich steeds uitdagender, dat vooral. Maar er was niets aan te doen: van Lila's beweeglijke lichaam ging nu iets uit wat de jongens voelden, een energie die hen bedwelmde, als een ruis van naderende schoonheid die steeds dichterbij kwam. De muziek moest ophouden wilden ze, met onzekere glimlachjes en overdreven klappen, weer tot zichzelf komen.

16

Lila was gemeen: ergens diep in me bleef ik dat denken. Ze had me laten zien dat ze niet alleen met woorden kon verwonden maar dat ze ook zonder aarzeling zou kunnen doden, en toch leek het feit dat ze dat kon me nu van weinig belang. Ik zei tegen mezelf: er zal iets nog ergers opduiken, en ik gebruikte het woord hekserij, een overdreven woord dat ik uit de sprookjes van mijn kindertijd had. Maar al was het dan mijn kinderlijke kant die die gedachten losmaakte, iets waars hadden ze wel. Want ja, dat er van Lila een fluïdum uitging dat niet gewoon verleidelijk was maar ook gevaarlijk, dat werd langzaam maar zeker niet alleen mij duidelijk, die haar al sinds de lagere school in de gaten hield, maar iedereen.

Tegen het einde van de zomer begonnen de jongens er bij Rino steeds meer op aan te dringen dat hij bij de gezamenlijke uitjes naar buiten de wijk, voor een pizza of een wandeling, ook zijn zusje meenam. Maar Rino wilde ruimte voor zichzelf. Ook hij was volgens mij aan het veranderen. Lila had zijn fantasie op hol gebracht en hoop bij hem gewekt. Maar zo te zien en te horen had dat niet zo'n goede uitwerking. Hij was schreeuweriger geworden, liet geen gelegenheid voorbijgaan om te zinspelen op hoe goed hij was in zijn werk en hoe rijk hij zou worden; vaak zei hij iets wat hem kennelijk zelf beviel: 'Veel is er niet voor nodig, een beetje mazzel en ik pis de Solara's in hun smoel.' Maar voorwaarde voor dit soort opschepperijen was wel dat zijn zusje er niet bij was. In haar aanwezigheid raakte hij verward, begon hij aan een zin en maakte hem vervolgens niet af. Hij voelde dat Lila hem scheef aankeek, alsof hij bezig was een geheime afspraak over houding en distantie aan zijn laars te lappen, en daarom had hij haar liever niet in de buurt. Ze waren al de hele dag samen in de schoenwinkel. Hij maakte zich uit de voeten en ging bij zijn vrienden de grote jongen uithangen. Maar soms moest hij door de knieën.

Op een zondag gingen we uit – na veel discussies met onze ouders (Rino kwam bij mijn ouders en nam grootmoedig ook de verantwoordelijkheid voor mijn persoon op zich) – 's avonds zelfs! We zagen al die lichtreclames van de stad en de straten vol mensen, we roken de stank van door de hitte bedorven vis, maar ook de lekkere geur van de restaurants, de frituurwinkeltjes, de cafés met hun banketbakkerijen, die veel rijker waren voorzien dan die van de Solara's. Ik herinner me niet of Lila al eens de kans had gehad naar het centrum te gaan, met haar broer of met anderen. Maar als dat al was gebeurd, dan had ze er in elk geval niet met mij over gepraat. Ik herinner me daarentegen wel dat ze die avond geen stom woord zei. We staken het piazza Garibaldi over, maar zij talmde, bleef achter om naar een schoenpoetser te kijken, of naar een kleurig opgedirkt molenpaard van een vrouw, of naar duistere mannen en jongelui. Ze keek heel aandachtig naar de mensen, ze staarde hen recht in de ogen, zodat sommigen lachten en anderen een gebaar van wat-moet-je maakten. Van tijd tot tijd gaf ik haar een ruk, trok ik haar mee, uit angst dat we Rino, Pasquale, Antonio, Carmela en Ada uit het oog verloren.

Die avond gingen we naar een pizzeria aan de Rettifilo, we aten in een vrolijke stemming. Ik had de indruk dat Antonio zijn verlegenheid trotseerde en me een beetje het hof maakte; dat vond ik fijn, het was een tegenwicht voor Pasquales attenties voor Lila. Maar op een gegeven moment sloeg de pizzabakker, een man van een jaar of dertig, overdreven virtuoos aan het jongleren met het deeg dat hij aan het kneden was, terwijl hij intussen glimlachjes uitwisselde met Lila, die vol bewondering naar hem keek.

'Hou op,' zei Rino tegen haar.

'Ik doe niks,' antwoordde zij en ze probeerde de andere kant op te kijken.

Maar al gauw namen de dingen een verkeerde wending. Pasquale zei lachend dat die man, de pizzabakker – iemand die ons meisjes al oud leek, hij had een trouwring om en was vast en zeker vader van een paar kinderen – op zijn vingertoppen had geblazen en Lila zo stiekem een kus had toegeworpen. We draaiden ons onmiddellijk om om naar hem te kijken: hij deed zijn werk, punt uit. Maar Pasquale vroeg nog steeds lachend aan Lila: 'Waar, of heb ik me vergist?'

Met een zenuwachtig lachje, heel wat anders dan Pasquales royale lach, antwoordde ze: 'Ik heb niks gezien.'

'Laat zitten, Pasquà,' zei Rino terwijl hij zijn zus een vernietigende blik toewierp.

Maar Peluso stond op, ging naar de toonbank bij de oven, liep eromheen en gaf, met een onschuldige glimlach om zijn mond, de pizzabakker een klap in zijn gezicht, waardoor die kerel tegen de ovenmond viel.

De eigenaar van de pizzeria, een man van een jaar of zestig, bleek en klein van stuk, kwam onmiddellijk aangerend. Pasquale legde hem rustig uit dat hij zich geen zorgen hoefde te maken, dat hij 's mans ondergeschikte alleen maar iets duidelijk had gemaakt wat hem niet zo duidelijk was geweest, en hij verzekerde hem dat er geen problemen meer zouden zijn. Zwijgend, met neergeslagen ogen en trage happen alsof onze pizza vergiftigd was, gingen we verder met eten. Toen we naar buiten liepen, kafferde Rino Lila geweldig uit en hij besloot dreigend: 'Ga zo maar door, dan neem ik je nooit meer mee.'

Wat was er gebeurd? Op straat keken de mannen die we tegenkwamen naar ons allemaal, of we nu mooi, wel aardig of lelijk waren, en dat deden niet zozeer de jonge mannen als wel de volwassen kerels. Zo ging dat, evengoed in de wijk als daarbuiten, en Ada, Carmela en ikzelf hadden – vooral na het incident met de Solara's – instinctmatig geleerd onze ogen neergeslagen te houden, te doen of we de gore dingen die ze tegen ons zeiden niet hoorden en gewoon door te lopen. Zo niet Lila. 's Zondags met haar op stap gaan werd een permanente bron van spanning. Als iemand naar haar keek, beantwoordde ze zijn blik. Als ze iets tegen haar zeiden, bleef ze verbaasd staan alsof ze niet geloofde dat ze het tegen haar hadden, en soms antwoordde ze nieuwsgierig. Ook al omdat ze tegen haar – en dat was heel ongebruikelijk – bijna nooit de schunnigheden riepen die ze vrijwel altijd voor ons in petto hadden.

Op een middag tegen het einde van augustus liepen we helemaal naar de Villa comunale, het grote park, en gingen daar in een café zitten omdat Pasquale, die zich in die tijd als een Croesus gedroeg, iedereen een slagroomijsje wilde aanbieden. Tegenover ons zat een gezinnetje net als wij aan een tafel een ijsje te eten: een vader, een moeder en drie jongens van tussen de zeven en twaalf jaar. Het leken keurige mensen: de vader, een zware man van een jaar of vijftig, zag eruit als een leraar. En ik zweer dat er aan Lila niets opzichtigs was: ze had geen lippenstift op en droeg een van de bekende flodderjurken die haar moeder voor haar naaide; wij zagen er veel opvallender uit, vooral Carmela. Maar die man – dit keer merkten we het allemaal – kon zijn ogen niet van Lila afhouden, en hoe die zich ook probeerde te beheersen, ze reageerde op zijn blikken alsof ze die bewondering niet kon geloven. Aan onze tafel steeg intussen de ergernis van Rino, Pasquale en Antonio; ten slotte stond de man op, duidelijk zonder te beseffen wat voor risico hij liep, ging voor Lila staan en zei, terwijl hij zich beleefd tot de jongens richtte: 'Jullie zijn geluksvogels: jullie hebben een meisje bij jullie dat nog mooier zal worden dan de Venus van Botticelli. Neem me niet kwalijk, maar dat heb ik tegen mijn vrouw en tegen mijn jongens gezegd en ik had behoefte het ook tegen jullie te zeggen.'

Van de spanning barstte Lila in lachen uit. De man lachte ook en wilde na een ingetogen buiginkje net naar zijn tafel teruglopen toen Rino hem bij zijn nek greep, hem op een drafje het traject terug liet afleggen, hem met geweld op zijn stoel drukte en ten overstaan van zijn vrouw en kinderen een reeks beledigingen zoals wij die in de wijk kenden over hem uitstortte. Toen werd de man kwaad, zijn vrouw bemoeide zich er gillend mee en Antonio trok Rino weg. Weer een verpeste zondag.

Maar het ergste gebeurde op een keer dat Rino er niet bij was. Wat me trof was niet zozeer het feit op zich als wel het samenkomen rond Lila van spanningen van diverse oorsprong. Gigliola's moeder gaf ter gelegenheid van haar naamdag (ze heette Rosa, als ik me goed herinner) een feest voor mensen van alle leeftijden. Omdat haar man de banketbakker van banketbakkerij Solara was, pakten ze het groots aan: een overvloed aan soezen, *raffiuoli a cassata*, cassatacakejes, bladerdeeggebakjes, marsepein, likeuren, limonades voor de kinderen, en grammofoonplaten met dansmuziek, van de bekendste tot de nieuwste hits. Er kwamen mensen die op onze partijtjes nooit zouden zijn gekomen. De apotheker en zijn vrouw, bijvoorbeeld, en hun oudste zoon, Gino, die binnenkort ook naar het gymnasium zou gaan, net als ik. En meester Ferraro, met zijn hele, kroostrijke gezin. En Maria, de weduwe van don Achille, met haar zoon Alfonso en haar dochter Pinuccia, in opvallend kleurige kleding, en zelfs Stefano.

Door deze laatste gasten heerste er in het begin enige spanning: Pasquale en Carmela Peluso, de kinderen van don

Achilles moordenaar, waren ook op het feest. Maar later ging het prima, Alfonso was een vriendelijke jongen (ook hij zou naar het gymnasium gaan, naar dezelfde school als ik) en hij wisselde zelfs een paar woorden met Carmela; Pinuccia, gedoemd als ze was om dag in dag uit in de winkel te staan, was vooral blij dat zij nu eens naar een feest kon; Stefano had vroegtijdig begrepen dat de basis van handel is dat je niemand uitsluit, hij beschouwde alle wijkbewoners als potentiële klanten die hun geld bij hem zouden kunnen uitgeven; over het algemeen liet hij aan wie dan ook zijn mooie, milde glimlach zien en dus probeerde hij te vermijden dat zijn blik, al was het maar een moment, die van Pasquale kruiste; Maria ten slotte, die normaal gesproken haar hoofd de andere kant op draaide als ze mevrouw Peluso zag, negeerde de jonge Peluso's volledig en babbelde lang met Gigliola's moeder. Maar wat vooral de spanning verdreef was het feit dat ze al gauw begonnen te dansen; de chaos nam toe en niemand lette nog ergens op.

Eerst waren het de traditionele dansen, maar daarna gingen ze over op een nieuwe dans, de rock-'n-roll, waar iedereen, van groot tot klein, erg naar uitkeek. Ik trok me verhit terug in een hoekje. Ik kon de rock-'n-roll natuurlijk wel dansen, dat had ik vaak thuis met mijn broertje Peppe gedaan en 's zondags bij Lila thuis met haar, maar ik voelde me te lomp voor die snelle, soepele bewegingen en ik besloot, al vond ik het jammer, om alleen maar te kijken. Ook Lila leek me er trouwens niet bijzonder goed in: ze bewoog zich een beetje lachwekkend; dat had ik zelfs tegen haar gezegd en zij had mijn kritiek als een uitdaging opgevat en was verbeten op haar eentje gaan oefenen, aangezien ook Rino weigerde hem te dansen. Perfectionist als ze in alles was, besloot ze echter tot mijn vreugde om die avond aan de kant te blijven en naast mij te gaan zitten kijken hoe goed Pasquale en Carmela Peluso dansten.

Maar op een gegeven moment kwam Enzo naar haar toe. Dat jongetje dat stenen naar ons had gegooid en zomaar ineens dat wedstrijdje in rekenen met Lila had gehouden, en dat haar een keer een krans peerlijsterbessen had gegeven, was in de loop van de jaren uitgegroeid tot een jongeman die klein van postuur was, maar sterk, en gewend aan zwaar werk. Als je hem zo zag leek hij zelfs ouder dan Rino, die de oudste was van ons allemaal. Je kon aan alles zien dat hij voor dag en dauw opstond, met de camorra van de groente- en fruitmarkt moest omgaan en dat hij in alle jaargetijden, ook in kou en in regen, met zijn karretje door de straten van de wijk trok om groenten en fruit te verkopen. Maar in zijn gezicht, het gezicht van een blondharige, alles licht, blonde wenkbrauwen en wimpers, blauwe ogen, was heel duidelijk nog een restje aanwezig van het rebelse kind waarmee wij van doen hadden gehad. Verder was Enzo iemand van heel weinige en rustige woorden, allemaal in het Napolitaans, en niemand van ons zou op het idee komen om grappen met hem te maken of een gesprek te beginnen. Hij was degene die toen het initiatief nam. Hij vroeg Lila waarom ze niet danste. 'Omdat ik deze dans nog niet goed ken,' antwoordde ze. Hij zweeg even en zei vervolgens: 'Ik ook niet.' Maar toen er een nieuw rock-'n-rollnummer werd opgezet, nam hij haar gewoon bij de arm en duwde hij haar naar het midden van de ruimte. Lila, die alleen al als iemand haar zonder toestemming lichtjes aanraakte, opzij sprong alsof ze door een wesp werd gestoken, protesteerde niet, zo veel zin had ze kennelijk om te dansen. Ze keek hem zelfs dankbaar aan en gaf zich over aan de muziek.

Je zag meteen dat Enzo er niet veel van terechtbracht. Hij bewoog maar weinig, ernstig en stijfjes, maar hij was vol aandacht voor Lila, hij wilde haar duidelijk een plezier doen, haar in staat stellen een show weg te geven. En hoewel ze niet zo goed was als Carmen, lukte het haar zoals gewoonlijk toch om ieders aandacht naar zich toe te trekken. Ook Enzo vindt haar leuk, zei ik mistroostig tegen mezelf. En – zo merkte ik meteen – zelfs Stefano, de winkelier: hij keek de hele tijd naar haar als naar een filmster in de bioscoop.

Maar uitgerekend toen Lila aan het dansen was, arriveerden de jongens Solara.

Hen alleen maar zien was genoeg om me onrustig te maken. Ze liepen naar de banketbakker en zijn vrouw om die te begroeten, gaven Stefano een vriendelijke klap op zijn schouder en gingen toen ook naar de dansers zitten kijken. Eerst keken ze met beladen blik – zoals je dat doet als je je, zoals zij, meester van de wijk voelt – Ada aan, die haar hoofd afwendde; daarna smoesden ze wat met elkaar en wezen ze naar Antonio, ze groetten hem overdreven knikkend, maar hij deed of hij het niet zag; en toen zagen ze Lila, keken lang en intens naar haar, fluisterden elkaar iets in het oor. Michele knikte nadrukkelijk van ja.

Ik verloor ze niet uit het oog en begreep al gauw dat vooral Marcello – op wie alle meisjes dol waren – helemaal niet boos leek te zijn om die kwestie van het schoenmakersmes. Integendeel. Binnen enkele seconden was hij volledig in de ban van Lila's soepele, sierlijke lichaam en van haar voor de wijk, en misschien wel voor heel Napels, bijzondere gezicht. Hij keek naar haar zonder zijn blik een moment af te wenden, alsof hij het beetje verstand dat hij had, kwijt was. En ook toen de muziek ophield, bleef hij naar haar kijken.

Het gebeurde in een oogwenk. Enzo wilde Lila naar het hoekje duwen waar ik zat, en Stefano en Marcello kwamen tegelijk in beweging om haar ten dans te vragen; maar Pasquale was hen voor. Lila maakte een bevallig sprongetje van instemming voor hem en klapte blij in haar handen. Vier jongens van verschillende leeftijd, elk op een andere manier overtuigd van zijn absolute macht, bogen zich tegelijkertijd over het figuurtje van een veertienjarige. De naald schraapte over de plaat en toen begon de muziek. Stefano, Marcello en Enzo deden aarzelend een stap achteruit. Pasquale begon met Lila te dansen en gezien de danskwaliteiten van haar partner, ging Lila meteen helemaal los.

En toen besloot Michele Solara, misschien uit liefde voor zijn broer, misschien puur uit zin om heibel te trappen, de situatie op zijn manier te compliceren. Hij stootte Stefano met zijn elleboog aan en zei hardop tegen hem: 'Nou zeg, heb je bloed in je aders of niet? Dat is de zoon van die vent die je vader heeft vermoord, een rotcommunist, en jij staat hier maar te kijken hoe hij met het moppie danst waar jij mee wilde dansen?'

Pasquale hoorde het vast en zeker niet, want de muziek stond hard en hij was acrobatische toeren aan het uitvoeren met Lila. Maar ik hoorde het, en Enzo hoorde het, die naast me stond, en natuurlijk hoorde Stefano het ook. We verwachtten dat er iets zou gebeuren, maar er gebeurde niets. Stefano was een zelfverzekerde jongen. De winkel ging meer dan goed, hij dacht erover een aangrenzende ruimte te kopen om de zaak uit te breiden, kortom, hij voelde zich een geluksvogel, en hij was er zelfs heel zeker van dat het leven hem alles zou geven wat hij wenste. Met zijn innemende glimlach zei hij tegen Michele: 'Laat hem maar dansen, hij danst goed', en hij ging door met naar Lila kijken alsof zij het enige was wat hem op dat moment interesseerde. Michele trok een grijns van afkeer en ging op zoek naar de banketbakker en zijn vrouw.

Wat was hij nu van plan? Ik zag hem opgewonden met de gastheer en gastvrouw praten, hij wees op Maria in een hoekje, hij wees op Stefano en Alfonso en Pinuccia, hij wees op de dansende Pasquale, hij wees op Carmela die uitdagend met Antonio aan het dansen was. Zodra de muziek ophield, nam Gigliola's moeder Pasquale vriendelijk bij zijn arm, bracht hem naar een hoekje en zei iets in zijn oor.

'Vooruit,' zei Michele lachend tegen zijn broer, 'de weg is vrij.' En Marcello Solara ging het nog eens bij Lila proberen.

Ik wist zeker dat ze nee tegen hem zou zeggen, ik wist hoe ze hem haatte. Maar zo ging het niet. De muziek begon weer en danslustig tot in haar vezels zocht ze met haar ogen eerst Pasquale, en toen ze hem niet zag, greep ze Marcello's hand, alsof het alleen maar een hand was, alsof er na die hand niet een arm kwam, zijn hele lijf, en bezweet begon ze te doen wat op dat moment voor haar het belangrijkste was: dansen.

Ik keek naar Stefano, ik keek naar Enzo. De sfeer was geladen. Mijn hart bonsde van spanning. Pasquale liep met een bars gezicht naar Carmela en zei nors iets tegen haar. Carmela protesteerde met zachte stem, hij legde haar met een even zachte stem het zwijgen op. Antonio liep naar hen toe, smoesde met Pasquale. En allebei keken ze boos naar Michele Solara die weer met Stefano aan het kletsen was, en naar Marcello die met Lila danste en haar daarbij naar zich toe trok, optilde, van zich af smeet. Toen liep Antonio naar de groep dansers en haalde Ada eruit. De muziek was afgelopen, Lila kwam weer naast me zitten. Ik zei: 'Er is iets aan de hand, we moeten weg.'

Ze lachte en riep uit: 'Al komt er een aardbeving, ik dans nog een keer', en ze keek naar Enzo die tegen een muur geleund stond. Maar intussen was daar Marcello weer om haar ten dans te vragen en zij liet zich opnieuw meetrekken.

Pasquale kwam naar me toe, zei dof dat we weg moesten.

'Laten we wachten tot Lila is uitgedanst.'

'Nee, meteen,' zei hij op een harde, lompe toon die geen weerwoord duldde. Daarna liep hij recht op Michele Solara af, botste hard met een schouder tegen hem aan. Michele lachte en zei iets schunnigs, half binnensmonds. Pasquale liep door naar de voordeur, gevolgd door een tegenstribbelende Carmela en door Antonio die Ada achter zich aan trok.

Ik draaide me om om te zien wat Enzo deed, maar die bleef tegen de muur geleund naar de dansende Lila staan kijken. De muziek was weer afgelopen. Lila kwam naar me toe, op de hielen gevolgd door Marcello die zich zo heerlijk voelde dat zijn ogen ervan straalden.

'We moeten weg,' gilde ik bijna, heel zenuwachtig.

Er moet zo'n angst in mijn stem hebben gelegen dat zij eindelijk om zich heen keek en wakker leek te worden.

'Goed, kom,' zei ze onthutst.

Zonder nog langer te wachten liep ik naar de deur, de muziek begon weer. Marcello Solara greep Lila bij een arm, zei op een toon die het midden hield tussen lachen en smeken: 'Blijf, ik breng je wel thuis.'

Lila keek hem ongelovig aan, alsof ze hem nu pas herkende, het leek haar ineens onmogelijk dat hij haar zo vertrouwelijk vasthield. Ze probeerde haar arm te bevrijden, maar Marcello verstevigde zijn greep en zei: 'Eén dans nog.'

Enzo maakte zich los van zijn muur en greep zonder een

woord te zeggen Marcello's pols. Ik zie het nog voor me: hij was rustig en hij leek het zonder enige inspanning te doen, ook al was hij jonger en kleiner. Hoe hard hij die pols vastpakte was alleen aan Marcello Solara te zien: hij liet Lila met een van pijn vertrokken gezicht los en pakte meteen met zijn andere hand zijn pols vast. Terwijl we wegliepen hoorde ik Lila verontwaardigd in zuiver dialect tegen Enzo zeggen: 'Hij heeft me vastgepakt, heb je dat gezien. Mij, *chillu strunz*, die zak. Gelukkig maar dat Rino er niet bij is. Als hij me dat nog eens lapt, is hij er geweest.'

Kon dat, dat zij niet eens had gemerkt dat ze tot twee keer toe met Marcello had gedanst? Dat kon, zo was ze.

Buiten troffen we Pasquale, Antonio, Carmela en Ada. Pasquale was buiten zichzelf van woede, zo hadden we hem nog nooit gezien. Hij stond te schelden, hij schreeuwde keihard, met ogen vol waanzin, en het was onmogelijk om hem tot bedaren te brengen. Hij was kwaad op Michele, ja, maar vooral op Marcello en Stefano. Hij zei dingen waar wij niets van konden begrijpen. Hij zei dat café Solara altijd al een plek van camorraleden, van uitzuigers was geweest, dat het de thuisbasis was van de smokkelarij en dat daar de stemmen voor Stella en Corona, die monarchisten, vandaan kwamen. Hij zei dat don Achille een spion van nazi's en fascisten was geweest, hij zei dat het geld waarmee Stefano de winkel groot had gemaakt door zijn vader op de zwarte markt was verdiend. Hij schreeuwde: 'Mijn vader heeft er goed aan gedaan om hem te vermoorden.' Hij schreeuwde: 'Ik keel de Solara's, de vader en zijn zoons, en daarna ruim ik ook Stefano en zijn hele familie uit de weg.' En ten slotte schreeuwde hij, tegen Lila, alsof dat het ergste was: 'En daar heb jij nog mee gedanst ook, *cu chillu càntaro*, met die schijtdoos.'

Alsof Pasquales razernij lucht in de longen van Antonio had gepompt, begon die toen ook te schreeuwen, en het leek bijna of hij kwaad was op Pasquale omdat die hem een genoegen wilde ontnemen: het genoegen zelf de Solara's te vermoorden om wat ze Ada hadden aangedaan. Ada begon meteen te huilen en Carmela kon zich niet inhouden en barstte op haar beurt in tranen uit. En Enzo probeerde iedereen van de straat te krijgen. 'Kom, we gaan slapen,' zei hij. Maar Pasquale en Antonio snoerden hem de mond, ze wilden blijven en de Solara's te lijf gaan. Grimmig zeiden ze een paar keer geveinsd kalm tegen Enzo: 'Ga maar, ga maar, tot morgen.' Toen zei Enzo zachtjes: 'Als jullie blijven, blijf ik ook.' Op dat moment barstte ook ik in huilen uit en even later – en dat greep me nog meer aan – huilde zelfs Lila, die ik nog nooit, maar dan ook nog nooit had zien huilen.

Alle vier de meisjes in tranen, wanhopige tranen. Maar Pasquale werd pas milder toen hij Lila zag huilen. Gelaten zei hij: 'Oké, vanavond niet, de Solara's komen wel een andere keer, kom, we gaan.' Snikkend namen Lila en ik hem onmiddellijk bij de arm en sleurden hem mee. Een tijdje troostten we hem door heel veel kwaads over de Solara's te zeggen, maar we zeiden ook dat het maar het beste was om te doen of ze niet bestonden. Toen vroeg Lila, terwijl ze met de rug van haar hand haar tranen afveegde: 'Wat zijn dat, nazi's en fascisten, Pascà? Wat zijn dat, monarchisten? En de zwarte markt, wat is dat?'

17

Het is moeilijk onder woorden te brengen wat Pasquales antwoorden met Lila deden, ik loop het risico het verkeerd te zeggen, ook omdat ze op mij indertijd geen enkel concreet effect hadden. Maar ze werd er op de van haar bekende manier zo door geraakt en ze veranderden haar zo, dat ze me tot het einde van de zomer gek maakte met één enkele, voor mij nogal moeilijk te verdragen mening. Die luidde, samengevat in de woorden van nu: er bestaan geen gebaren, woorden of zuchten waarin niet de som vervat ligt van alle misdaden die door de mensen zijn en nog worden begaan.

Natuurlijk zei ze het anders. Maar waar het om gaat is dat ze gegrepen werd door een totale ontmaskeringsmanie. Ze wees op straat naar mensen, dingen, wegen en zei: 'Die heeft in de oorlog gevochten en mensen gedood, die heeft de wapenstok gebruikt en wonderolie laten drinken, die heeft een massa mensen aangegeven, die heeft zelfs zijn moeder laten verhongeren, in dat huis is gemarteld en gemoord, op deze stenen hebben ze gemarcheerd en de Romeinse groet gebracht, op deze hoek hebben ze met stokken geslagen, het geld van die mensen komt van de honger van anderen, deze auto is gekocht dankzij verkoop op de zwarte markt van brood met marmerpoeder en bedorven vlees, die slagerij is er gekomen dankzij het stelen van koper en het openbreken van goederentreinen, achter dat café zitten de camorra, en de smokkelaars, en de woekeraars.'

Al gauw had ze aan Pasquale niet meer genoeg. Het was alsof hij een mechanisme in haar hoofd op gang had gebracht en zij het nu haar taak vond orde te scheppen in een chaotische hoeveelheid indicaties. Steeds gespannener, steeds meer bezeten, waarschijnlijk overweldigd door de dringende behoefte aan een compacte visie, zonder scheuren, vulde ze zijn magere informaties aan dankzij enkele boeken die ze in de bibliotheek vond. Zo gaf ze concrete redenen, gewone gezichten aan het klimaat van abstracte spanning waarin wij als kind in de wijk hadden geleefd. Het fascisme, het nazisme, de oorlog, de geallieerden, de monarchie, de republiek, ze liet ze straten worden en huizen, gezichten, don Achille en de zwarte markt, Peluso de communist, opa Solara een lid van de camorra, vader Silvio een nog grotere fascist dan Marcello en Michele, en haar vader Fernando de schoenmaker, en mijn vader, allemaal, allemaal, allemaal waren ze in haar ogen tot in het merg besmet door duistere schuld, allemaal waren ze verstokte misdadigers of meegaande handlangers, allemaal met kruimels omgekocht. Zij en Pasquale sloten me op in een verschrikkelijke wereld die geen uitweg liet.

Later zweeg Pasquale meestal, ook hij was overmeesterd door Lila's vermogen het een aan het ander te smeden tot een keten die je aan alle kanten omknelde. Ik zag ze vaak samen lopen, en terwijl zij eerst aan zijn lippen hing, hing hij nu aan die van haar. Hij is verliefd, dacht ik. En ik dacht ook: en Lila wordt ook verliefd op hem, en dan gaan ze zich verloven, en dan trouwen ze en praten ze altijd over dit soort politieke dingen en dan krijgen ze kinderen die op hun beurt over diezelfde dingen praten.

Toen de scholen weer begonnen, deed me dat van één kant veel verdriet omdat ik wist dat ik geen tijd meer voor Lila zou hebben, maar aan de andere kant hoopte ik me te kunnen onttrekken aan al dat optellen dat ze deed van de misdaden en de gevallen van meegaandheid en de lafheden van de mensen die we kenden, van wie we hielden en die wij – ik, en zij en Pasquale en Rino, wij allemaal – in ons bloed droegen.

18

De twee eerste jaren van het gymnasium waren veel zwaarder dan de middenschool. Ik kwam in een klas van tweeënveertig leerlingen terecht, een van de weinige gemengde klassen van die school. Er zaten maar enkele meisjes in en ik kende er niet één van. Na veel opschepperij ('Ja, ik ga ook naar het gymnasium, dat is zeker, we nemen samen een bank') ging Gigliola uiteindelijk haar vader helpen in banketbakkerij Solara. Van de jongens daarentegen kende ik Alfonso en Gino. Maar die namen samen, elleboog aan elleboog en met bange gezichten, in een van de voorste banken plaats en deden zo ongeveer of ze me niet kenden. Het klaslokaal stonk, een zure geur van zweet, vuile voeten en angst.

De eerste maanden van mijn nieuwe schoolleven bracht ik in stilte door, mijn vingers altijd op mijn met puistjes bezaaide voorhoofd en kaken. Ik zat in een van de achterste rijen, vanwaar ik weinig zag van de leraren en van wat ze op het bord schreven, en was een onbekende, zelfs voor mijn bankgenote, evengoed als zij dat trouwens voor mij was. Dankzij juffrouw Oliviero kreeg ik al gauw de boeken die ik nodig had, vies en erg versleten. Ik dwong me tot een discipline die ik me op de middenschool had aangeleerd: ik werkte de hele middag, tot elf uur 's avonds en vervolgens van vijf uur 's ochtends tot zeven uur, als het tijd was om naar school te gaan. Als ik met boeken beladen de deur uit kwam, gebeurde het vaak dat ik Lila ontmoette die zich naar de schoenmakerij haastte om de winkel te openen, er te vegen, te dweilen en op te ruimen voordat haar vader en haar broer arriveerden. Ze vroeg me uit over de vakken die ik die dag had en over wat ik geleerd had. Ze wilde nauwkeurige antwoorden en als ik haar die niet gaf, bestookte ze me met vragen waardoor ik bang werd dat ik niet genoeg had gestudeerd en dat ik evenmin als ik haar kon antwoorden in staat zou zijn de leraren een antwoord te geven. Op sommige kille ochtenden, als ik bij het krieken van de dag opstond en in de keuken de lessen nog eens doornam, had ik het idee dat ik mijn warme, diepe ochtendslaap meer opofferde om een goed figuur bij de schoenmakersdochter te slaan dan bij de leraren van de chique school. Zoals gewoonlijk. Door haar schuld ontbeet ik ook haastig. Ik slokte mijn melk met koffie naar binnen en rende naar buiten, alleen maar omdat ik nog geen meter van het stuk dat we samen aflegden wilde verliezen.

Ik wachtte haar op bij de poort. Ik zag haar uit de flat komen waar ze woonde en constateerde dat ze nog steeds aan het veranderen was. Ze was inmiddels groter dan ik. Ze liep niet meer als het hoekige kind dat ze tot voor een paar maanden was geweest, maar alsof met het ronder worden van haar lichaam ook haar stap soepeler was geworden. Ciao, ciao en we begonnen meteen te praten. Als we elkaar op het kruispunt gedag hadden gezegd en zij naar de schoenmakerij liep en ik naar de metrohalte, draaide ik me voortdurend om om een laatste blik op haar te werpen. Een paar keer zag ik Pasquale buiten adem aan komen rennen en naast haar met haar meelopen.

De metro was tjokvol jongens en meisjes die stonken naar slaap en naar de rook van de eerste sigaretten. Ik rookte niet en praatte met niemand. Tijdens de paar minuten van het traject nam ik panisch de lessen nog eens door, als een bezetene propte ik vreemde talen in mijn hoofd, andere stembuigingen dan die in de wijk in gebruik waren. Ik was doodsbang voor mislukking op school, voor de scheve schim van mijn ontevreden moeder, voor de boze blikken van juffrouw Oliviero. En toch was er inmiddels maar één ding waar ik echt aan dacht: een verloofde vinden, en wel onmiddellijk, voordat Lila me vertelde dat ze met Pasquale ging.

Elke dag werd de angst dat het me niet op tijd zou lukken groter. Als ik uit school kwam was ik bang haar tegen te komen en me met haar karakteristieke, innemende stem te horen vertellen dat ze intussen met Peluso vree. Of als het niet met hem was, met Enzo. En als het niet met Enzo was met Antonio. Of met, god weet, Stefano Carracci misschien, de winkelier, of zelfs met Marcello Solara: Lila was onvoorspelbaar. De jongens die om haar heen fladderden waren bijna mannen en vol pretenties. Met haar schoenenproject, haar lezen over de verschrikkelijke wereld waarin wij door onze geboorte terecht waren gekomen, plus een verloofde zou ze voor mij geen tijd meer hebben. Soms maakte ik als ik uit school kwam een omweg om niet langs de schoenmakerij te hoeven. En als ik haar in de verte zag, nam ik uit angst een andere straat. Maar dan kon ik het toch niet laten en liep ik naar haar toe als naar een lotsbestemming.

Als ik de school – een enorm, grijs, donker gebouw dat in een erbarmelijke staat verkeerde – binnenging of uit liep, keek ik naar de jongens. Ik keek nadrukkelijk naar ze, met de bedoeling dat ze mijn blik op zich voelden en naar mij keken. Ik keek naar mijn leeftijdgenoten van de laagste klassen, sommige nog in korte broek, andere in plusfour of lange broek. Ik keek naar de grote jongens, die van de hogere klassen, die meestal een colbert met das droegen, nooit een jas, ze moesten, in de eerste plaats aan zichzelf, bewijzen dat ze het nooit koud hadden: bebophaar en witte nekken omdat hun haren hoog waren opgeknipt. Ik gaf de voorkeur aan deze jongens, maar zou me ook tevreden hebben gesteld met iemand uit de eerste, essentieel was wel dat hij een lange broek droeg.

Op een dag werd ik getroffen door een leerling omdat hij zo slungelig liep, hij was erg mager, had bruine, warrige haren, een gezicht dat volgens mij prachtig was en ook iets bekends had. Hoe oud kon hij zijn: zestien, zeventien? Ik bekeek hem goed, keek nog eens en mijn hart stond stil: het was Nino Sarratore, de zoon van Donato Sarratore, de spoorwegbeambte-dichter. Hij keek terug, maar verstrooid, hij herkende me niet. Zijn jasje was bij de ellebogen uitgelubberd en zat bij de schouders te strak, zijn broek was versleten en zijn schoenen zaten vol bulten. Tekenen van welstand, zoals waar Stefano en vooral de Solara's mee pronkten, waren bij hem niet te vinden. Zijn vader was kennelijk nog niet rijk geworden, ook al had hij een boek met gedichten geschreven.

Die onverwachte verschijning bracht me behoorlijk van mijn stuk. Bij het uitgaan van de school wilde ik het liefst meteen naar Lila rennen om het haar te vertellen, maar daarna veranderde ik van idee. Als ik het haar vertelde zou ze vast en zeker mee naar school willen lopen om hem te zien. En ik wist al wat er dan zou gebeuren. Had Nino mij niet opgemerkt, had hij in de dikke, puisterige veertienjarige die ik was geworden het blonde, tengere meisje van de lagere school niet herkend, Lila zou hij onmiddellijk wél herkennen en hij zou weg van haar zijn. Ik besloot het beeld van Nino Sarratore, zoals hij met gebogen hoofd en deinende tred de school uit kwam en zich via de corso Garibaldi uit de voeten maakte, in stilte te koesteren. Vanaf die dag leek ik wel uitsluitend naar school te gaan om hem te zien, of alleen maar een glimp van hem op te vangen.

De herfst vloog voorbij. Ik werd op een ochtend over de *Aeneis* overhoord en dat was de eerste keer dat ik bij het bord werd geroepen. De leraar, een zekere Gerace, een man van een jaar of zestig, ongeïnteresseerd, een en al luidruchtig geeuwen, barstte meteen in lachen uit toen ik *oracólo* zei in plaats van *orácolo*. Het kwam niet bij hem op dat ik de betekenis van het woord weliswaar kende, maar in een wereld leefde waar niemand ooit een reden had gehad om het te gebruiken. Iedereen lachte, vooral Gino, daar in de eerste bank naast Alfonso. Ik voelde me vernederd. De dagen verstreken en we maakten ons eerste proefwerk Latijn. Toen Gerace de gecorrigeerde proefwerken terugbracht, vroeg hij: 'Wie is Greco?'

Ik stak mijn hand op.

'Kom eens hier.'

Hij stelde me een reeks vragen over de declinaties, de werkwoorden, de syntaxis. Ik antwoordde met bonkend hart, vooral omdat hij me aankeek met een belangstelling die hij tot op dat moment nog nooit voor iemand had getoond. Daarna gaf hij me zonder enig commentaar mijn werk terug. Ik had een negen gehaald.

Van toen af aan ging het bergopwaarts. Voor het proefwerk Italiaans gaf hij me een acht, bij geschiedenis had ik geen enkele datum verkeerd, bij aardrijkskunde wist ik haarfijn alles van oppervlakten, inwoners, bodemschatten en landbouw. Maar vooral bij Grieks overdonderde ik hem. Dankzij wat ik met Lila had geleerd, legde ik een vertrouwdheid met het alfabet, een gemak bij het lezen, een ongedwongenheid in de uitspraak aan de dag die de docent ten slotte een openlijk compliment ontlokten. De roep van mijn knapheid bereikte, als een onomstotelijke waarheid, ook de andere leraren. De godsdienstleraar nam me zelfs op een ochtend apart en vroeg of ik me wilde inschrijven voor een gratis schriftelijke cursus theologie. Ik zei ja. Tegen Kerstmis noemde iedereen me intussen Greco, een enkeling Elena. Gino begon bij het uitgaan van de school een beetje te talmen, op mij te wachten om samen terug te gaan naar de wijk. Op een dag vroeg hij me ineens weer of ik me met hem wilde verloven, en hoewel hij nogal sullig was, slaakte ik toch een zucht van opluchting: alles beter dan niks, ik ging ermee akkoord.

De kerstvakantie betekende een pauze in heel die opwindende spanning. Ik werd weer door de wijk geabsorbeerd, had meer tijd en zag Lila vaker. Ze had ontdekt dat ik Engels leerde en natuurlijk had ze een grammatica bemachtigd. Ze kende inmiddels een massa woorden die ze maar zozo uitsprak, en natuurlijk was mijn uitspraak niet veel beter. Maar ze liet me niet met rust en zei dat ik als ik weer naar school ging de leraar moest vragen hoe je dit of dat uitsprak. Op een dag nam ze me mee naar de winkel en liet ze me een blikken doos vol stukjes papier zien: op elk papiertje had ze aan de ene kant een Italiaans woord geschreven, en aan de andere kant het equivalent daarvan in het Engels: potlood/pencil, begrijpen/to understand, schoen/shoe. Meester Ferraro had haar aangeraden om het zo te doen, een prima manier om de woorden te leren. Ze las me de Italiaanse kant voor en wilde dat ik het overeenkomstige woord in het Engels zei. Maar ik wist weinig of niets. Ik merkte dat ze in alles verder leek dan ik, alsof ze naar een geheime school ging. Ik voelde ook een spanning bij haar, alsof ze me wilde laten zien dat ze zich met mij kon meten. Ik had liever over andere dingen gepraat, maar ze stelde me vragen over de Griekse declinaties, waaruit ze al snel concludeerde dat ik nog maar bij de eerste was terwijl zij de derde al kende. Ze vroeg me ook naar de *Aeneis*, daar was ze dol op. Ze had hem in een paar dagen helemaal gelezen, terwijl ik op school halverwege het tweede boek was. Ze praatte omstandig over Dido, een figuur waarvan ik niets wist. Van haar, niet op school, hoorde ik die naam voor het eerst. En op een middag kwam ze ineens met een opmerking die me erg trof. Ze zei: 'Als de liefde ontbreekt, verdort niet alleen het leven van de mensen maar ook dat van de steden.' Ik herinner me niet meer hoe ze het precies zei, maar daar kwam het op neer, en ik associeerde het met onze smerige straten, het stoffige park, de door de nieuwe flatgebouwen bedorven velden, het geweld in elk huis, in elk gezin. Ik was bang dat ze weer over fascisme, nazisme en communisme zou beginnen. En ik kon het niet laten, ik wilde haar duidelijk maken dat mij fijne dingen overkwamen: ik vertelde haar in één adem eerst dat ik me met Gino had verloofd, en toen dat Nino Sarratore bij mij op school zat en nog mooier was dan vroeger op de lagere school.

Ze kneep haar ogen samen, ik was bang dat ze ging zeggen: 'Ik heb me ook verloofd.' Maar nee, ze begon me voor de gek te houden. 'Je vrijt met de zoon van de apotheker,' zei ze, 'mooi hoor, je bent bezweken, je bent verliefd geworden, net als de verloofde van Aeneas.' En daarna sprong ze plotseling van Dido over op Melina en praatte uitvoerig over haar, aangezien ik weinig of niets wist van wat er in de flats gebeurde, want 's ochtends zat ik op school en daarna studeerde ik tot

’s avonds laat. Ze vertelde over die verre tante alsof ze haar nooit uit het oog verloor. De armoe vrat aan haar en haar kinderen en daarom bleef ze samen met Ada de trappen van de flats schoonmaken (het geld dat Antonio binnenbracht was niet genoeg). Maar je hoorde haar niet meer zingen, de euforie was voorbij, nu ploeterde ze alsof ze een machine was. Lila beschreef haar uitvoerig: dubbelgevouwen begon ze op de bovenste verdieping en dweilde ze tree na tree, trapstuk na trapstuk, met een energie en in een tempo waar heel wat sterkere mensen dan zij bij neer zouden vallen. Als er iemand over de trap liep begon ze luidkeels te schelden en gooide ze haar dweil naar naar hem of haar toe. Ada had haar verteld dat ze haar moeder, midden in zo’n aanval van woede omdat ze haar werk met vuile voeten hadden bedorven, het smerige water uit de emmer had zien drinken en dat ze die emmer uit haar handen had moeten rukken. Gesnapt? Stap voor stap was ze van Gino bij Dido en daarna bij Aeneas die haar verliet en ten slotte bij de gekke weduwe terechtgekomen. En pas toen haalde ze Nino Sarratore erbij, een teken dat ze aandachtig naar me had geluisterd. ‘Vertel hem van Melina,’ maande ze me, ‘en zeg hem dat hij het tegen zijn vader moet vertellen.’ En daarna voegde ze er boosaardig aan toe: ‘Alleen maar gedichten schrijven zou te gemakkelijk zijn.’ En ten slotte begon ze te lachen en beloofde ze met een zekere plechtigheid: ‘Ik word nooit verliefd, op niemand niet en ik zal nooit, maar dan ook nooit een gedicht schrijven.’

‘Dat geloof ik niet.’

‘En toch is het zo.’

‘Maar anderen zullen wel op jou verliefd worden.’

‘Dan hebben ze pech gehad.’

‘Ze zullen net zo lijden als die Dido.’

‘Nee, ze verloven zich met een ander meisje, net als Aeneas, die uiteindelijk iets met de dochter van een koning begon.’

Erg overtuigd was ik niet en dat liet ik ook merken. Ik vertrok, kwam weer terug; nu ik zelf een verloofde had, praatte ik daar graag over. Op een keer vroeg ik voorzichtig: ‘En Marcello Solara, loopt die achter je aan?’

'Ja.'

'En jij?'

Ze liet een vage, minachtende glimlach zien, die betekende: ik heb een hekel aan Marcello Solara.

'En Enzo?'

'We zijn vrienden.'

'En Stefano?'

'Zitten die volgens jou allemaal achter me aan?'

'Ja.'

'Stefano helpt me altijd meteen, ook als het druk is.'

'Zie je wel.'

'Niks zie je wel.'

'En Pasquale, heeft die je een aanzoek gedaan?'

'Ben je gek?'

'Ik heb gezien dat hij 's morgens met je meeloopt naar de winkel.'

'Omdat hij me dan uitlegt wat er vóór ons is gebeurd.'

En zo waren we terug bij het onderwerp 'voordat', maar anders dan op de lagere school. Ze zei dat we niets wisten, niet toen we klein waren en nu niet, en dat we daarom niet in de positie verkeerden iets te kunnen begrijpen, dat alles in de wijk, elke steen, elk stuk hout, ongeacht wat, er al was voordat wij er waren, maar dat wij waren opgegroeid zonder dat te beseffen, zonder er ook maar ooit aan te denken. En wij niet alleen. Haar vader deed alsof er voor hem niets was geweest. En hetzelfde deed haar moeder, mijn moeder, mijn vader, en ook Rino. En toch was de winkel van Stefano vroeger de timmermanswerkplaats geweest van Peluso, Pasquales vader. En toch had don Achille voordat wij er waren zijn geld verdiend. En dat gold ook voor het geld van de Solara's. Zij had de proef op de som genomen bij haar vader en moeder. Ze wisten niets en wilden nergens over praten. Niks fascisme, niks koning. Niks machtsmisbruik, niks tirannie, niks uitbuiting. Ze haatten don Achille en waren bang voor de Solara's. Maar daar stapten ze overheen en gaven hun geld zowel uit bij don Achilles zoon als bij de Solara's, en stuurden zelfs ons erheen. En ze stemden voor de fascisten, en voor de monarchisten, omdat de Solara's dat wilden. En ze dachten dat wat er vroeger was gebeurd tot het verleden behoorde en voor de lieve vrede repten ze er niet meer over, en toch zaten ze ermiddenin, in die dingen van vroeger, en hielden ze ook ons erin, en zo lieten ze zonder het te weten die dingen voortbestaan.

Dat verhaal van 'voordat' trof me meer dan de duistere verhalen waarvan ze me die zomer deelgenoot had gemaakt. De kerstvakantie ging voorbij met eindeloos gepraat, in de schoenmakerij, op straat, op de binnenplaats. We vertelden elkaar alles, ook dingen van weinig belang, en voeren daar wel bij.

19

Ik voelde me sterk in die tijd. Op school had ik het perfect gedaan, ik vertelde mijn successen aan juffrouw Oliviero en zij prees me. Ik ontmoette Gino, we liepen elke dag naar café Solara: hij kocht een taartje voor me, we aten het samen op en liepen dan weer terug. Soms had ik zelfs de indruk dat niet ik van Lila afhankelijk was maar zij van mij. Ik was de grenzen van de wijk over gegaan, ik ging naar het gymnasium, ik ging om met kinderen die Latijn en Grieks leerden en niet zoals zij met metselaars, monteurs, schoenmakers, groentemannen en winkeliers. Als ze het tegen mij over Dido had of over haar methode om Engelse woorden te leren of over de derde declinatie of over dingen waarover ze zich het hoofd brak als ze met Pasquale praatte, merkte ik steeds duidelijker dat ze dat een beetje met ontzag voor mij deed en zij in feite voortdurend de behoefte had mij te bewijzen dat ze haar verstand even goed wist te gebruiken als ik. Zelfs toen ze op een middag een beetje onzeker besloot me te laten zien hoe ver de geheime schoen was die zij en Rino aan het maken waren, had ik niet meer het gevoel dat ze in een prachtig land leefde waarin voor mij geen plaats was. Ik had eerder de indruk dat zowel zij als haar broer aarzelde om met mij over zulke gewone dingen te praten.

Of misschien begon ik me alleen maar boven hen verheven te voelen. Toen ze in een berghok rommelden en een papieren zak tevoorschijn haalden, moedigde ik ze op een onechte manier aan. Maar het paar mannenschoenen dat ze me lieten zien was werkelijk bijzonder, een maat 43, de maat van Rino en Fernando, bruin, precies zoals ik me van een van Lila's tekeningen herinnerde en ze zagen er licht en tegelijkertijd stevig uit. Zulke schoenen had ik nog nooit aan iemands voeten gezien. Terwijl ik ze mocht bevoelen en zij intussen uitlegden wat er zo goed aan was, begon ik hen geestdriftig te prijzen. 'Voel hier eens,' zei Rino, enthousiast geworden door mijn lovende woorden, 'en zeg eens, voel je de naad?' 'Nee,' antwoordde ik, 'die is niet te voelen.' Toen nam hij de schoenen uit mijn handen, vouwde ze dubbel, trok ze uiteen, liet me zien hoe sterk ze waren. Ik knikte goedkeurend en zei 'knap hoor,' net als juffrouw Oliviero als ze ons wilde aanmoedigen. Maar Lila leek niet tevreden. Hoe meer goede dingen haar broer opsomde, hoe meer missers zij aanwees en tegen Rino zei ze: 'Papa ziet die fouten toch zo!' Op een gegeven ogenblik zei ze ernstig: 'Laten we het nog eens met het water proberen.' Dat irriteerde haar broer duidelijk, maar zij liet toch een bakje vollopen, stak haar hand in een van de schoenen alsof het een voet was en liet hem er een tijdje doorheen lopen. 'Als ze maar kan spelen,' zei Rino, als de grote broer die zich ergert aan de kinderachtige streken van zijn jongere zusje. Maar zodra hij Lila de schoen uit het water zag halen vroeg hij met een bezorgd gezicht: 'En?'

Lila haalde haar hand uit de schoen, wreef over haar vingers en stak hem de schoen toe: 'Voel maar.'

Rino stak zijn hand in de schoen, zei: 'Hij is droog.'

'Hij is vochtig.'

'Jij bent de enige die dat voelt. Voel jij eens, Lenù.'

Ik voelde.

'Een beetje vochtig is hij wel,' zei ik.

Er kwam een ontevreden grijns op Lila's gezicht.

'Zie je wel? Je houdt hem een minuut in het water en hij is al vochtig, dat kan niet. Alles moet nog een keer uit elkaar.'

'Wat maakt een beetje vocht nou goddomme uit?'

Rino werd kwaad. En dat niet alleen: hij onderging een soort transformatie, ik zag het gebeuren. Zijn gezicht werd rood en rond zijn ogen en bij zijn jukbeenderen zwol het op, hij kon zich niet beheersen en stortte een reeks verwensingen en vloeken over zijn zusje uit. Hij klaagde dat het zo nooit klaar kwam. Hij verweet Lila dat ze hem eerst aanmoedigde en later ontmoedigde. Hij schreeuwde dat hij niet voor eeuwig in dat smerige hok de slaaf van zijn vader wilde blijven en toekijken hoe de anderen rijk werden. Hij greep het ijzeren aambeeld en leek het naar haar toe te willen gooien. Als hij dat echt had gedaan, had hij haar vermoord.

Ik vertrok, aan de ene kant in de war door die woede van een over het algemeen vriendelijke jongen en aan de andere kant trots op hoe belangrijk en doorslaggevend mijn mening was gebleken.

De dagen daarna merkte ik dat mijn acné aan het verdwijnen was.

'Je ziet er echt goed uit, dat komt door de voldoening die de school je geeft, en door de liefde,' zei Lila en ik hoorde iets van bedroefdheid in haar stem.

20

Toen het oudejaarsfeest naderde, kreeg de vuurwerkkoorts Rino te pakken: hij wilde het meeste vuurwerk van allemaal afschieten en vooral meer dan de Solara's. Lila lachte hem uit en soms was ze behoorlijk hard tegen hem. Ze zei dat haar broer, die in het begin sceptisch was geweest over de mogelijkheid om met die schoenen veel geld te verdienen, er nu te veel op was gaan rekenen, zich al de baas van schoenfabriek Cerulla zag en geen gewone schoenmaker meer wilde zijn. Dat verontrustte haar, het was een kant van Rino die ze niet kende. Ze had altijd gedacht dat hij alleen maar onstuimig genereus was, soms agressief, maar een opschepper, nee. Nu gedroeg hij zich echter zoals hij niet was. Hij voelde de rijkdom nabij. Hij voelde zich een baasje. Iemand die de wijk een eerste teken kon geven van het fortuin dat het nieuwe jaar hem zou brengen door een massa vuurwerk af te schieten, meer, flink wat meer dan de jongens Solara, die voor hem model stonden, de jongemannen die hij moest imiteren en zelfs overtreffen. Lui die hij benijdde en die hij ervoer als vijanden die hij moest verslaan om hun rol over te kunnen nemen.

Lila zei nooit, wat ze wel ten aanzien van Carmela en de andere meisjes van de binnenplaats had gezegd, dat ze hem misschien een fantasie had aangepraat die hij niet onder controle wist te houden. Zíj geloofde in die fantasie, ze voelde dat ze verwezenlijkt kon worden, en haar broer was een belangrijk element bij die verwezenlijking. En bovendien hield ze van hem, hij was ruim zes jaar ouder dan zij, ze wilde hem niet reduceren tot een kind dat niet met zijn dromen weet om te gaan. Maar ze liet zich wel vaak ontvallen dat Rino concreetheid miste, moeilijkheden niet reëel wist aan te pakken, dat hij de neiging had te overdrijven. Zoals met die wedstrijd met de Solara's bijvoorbeeld.

'Misschien vertrouwt hij Marcello niet,' zei ik een keer.

'Hoezo?'

Ze lachte, hield zich van de domme, maar ze had het me zelf verteld. Marcello Solara bleef maar langs de schoenmakerij komen, elke dag, te voet of met de Fiat, en Rino moest dat hebben gemerkt, want hij had meerdere keren tegen zijn zusje gezegd: 'Waag het niet aardig tegen chillu strunz te zijn.' Wie weet, misschien wilde hij de Solara's, nu hij ze niet op hun bek kon slaan vanwege het feit dat ze achter zijn zusje aan zaten, met het vuurwerk zijn kracht laten zien.

'Als dat zo is, heb ik gelijk, zie je wel?'

'Gelijk waarover?'

'Dat hij een opschepper is geworden: waar haalt hij het geld voor dat vuurwerk vandaan?'

En dat was waar. Oudejaarsnacht was een oorlogsnacht, in de wijk en in heel Napels. Verblindend licht, explosies. De dichte rook van het kruit maakte alles vaag, drong de huizen binnen, je kreeg er brandende ogen van en moest ervan hoesten. Maar het geknetter van de rotjes, het gesis van de vuurpijlen, het gedonder van de kanonslagen kostten geld en zoals altijd het geval is, hoe meer geld je had, hoe meer je kon verschieten. Wij Greco's hadden geen geld, bij mij thuis was de bijdrage aan het vuurwerk van de jaarwisseling magertjes. Mijn vader kocht een doos sterretjes, een met vuurradjes en een met dunne pijlen. Om middernacht gaf hij mij, de oudste, een sterretjesstaafje in de hand of een vuurradje, stak het aan en dan stond ik roerloos, opgewonden en angstig te kijken naar die beweeglijke vonken, naar die korte, vurige wervelingen zo vlak bij mijn vingers. Intussen zette hij vlug een vuurpijl in een glazen fles op het marmer van de vensterbank, stak met zijn smeulende sigaret de lont aan en stuurde het fluitende licht enthousiast de lucht in. En als de pijlen verschoten waren, gooide hij ook de fles nog op straat.

Bij Lila thuis werd evenmin veel vuurwerk afgeschoten, en Rino had zich daar dan ook al vroeg tegen verzet. Vanaf zijn twaalfde had hij er een gewoonte van gemaakt om de jaarwisseling met dapperder mensen dan zijn vader te vieren en zijn acties als vinder van niet-afgegaan vuurwerk, waarnaar hij als de chaos van het feest voorbij was op jacht ging, waren beroemd. Hij bracht ergens in de buurt van de meertjes alles bij elkaar, stak er het vuur in en genoot van de hoge, oplaaiende vlam, boem, boem, boem en de slotexplosie. Hij had nog een donker litteken op zijn hand, een brede vlek die hij te danken had aan die keer dat hij zijn hand niet op tijd had teruggetrokken.

Bij de vele duidelijke en verborgen redenen voor die uitdaging van het jaareinde van 1958 moet dus ook worden geteld dat Rino misschien revanche wilde nemen voor zijn armoedige kindertijd. Daarom deed hij dus wat hij kon om van overal vandaan geld voor vuurwerk bijeen te schrapen. Maar we wisten – en hij wist dat ook, ondanks de grootheidswaanzin die bezit van hem had genomen – dat er met de Solara's niet viel te wedijveren. Zoals elk jaar reden de twee broers al dagen in hun Fiat af en aan, de kofferbak vol met de explosieven die in de nieuwjaarsnacht vogels zouden doden, honden, katten en ratten de stuipen op het lijf zouden jagen en de flats op hun grondvesten zouden doen trillen. Rino hield ze vanuit de winkel vol wrok in de gaten en intussen was hij met Pasquale en Antonio maar vooral met Enzo, die wat geld had, in de weer om een arsenaal bijeen te krijgen waarmee ze in elk geval een goed figuur zouden slaan.

Er kwam een kleine, onverwachte verandering in de situatie toen Lila en ik door onze moeders naar de winkel van Stefano Carracci werden gestuurd om de boodschappen voor het oudejaarsdiner te doen. De winkel stond vol mensen. Achter de toonbank waren niet alleen Stefano en Pinuccia aan het bedienen, maar ook Alfonso, die gegeneerd tegen ons lachte. We bereidden ons voor op lang wachten. Maar Stefano groette met een knikje naar mij, onmiskenbaar naar mij, en fluisterde zijn broer iets in het oor. Mijn klasgenoot kwam achter de toonbank vandaan en vroeg me of we een lijst hadden van de dingen die we moesten kopen. We gaven hem die en hij schoot weg. Binnen vijf minuten hadden we onze boodschappen. We deden alles in onze tassen, betaalden het verschuldigde bedrag aan signora Maria en vertrokken. We hadden echter pas een paar stappen gezet toen niet Alfonso maar Stefano, uitgerekend Stefano, me met zijn mooie, volwassen mannenstem riep: 'Lenù.'

Hij kwam naar ons toe. Met een rustig gezicht en warme glimlach. Alleen zijn met vet bevlekte witte jasschort bedierf het geheel een beetje. Hij zei, in het dialect, tegen ons alle twee, maar kijkend naar mij: 'Willen jullie bij mij thuis Nieuwjaar komen vieren? Alfonso zou het erg op prijs stellen.'

De vrouw en de kinderen van don Achille leidden ook na de moord op hun man en vader een erg teruggetrokken leven: kerk, winkel, huis en hoogstens een enkel feestje waar ze niet konden ontbreken. Die uitnodiging was iets nieuws. Ik antwoordde terwijl ik op Lila wees: 'We hebben al iets, we zijn met haar broer en een heleboel vrienden.'

'Zeg het ook maar tegen Rino, en zeg het tegen jullie ouders: het huis is groot en voor het vuurwerk gaan we naar het dakterras.'

Lila mengde zich erin op een toon die geen weerwoord toeliet: 'Pasquale en Carmen Peluso en hun moeder vieren het ook met ons.'

Die zin had elk verder praten onmogelijk moeten maken: Alfredo Peluso zat in Poggioreale omdat hij don Achille had vermoord, en de zoon van don Achille kon de kinderen van Alfredo niet uitnodigen om bij hem thuis het glas te heffen op het nieuwe jaar. Maar Stefano keek haar aan alsof hij haar tot op dat moment niet had gezien, met een heel intense blik, en toen, op een toon alsof het iets erg voor de hand liggends betrof, zei hij zomaar: 'Oké, komen jullie dan maar allemaal: we drinken mousserende wijn, we dansen wat, een nieuw jaar, een nieuw leven.'

Die woorden raakten me. Ik keek naar Lila, ook zij was in de war. Ze mompelde: 'We moeten eerst met mijn broer praten.'

'Laat het me weten.'

'En het vuurwerk?'

'Hoezo?'

'Wij brengen het onze mee. En jij?'

Stefano glimlachte.

'Hoeveel vuurwerk wil je?'

'Heel veel.'

De jongeman richtte zich opnieuw tot mij: 'Kom allemaal bij ons en ik beloof jullie dat we als het dag wordt nog aan het afschieten zijn.'

21

De hele weg lang deden we niets anders dan vreselijk lachen en dingen zeggen in de trant van: 'Dat doet hij voor jou.'

'Nee, voor jou.'

'Hij is verliefd en om je maar bij hem thuis te hebben nodigt hij ook de communisten uit, ook de moordenaars van zijn vader.'

'Wat een onzin. Hij heeft me niet eens aangekeken.'

Rino luisterde naar wat Stefano had voorgesteld en zei

meteen nee. Maar hij wilde het zo graag van de Solara's winnen dat hij begon te weifelen en hij praatte erover met Pasquale, die heel erg kwaad werd. Maar Enzo bromde: 'Oké, als ik kan, kom ik.' Wat onze ouders betreft, ze waren heel gelukkig met die uitnodiging, want voor hen bestond don Achille niet meer en zijn kinderen en zijn vrouw waren keurige, bemiddelde mensen. Een eer als je die tot vriend had.

In het begin leek Lila versuft, alsof ze niet meer wist waar ze was, de straten, de wijk en de schoenmakerij niet herkende. Toen verscheen ze laat op een middag bij mij met het gezicht van iemand die alles begrepen heeft en ze zei: 'We hebben ons vergist. Stefano wil mij niet en hij wil jou niet.'

We discussieerden erover zoals we gewend waren, feiten en verzinsels vermengend. Als hij ons niet wilde, wat wilde hij dan? We dachten dat ook Stefano van plan was de Solara's een lesje te leren. We herinnerden ons hoe Michele Pasquale van het feest van Gigliola's moeder had laten wegjagen, en zich zo met de dingen van de Carracci's had bemoeid en Stefano het figuur had laten slaan van iemand die de nagedachtenis van zijn vader niet kon verdedigen. Welbeschouwd hadden de twee broers bij die gelegenheid niet alleen Pasquale vernederd, maar ook hem. En dus verhoogde hij de inzet, om ze te pesten: hij sloot definitief vrede met de Peluso's, en nodigde ze zelfs voor oud-en-nieuw bij hem thuis uit.

'Wat schiet hij daarmee op?' vroeg ik Lila.

'Dat weet ik niet. Hij wil een gebaar maken dat niemand hier in de wijk zou maken.'

'Vergeven?'

Lila schudde sceptisch haar hoofd. Ze probeerde het te begrijpen, we probeerden het allebei te begrijpen, en begrijpen was iets wat we zó fijn vonden. Stefano leek niet het type dat in staat was te vergeven. Volgens Lila was hij iets anders van plan. En geleidelijk aan, uitgaand van een van haar fixaties van de laatste tijd, dat wil zeggen van sinds ze met Pasquale praatte, kreeg ze het gevoel dat ze de oplossing had gevonden.

'Herinner je je dat ik tegen Carmela zei dat ze zich met Alfonso kon verloven?'

'Ja.'

'Stefano denkt aan net zoiets.'

'Met Carmela trouwen?'

'Meer.'

Volgens Lila wilde Stefano een nieuwe start maken, wilde hij proberen uit het 'voordat' te komen. Hij wilde niet zoals onze ouders doen of zijn neus bloedde, integendeel, hij wilde iets waarmaken in de trant van: ik weet het, mijn vader was wie hij was, maar nu ben ik hier, zijn wij hier, en dus, basta. Hij wilde, kortom, de hele wijk laten zien dat hij don Achille niet was en dat de Peluso's ook niet de ex-timmerman waren die hem had vermoord. Die veronderstelling beviel ons, ze werd meteen een zekerheid en we voelden plotseling een grote sympathie voor de jonge Carracci. We besloten zijn kant te kiezen.

Vervolgens legden we Rino, Pasquale en Antonio uit dat Stefano's uitnodiging meer dan een uitnodiging was, dat ze een belangrijke onderliggende betekenis had, dat het was alsof hij zei: vóór ons zijn er akelige dingen gebeurd; onze ouders hebben zich, de één zus, de ander zo, niet goed gedragen; daar nemen we nota van, maar van nu af aan zullen we laten zien dat wij, hun kinderen, beter zijn dan zij.

'Beter?' vroeg Rino, geïnteresseerd.

'Beter,' zei ik, 'totaal het tegenovergestelde van de Solara's, want die zijn nog erger dan hun opa en hun vader.'

Ik praatte heel geëmotioneerd, in het Italiaans, alsof ik op school zat. Zelfs Lila wierp me een verbaasde blik toe en Rino, Pasquale en Antonio bromden ongemakkelijk wat. Pasquale probeerde zelfs in het Italiaans te reageren, maar zag daar toch onmiddellijk van af. Hij zei somber: 'Het geld waarmee Stefano bezig is nog meer geld te verdienen, is het geld dat zijn vader op de zwarte markt heeft verdiend. De winkelruimte is de ruimte waar eerst de werkplaats van mijn vader was.'

Lila kneep haar ogen samen, je zag ze bijna niet meer.

'Dat is waar. Maar kiezen jullie liever de kant van iemand die verandering wil of de kant van de Solara's?'

Pasquale zei fier, deels uit overtuiging, deels omdat hij

zichtbaar jaloers was op het feit dat Stefano ineens zo centraal stond in wat Lila zei: 'Ik kies mijn eigen kant, punt uit.'

Maar hij was een goeie jongen, hij dacht er nog eens en nog eens over na. Hij ging met zijn moeder praten, ze bespraken het thuis met z'n allen. Giuseppina, die onvermoeibaar had gewerkt en een goed, spontaan en uitbundig karakter had gehad, maar nadat haar man gevangen was gezet een verslagen en door die ramp sombere vrouw was geworden, wendde zich tot de pastoor. De pastoor ging bij Stefano's winkel langs, praatte lang met Maria, en daarna weer met Giuseppina. Ten slotte was iedereen ervan overtuigd dat het leven al moeilijk genoeg was en dat, als ze er bij gelegenheid van het nieuwe jaar in slaagden de spanningen te verminderen, dat voor iedereen beter was. En zo klommen op de avond van 31 december, na het oudejaarsdiner, om 23 uur 30 meerdere gezinnen, dat van de ex-timmerman, dat van de conciërge, dat van de schoenmaker, dat van de groenteboer en het gezin van Melina – die voor de gelegenheid veel zorg aan zichzelf had besteed – in kleine groepjes naar de vierde verdieping, naar het vroeger zo gehate huis van don Achille, om daar samen het nieuwe jaar in te luiden.

22

Stefano ontving ons erg hartelijk. Ik herinner me dat hij zijn haren met zorg had gekamd en dat zijn gezicht een beetje rood was van de opwinding. En ook dat hij een wit overhemd aan had, met een das, en een donkerblauw vest zonder mouwen. Hij was prachtig, vond ik, en had prinselijke allures. Ik rekende uit dat hij bijna zeven jaar ouder was dan Lila en ik, en bedacht toen dat verloofd zijn met Gino, een leeftijdgenoot, niet veel voorstelde: toen ik hem had gevraagd om ook naar de Carracci's te komen, had hij gezegd dat hij niet kon omdat zijn ouders hem na middernacht niet meer uit lieten gaan, dat was gevaarlijk. Ik wilde een volwassen verloofde, geen jochie, iemand zoals die jongens, Stefano, Pasquale, Rino, Antonio,

Enzo. Ik keek naar ze, liep de hele avond vlak langs hen heen. Ik frummelde zenuwachtig aan mijn oorbellen, aan de zilveren armband van mijn moeder. Ik was me weer mooi gaan voelen en wilde het bewijs van mijn mooi-zijn in hun ogen lezen. Maar het vuurwerkfeest van middernacht leek hen allemaal in beslag te nemen. Ze wachtten op hun jongensoorlog en leken zelfs voor Lila geen aandacht te hebben.

Stefano was vooral aardig tegen mevrouw Peluso en Melina, die geen woord zei; haar ogen stonden verwilderd, haar neus was lang, maar ze was goed gekapt en met haar oorhangers en haar oude, zwarte weduwenjurk leek ze een echte dame. Om twaalf uur vulde de gastheer eerst het glas van zijn moeder met mousserende wijn en meteen daarna dat van Pasquales moeder. We toastten op de prachtige dingen die in het nieuwe jaar zouden gebeuren en begonnen daarna naar het dakterras te verdwijnen, de oude mensen en de kinderen met jassen aan en sjaals om, want het was erg koud. Ik merkte dat Alfonso de enige was die ongeïnteresseerd beneden bleef hangen. Ik riep hem uit beleefdheid, hij hoorde me niet of deed alsof. Ik rende naar boven, en stond daar ineens onder een geweldige hemel, stikvol sterren en duisternis, ijskoud.

De jongens waren in trui, Pasquale en Enzo zelfs in hemdsmouwen. Lila, Ada, Carmela en ik hadden de dunne jurkjes van onze dansfeestjes aan en we bibberden van kou en opwinding. Het eerste gesis van vuurpijlen was al te horen, ze doorkliefden de lucht en vielen vervolgens in kleurrijke bloemen uiteen. Ook hoorden we de klappen al bij het neerkomen van de oude spullen die uit de ramen vlogen, en het geschreeuw en het gelach. De wijk maakte herrie, iedereen gooide voetzoekers. Ik stak de sterretjes en de vuurradjes voor de kinderen aan, ik vond het leuk om in hun ogen de angstige verbazing te zien die ik zelf had gevoeld toen ik klein was. Lila haalde Melina over om samen de lont van Bengaals vuur aan te steken, de stroom licht spoot met kleurig gesuis omhoog. Ze gilden allebei van plezier en vielen elkaar om de hals toen het afgelopen was.

Rino, Stefano, Pasquale, Enzo en Antonio sjouwden met kisten en dozen en zakken explosieven, trots dat ze al die munitie hadden weten te verzamelen. Alfonso was ook bezig, maar slapjes, en als zijn broer hem opjoeg, viel hij geërgerd tegen hem uit. Maar ik had de indruk dat Rino hem intimideerde: die ging echt uit zijn dak en zat hem op een vervelende manier achter de vodden, nam hem dingen uit de hand en behandelde hem als een kleine jongen. Liever dan zich kwaad te maken, deed Alfonso dus steeds minder mee en hij trok zich uiteindelijk terug. Intussen vlamden de lucifers op, de oudste jongens staken met de handen beschermend om het vuurtje elkaars sigaretten aan en praatten ernstig en hartelijk met elkaar. Als er een burgeroorlog zou uitbreken, dacht ik, zoals die tussen Romulus en Remus, tussen Marius en Sulla, tussen Caesar en Pompejus, dan zouden die mensen net zo'n gezicht trekken, net zo kijken en in een zelfde houding staan als zij.

Alle jongens behalve Alfonso vulden hun hemden met voetzoekers en kanonslagen, en zetten reeksen pijlen klaar in een regiment van lege flessen. Lila, Ada, Carmela en ik kregen van Rino, die steeds opgewondener werd en steeds harder schreeuwde, de taak toegewezen iedereen op tijd van nieuwe munitie te voorzien. En toen gingen de jonge jongens, en de jonge en minder jonge mannen – voor de duidelijkheid: mijn broertjes Peppe en Gianni, maar ook mijn vader en ook de schoenmaker die het oudste was van allemaal – in het donker en in de kou aan het werk en begonnen lonten aan te steken en vuurwerk over de balustrade of in de lucht te gooien, alles in een feestelijke sfeer waarin de opwinding steeds groter werd en kreten klonken als: wat een kleuren, *madonna,* wat een klap, hup, hup!, een sfeer die een beetje verstoord werd door het angstige en tegelijk smachtende zuchten van Melina en door Rino die voetzoekers van mijn broertjes afpakte en ze zelf gebruikte, schreeuwend dat zij ze verknoeiden omdat ze ze al gooiden voordat de lont echt vuur had gevat.

Geleidelijk aan nam de fonkelende razernij van de stad af, ebde weg, en maakte plaats voor het lawaai van de auto's, van de claxons. Er verschenen weer ruime stukken donkere lucht.

Het balkon van de Solara's werd zichtbaarder, zij het in de rook en tussen de lichtflitsen door.

Ze stonden niet ver van ons vandaan, we zagen hen. De vader, zijn zoons, de familieleden en vrienden hadden net zo'n zin in chaos als wij. Iedereen in de wijk wist dat wat er tot dan toe was gebeurd niet veel om het lijf had, zij zouden er pas echt tegenaan gaan als de armoedzaaiers klaar waren met hun feestjes en hun zielige geknetter en hun zilveren en gouden regentjes, pas op het moment dat zij heer en meester over het feest zouden zijn.

En zo ging het ook. Plotseling werd er meer vuurwerk afgeschoten op het balkon, in de lucht en op straat knalde het weer van jewelste. Bij elke lancering, en vooral als die gepaard ging met een geluid van vernietiging, kwamen er enthousiaste vunzigheden van ginds. Maar daar begonnen Stefano, Pasquale, Antonio en Rino totaal onverwacht ook weer vuurwerk af te schieten en met vergelijkbare vunzigheden op hen te reageren. Schoten de Solara's een vuurpijl af, dan deden zij dat ook, op elke kanonslag van daar volgde een kanonslag van hier, en in de lucht waaierden schitterende bloemkronen uit en de straat daarbeneden trilde en was één grote gloed, en op een gegeven moment klom Rino zelfs op de balustrade en schreeuwde hij scheldwoorden en gooide kanjers van knallers terwijl zijn moeder gilde van angst en 'Kom daarvan af, je valt nog' schreeuwde.

Toen raakte Melina in paniek. Ze begon lange, scherpe kreten uit te stoten. Ada snoof, zij moest haar wegbrengen, maar Alfonso gaf haar een teken, nam de taak op zich en verdween met de vrouw naar beneden. Mijn moeder hobbelde meteen achter hen aan, en ook de andere vrouwen vertrokken en sleurden hun kinderen mee. De explosies die de Solara's veroorzaakten werden steeds heviger, een van hun vuurpijlen ontplofte met oorverdovend lawaai, veel rood en verstikkende rook tegen de balustrade van ons terras in plaats van in de lucht.

'Dat hebben ze expres gedaan,' riep Rino buiten zichzelf tegen Stefano.

Stefano, duister silhouet in de ijzige kou, maande hem met een gebaar om wat te bedaren. Hij rende naar een hoek waar hij persoonlijk een doos had neergezet waar wij, meisjes, van hem niet aan hadden mogen komen, bevoorraadde zich daar en nodigde de anderen uit dat ook te doen.

'Enzo,' riep hij zonder ook nog maar een spoortje van de zachte winkelierstoon in zijn stem, 'Pascà, Rino, Antò, hier, kom op, hier, we zullen ze eens laten horen wat wij hebben!'

Ze renden er allemaal lachend op af. En herhaalden: Ja, we zullen het ze eens laten horen, hier, zak, hier, en ze maakten obscene gebaren naar het balkon van de Solara's. Steeds erger bibberend van de kou keken we naar hun donkere, koortsachtige schimmen. We waren als laatsten overgebleven en hadden geen enkele rol. Ook mijn vader was samen met de schoenmaker naar beneden gegaan. En Lila, ik weet niet wat er met haar aan de hand was, ze zei geen woord, ze ging op in het schouwspel, alsof het een mysterie was.

Ze werd overvallen door wat ik al even heb aangestipt, en wat zij later ontmarginalisering noemde. Het was – zei ze – alsof in een maanverlichte nacht aan de hemel boven de zee een pikzwarte onweersmassa kwam aanzetten die alles wat licht was inslikte en de omtrek van de maancirkel aantastte en de stralende schijf terugbracht tot zijn ware aard van domme, ruwe materie. Lila verbeeldde zich dat haar broer brak, ze zag en voelde het alsof het echt gebeurde. Voor haar ogen verloor Rino de fysionomie die hij zolang zij het zich herinnerde altijd had gehad, de fysionomie van de grootmoedige, eerlijke jongen, de prettige trekken van een betrouwbaar persoon, het beminde profiel van iemand die haar altijd, zolang als het haar heugde, had geamuseerd, geholpen en beschermd. Daar, te midden van de meest heftige explosies, in de kou, in rook die je een brandend gevoel in de neus gaf en bij de intense geur van zwavel, was iets de organische structuur van haar broer aan het forceren, het oefende een zo sterke druk op hem uit dat zijn omtrekken ervan sprongen, de materie zich als magma verspreidde en haar liet zien waar hij werkelijk uit bestond. Elke seconde van die feestnacht vervulde haar met afgrijzen, ze had de indruk dat als Rino zich bewoog, als hij zichzelf om zich heen verspreidde, alle grenzen wegvielen en dat ook zij, dat ook haar grenzen steeds weker en slapper werden. Het kostte haar moeite zichzelf in bedwang te houden, maar het lukte, niets of bijna niets van haar angst kwam naar buiten. In die drukte van explosies en kleuren lette ik eerlijk gezegd niet erg op haar. Ik geloof dat het me wel trof dat de uitdrukking op haar gezicht steeds angstiger werd. Ik merkte ook dat ze vol afkeer naar de schim van haar broer staarde – hij was de actiefste, de grootste praatjesmaker, de jongen die het meest overdreef bij het roepen van grove scheldwoorden naar het balkon van de Solara's. Het leek of ze bang voor hem was – zij die over het algemeen geen angst kende. Maar dit waren indrukken die ik me pas later herinnerde. Op dat moment lette ik er niet op, ik voelde me dichter bij Carmela en Ada staan dan bij haar. Ze leek zoals gewoonlijk geen enkele behoefte aan mannelijke aandacht te hebben. Maar wij, zo in de kou, met die chaos om ons heen, wisten zonder die aandacht niet goed wat we daar deden. We hadden liever gehad dat Stefano en Enzo en Rino ophielden met die oorlog, een arm om onze schouders legden, hun zij tegen onze zij drukten, en vleiende dingen tegen ons zeiden. Maar we stonden daar maar, dicht tegen elkaar aan voor de warmte, terwijl zij zich stortten op grote kokers met dikke lonten, verbluft door Stefano's eindeloze voorraad vuurwerk, vol bewondering voor zijn gulheid, onder de indruk van hoeveel geld je puur voor de voldoening van een overwinning kon omzetten in lichtsporen, vonken, explosies en rook.

Ze streden ik weet niet hoelang met de Solara's, er klonken explosies aan beide kanten alsof het dakterras en het balkon loopgraven waren, en de hele wijk schokte en trilde. Je begreep er niets meer van, gedreun, gesprongen ramen, doorboorde lucht. Ook toen Enzo schreeuwde: 'Ze houden op, ze hebben niks meer', gingen de onzen door, vooral Rino ging door, totdat er geen lont meer was om aan te steken. Toen hieven ze in koor een overwinningslied aan, sprongen in het rond en omhelsden elkaar. Ten slotte bedaarden ze en toen werd het stil.

Maar de stilte duurde niet lang, hij werd doorbroken door het in de verte opstijgende huilen van een kind, door kreten en scheldwoorden, door auto's die door de straten vol scherven reden. En toen zagen we lichtflitsen op het balkon van de Solara's, er drongen droge geluiden tot ons door, poem, poem. Rino schreeuwde teleurgesteld: 'Ze beginnen weer.' Maar Enzo begreep onmiddellijk wat er aan de hand was, hij was de eerste die ons naar binnen duwde, en na hem ook Pasquale, en Stefano. Alleen Rino hing over de balustrade van het dakterras en bleef maar grove scheldwoorden roepen, totdat Lila Pasquale opzij duwde en naar haar broer rende en hem naar binnen trok, ondertussen op haar beurt scheldwoorden roepend, naar hem. Wij meisjes gingen gillend naar beneden. De Solara's waren op ons aan het schieten. Alleen maar om het laatste woord te hebben.

23

Van die nacht, ik zei het al, ontging me veel. Maar het belangrijkste was dat ik, overweldigd door het feest en het gevaar, door de wervelende lichamen van de jongens die een gloed afgaven die vuriger was dan het vuurwerk in de lucht, Lila verwaarloosde. En toch voltrok zich toen haar eerste innerlijke verandering.

Ik merkte niet wat haar overkwam, dat zei ik al, wat er gebeurde was moeilijk waar te nemen. Maar de consequenties zag ik bijna onmiddellijk. Ze werd luier. Nog geen twee dagen later stond ik vroeg op, ook al had ik geen school, om met haar mee te gaan om de winkel te openen en haar te helpen bij het schoonmaken, maar ze kwam niet opdagen. Ze arriveerde later, stuurs, en we liepen wat door de wijk, maar ontweken de schoenmakerij.

'Ga je niet werken?'

'Nee.'

'Waarom niet?'

'Ik heb geen zin meer.'

'En de nieuwe schoenen?'

'Die zijn nog lang niet klaar.'

'En dus?'

Ik had het idee dat ze zelf niet wist wat ze wilde. Het enige wat zeker was, was dat ze erg bezorgd over haar broer leek te zijn, veel bezorgder dan ik haar de afgelopen tijd had gezien. En het was uitgerekend vanuit die bezorgdheid dat ze anders over rijkdom begon te praten. De urgentie om rijk te worden was er nog steeds, die stond niet ter discussie, maar het doel was niet meer hetzelfde als in onze kindertijd: niets geen schatkisten, niets geen gefonkel van munten en edelstenen. Voor haar leek geld nu een soort cement geworden: het verstevigde, versterkte, repareerde van alles. Vooral het hoofd van Rino. Hij beschouwde het paar schoenen dat ze samen hadden gemaakt intussen als klaar en wilde het aan Fernando laten zien. Maar Lila wist heel goed (en volgens haar wist Rino het ook) dat hun werk veel gebreken vertoonde en dat hun vader de schoenen goed zou bekijken en dan weg zou gooien. Daarom zei ze dat ze moesten proberen en nog eens proberen, dat de weg naar de schoenfabriek moeilijk was; maar hij wilde niet langer wachten, hij had haast om net als de Solara's, net als Stefano te worden, en het lukte Lila niet hem tot rede te brengen. Ik had plotseling zelfs de indruk dat rijkdom op zich haar niet meer interesseerde. Als ze nu over geld praatte was dat zonder enige gloed, het was slechts een hulpmiddel om te voorkomen dat haar broer domme dingen deed. 'Allemaal mijn schuld,' begon ze, in elk geval tegenover mij, toe te geven, 'ik heb hem laten geloven dat het geluk om de hoek ligt.' Maar aangezien het niet om de hoek lag, vroeg ze zich met boze ogen af wat ze moest verzinnen om hem te kalmeren.

Want Rino was geagiteerd. Fernando verweet Lila bijvoorbeeld nooit dat ze niet meer naar de schoenmakerij kwam, integendeel: hij liet haar duidelijk merken dat hij blij was als ze thuis bleef om haar moeder te helpen. Maar haar broer maakte zich er kwaad om en al in de eerste dagen van januari was ik weer getuige van een akelige ruzie. Rino kwam met gebogen hoofd aanlopen, hield ons op straat staande en zei tegen haar: 'Kom onmiddellijk werken.' Lila antwoordde dat ze er niet over dacht. Toen trok hij aan haar arm en zij verzette zich met een lelijk scheldwoord, Rino gaf haar een klap en schreeuwde: 'Ga dan naar huis, ga mama helpen.' Ze gehoorzaamde en liep weg, zonder me zelfs maar gedag te zeggen.

Het conflict bereikte zijn hoogtepunt op de dag van de *Befana*, 6 januari. Het schijnt dat ze wakker werd en een sok vol steenkooltjes naast haar bed vond. Ze begreep dat die van Rino kwam en voor het ontbijt dekte ze de tafel voor iedereen, behalve voor hem. Haar moeder verscheen: voor haar had haar zoon een kous vol snoepjes en chocolade aan een stoel gehangen, iets wat haar had ontroerd, ze was helemaal gek op die jongen. En toen ze merkte dat er bij Rino's plaats niet was gedekt, probeerde zij het dus te doen, maar Lila hield haar tegen. Terwijl moeder en dochter ruzieden verscheen de broer en Lila gooide meteen een kooltje naar hem toe. Rino lachte omdat hij dacht dat het een spelletje was, dat zij de grap had gewaardeerd, maar toen hij merkte dat het zijn zusje ernst was probeerde hij haar vast te grijpen om haar te slaan. Op dat moment verscheen Fernando, in hemd en onderbroek en met een kartonnen doos in de handen.

'Kijk nou eens wat de Befana mij heeft gebracht,' zei hij en het was duidelijk dat hij erg boos was.

Hij haalde de nieuwe, stiekem door zijn kinderen gefabriceerde schoenen uit de doos. Lila's mond viel open van verbazing. Ze wist niets van dat initiatief, Rino had op zijn eentje besloten hun werk aan hun vader te laten zien, alsof het als een cadeau van de Befana bedoeld was.

Toen ze een geamuseerd en tegelijkertijd bang glimlachje op het gezicht van haar broer zag, toen ze de gealarmeerde blik zag waarmee hij hun vaders gezicht bespiedde, was het haar alsof ze een bevestiging kreeg van wat haar op het dakterras, in de rook en het geknal, zo bang had gemaakt: haar broer had zijn vertrouwde profiel verloren, ze had nu een ontmarginaliseerde broer uit wie het onherstelbare kon stromen. In die glimlach, in die blik zag ze iets onverdraaglijk verachtelijks, dat des te onverdraaglijker was omdat ze van haar broer bleef houden, de behoefte bleef voelen hem naast zich te hebben om hem te helpen en door hem geholpen te worden.

'Wat mooi,' zei Nunzia, die niets van de schoenenkwestie wist.

Zonder een woord te zeggen en met het gezicht van een woedende Randolph Scott ging Fernando zitten en deed eerst de rechter- en vervolgens de linkerschoen aan.

'De Befana,' zei hij, 'heeft ze precies voor mijn voeten gemaakt.'

Hij stond op, probeerde ze uit, liep voor de ogen van zijn gezin door de keuken heen en weer.

'Werkelijk comfortabel,' luidde zijn commentaar.

'Echte herenschoenen,' zei zijn vrouw terwijl ze haar zoon liefdevolle blikken toewierp.

Fernando ging weer zitten. Hij trok de schoenen uit en bekeek ze van boven, van onder, van binnen en van buiten.

'Degene die deze schoenen heeft gemaakt is een meester,' zei hij, maar zonder daarbij ook maar een beetje vrolijker te kijken. 'Knap, die Befana.'

Bij elk woord hoorde je hoe hij leed en hoe zijn lijden hem steeds meer aanzette om alles kort en klein te slaan. Maar Rino leek dat niet te merken. Bij elk sarcastisch woord van zijn vader werd hij trotser, hij glimlachte met een knalrood gezicht, bracht halve zinnen uit: 'dit heb ik zo gedaan, papa, dit heb ik erbij gedaan, ik dacht dat...' Maar Lila wilde de keuken uit, zich onttrekken aan de woede-uitbarsting van haar vader die elk ogenblik kon komen, maar ze kon er niet toe besluiten, ze wilde haar broer niet alleen laten.

'Ze zijn licht en stevig tegelijk,' ging Fernando verder, 'geen haastwerk. En vooral: ik heb zoiets nog nooit aan iemands voeten gezien, heel origineel met die brede punt.'

Hij ging zitten, deed ze opnieuw aan, knoopte de veters dicht en zei tegen zijn zoon: 'Draai je om, Rino, want ik moet de Befana bedanken.'

Rino dacht dat het een grap was die definitief een einde aan hun langdurige onenigheid zou maken en hij draaide zich om, blij maar ook een beetje onbehaaglijk. Hij had zijn rug echter nog niet naar zijn vader gekeerd of die gaf hem een keiharde schop tegen zijn achterste en schreeuwde 'beest' tegen hem en 'klootzak' en gooide alles wat onder zijn bereik kwam naar hem toe en ten slotte ook de schoenen.

Lila bemoeide zich er pas mee toen ze zag dat haar broer, die in het begin alleen maar probeerde zich tegen de stompen en schoppen te beschermen, ook begon te schreeuwen en stoelen omverwierp en borden brak, en huilde en zwoer dat hij zich liever van kant zou maken dan nog langer voor noppes voor zijn vader te werken, waardoor hij zijn moeder en de andere kinderen en de buurt doodsbang maakte. Maar haar bemoeienis was tevergeefs. Vader en zoon moesten eerst uitrazen tot ze niet meer konden. Daarna gingen ze weer samen aan het werk, zwijgend, opgesloten in het winkeltje, elk met zijn eigen wanhoop.

Over de schoenen werd een tijdje niet meer gesproken. Lila besloot definitief dat haar rol het helpen van haar moeder was, boodschappen doen, koken, wassen, de was uithangen in de zon. Naar de schoenmakerij ging ze nooit meer. Rino, somber, ontevreden, ervoer dat als onbegrijpelijk onrechtvaardig en begon van zijn zus te verlangen dat hij zijn sokken, onderbroeken en hemden keurig in zijn la aantrof, dat ze hem bediende en netjes begroette als hij van zijn werk kwam. Als er iets niet naar zijn zin was, protesteerde hij en zei hij vervelende dingen zoals 'Je kunt nog geen hemd strijken, stomme trut'. Zij haalde haar schouders op, protesteerde niet en ging vol aandacht en zorg verder met het uitvoeren van haar taken.

De jongen zelf was natuurlijk niet tevreden over zijn gedrag, hij wrong zich in allerlei bochten, probeerde te kalmeren en deed heel wat pogingen om weer de oude te worden. Op goede momenten, op zondagmorgen bijvoorbeeld, draaide hij grapjes makend om haar heen, sloeg hij een vriendelijke toon aan. 'Ben je boos omdat ik met alle eer van de schoenen ben gaan strijken? Maar dat heb ik gedaan,' loog hij, 'om te voorkomen dat papa ook kwaad op jou werd.' En daarna vroeg hij haar: 'Help me, wat kunnen we nu doen? We kunnen niet niks doen, ik moet uit deze situatie zien te komen.' Lila zweeg: ze kookte, streek en gaf hem soms een kus op zijn wang om hem duidelijk te maken dat ze niet boos meer was. Maar intussen was hij dat alweer wel en het liep er altijd op uit dat hij iets kapotsloeg. Hij schreeuwde dat zíj hem verraden had, en dat ze hem nog erger zou verraden, omdat ze vroeg of laat met de een of andere sufferd zou trouwen, het huis uit zou gaan en hem voor altijd in de misère zou laten zitten.

Soms, als er niemand thuis was, ging Lila naar het berghok waar ze de schoenen had verstopt en dan betastte ze ze, bekeek ze ze, zelf verbaasd dat ze hoe dan ook bestonden en dat ze ontstaan waren dankzij een tekeningetje op een velletje papier. Wat een verloren moeite!

24

De school begon weer en ik werd het kwellende ritme ingezogen dat de leraren ons oplegden. Veel van mijn klasgenoten begonnen te bezwijken, de gelederen dunden in de klas. Gino haalde de ene onvoldoende na de andere en riep me te hulp. Ik probeerde hem te helpen, maar in feite wilde hij alleen maar mijn huiswerk overschrijven. Ik liet het toe, maar hij was ongemotiveerd: zelfs als hij overschreef lette hij niet op, spande hij zich niet in om het te begrijpen. En ook Alfonso had het moeilijk, hoewel hij erg gedisciplineerd was. Op een dag barstte hij tijdens een overhoring van Grieks in tranen uit, iets wat voor een jongen als erg vernederend werd beschouwd. Het was overduidelijk dat hij liever doodging dan voor de klas ook maar één traan te laten, maar hij kon zich niet inhouden. We waren allemaal stil, erg onder de indruk, behalve Gino die, misschien van de spanning, misschien uit voldoening te zien dat het ook voor zijn bankgenoot de verkeerde kant op ging, begon te lachen. Na school zei ik tegen hem dat we door dat lachen van hem niet meer verloofd waren. Hij reageerde met de bezorgde vraag: 'Vind je Alfonso leuk?' Ik legde hem uit dat ik hém gewoon niet leuk meer vond. Hij stamelde dat het pas net was begonnen, dat het niet eerlijk was. Toen we verloofd waren was er niet veel tussen ons gebeurd: we hadden elkaar een kus gegeven, maar zonder tong, hij had geprobeerd aan mijn borsten te zitten en ik was boos geworden, had hem teruggeduwd. Hij smeekte om nog een tijdje door te gaan, maar ik bleef bij mijn beslissing. Ik ontdekte dat het me geen moeite kostte om het bij het naar school en weer naar huis gaan zonder zijn gezelschap te doen.

Een paar dagen na de breuk met Gino vertrouwde Lila me toe dat haar bijna tegelijkertijd twee aanzoeken waren gedaan, de eerste twee van haar leven. Op een ochtend toen ze boodschappen ging doen was Pasquale achter haar aan gekomen. Hij was vuil van het werk en erg opgewonden. Hij had tegen haar gezegd dat hij zich zorgen had gemaakt omdat hij haar niet meer in de schoenmakerij had gezien en dat hij had gedacht dat ze ziek was. Maar dat hij blij was nu hij haar gezond en wel voor zich zag. Terwijl hij praatte was er op zijn gezicht echter geen spoor van blijheid te bekennen. Hij had zijn verhaal onderbroken, alsof hij bezig was te stikken, en had, om zijn keel te bevrijden, bijna geschreeuwd dat hij van haar hield. Zo veel dat hij, als zij het ermee eens was, meteen met haar broer en met haar ouders en met wie ze maar wilde zou gaan praten om zich officieel met haar te verloven. Ze was sprakeloos geweest en een paar minuten had ze gedacht dat het een grap was. Ik had dan wel talloze keren tegen haar gezegd dat Pasquale een oogje op haar had, maar ze had me nooit geloofd. Maar nu stond hij daar, op een prachtige lentemorgen, bijna met tranen in de ogen, smeekte haar, zei dat zijn leven niets meer waard was als ze nee tegen hem zei. Wat was het moeilijk om je eruit te redden als het om liefdesgevoelens ging! Lila had heel voorzichtig, zonder ook maar één keer 'nee' te zeggen, de woorden gevonden om hem af te wijzen. Ze had gezegd dat zij ook van hem hield, maar niet zoals je van een verloofde moet houden. Ze had ook gezegd dat ze hem eeuwig dankbaar zou blijven voor alles wat hij haar had uitgelegd: het fascisme, het verzet, de monarchie, de republiek, de zwarte markt, commandant Lauro, de neofascisten, de Democrazia Cristiana, het communisme. Maar zich verloven, nee, ze zou zich nooit verloven, met niemand. En ze had besloten met: 'Ik hou van Antonio, van jou, van Enzo, van jullie allemaal, zoals ik van Rino hou.' Toen had Pasquale gemompeld: 'Maar ik hou niet van jou zoals ik van Carmela hou.' En hij was weggerend en weer aan het werk gegaan.

'En die andere liefdesverklaring?' vroeg ik nieuwsgierig, maar ook een beetje ongerust.

'Dat raad je nooit.'

Het andere aanzoek had Marcello Solara haar gedaan.

Bij het horen van die naam voelde ik een steek in mijn maag. Was Pasquales liefde een teken van hoe aantrekkelijk Lila gevonden kon worden, de liefde van Marcello, een mooie, rijke jongen met een auto, hard, gewelddadig, camorrist, met andere woorden gewend alle meisjes te krijgen die hij wilde, was in mijn ogen en in de ogen van al mijn leeftijdgenootjes, ondanks de bijzonder slechte naam die hij had, of misschien ook wel juist daarom, een promotie, de overgang van spichtig meisje tot vrouw die ongeacht wie naar haar pijpen kon laten dansen.

'En hoe ging dat?'

Marcello reed in zijn Fiat, alleen, zonder zijn broer, en hij had haar gezien toen ze langs de grote weg naar huis liep. Hij was niet naast haar komen rijden, had niet door het raampje tegen haar gepraat. Hij had de auto midden op straat en met het portier open laten staan en was naar haar toe gekomen. Lila was doorgelopen en hij was achter haar aan gegaan. Hij had haar gesmeekt hem te vergeven dat hij zich een tijdje terug zo had gedragen, hij had toegegeven dat ze er goed aan zou hebben gedaan hem met het schoenmakersmes te vermoorden. Ontroerd had hij haar eraan herinnerd hoe geweldig ze op het feest van Gigliola's moeder samen de rock hadden gedanst, een teken van hoe goed ze bij elkaar pasten. En ten slotte was hij haar een massa complimenten gaan maken:

'Wat ben je groot geworden, wat een prachtige ogen heb je, wat ben je mooi.' En toen had hij haar de droom verteld die hij die nacht had gehad: hij had haar gevraagd om zich met hem te verloven en zij had ja gezegd, hij had haar een verlovingsring gegeven die identiek was aan die van zijn oma, waarin drie diamanten gevat zaten. Terwijl ze door bleef lopen had Lila uiteindelijk iets gezegd. Ze had hem gevraagd: 'Heb ik ja gezegd in die droom?' Dat had Marcello bevestigd en zij had geantwoord: 'Dan was het echt een droom, want jij bent een beest, jij en je familie, je opa, je vader, je broer en dat ik me met jou zou verloven? Over mijn lijk!'

'Heb je dat tegen hem gezegd?'

'En nog meer ook.'

'O ja?'

Toen Marcello, beledigd, geantwoord had dat zijn gevoelens heel teder waren, dat hij dag en nacht alleen maar met liefde aan haar dacht en dat hij daarom geen beest was maar een man die van haar hield, had zij geantwoord dat als iemand zich gedroeg zoals hij zich tegenover Ada had gedragen en als diezelfde persoon in de oudejaarsnacht met een pistool op mensen ging schieten, dat hem een beest noemen dan zelfs een belediging voor de beesten was. Marcello had eindelijk begrepen dat ze geen grapjes maakte, dat ze echt nog minder achting voor hem had dan voor een kikker, een salamander, en ineens had hij de moed verloren. Hij had zwakjes gemompeld: 'Dat heeft mijn broer gedaan.' Maar al terwijl hij dat zei, had hij begrepen dat zij hem na die zin nog meer zou minachten. En dat was ook zo. Lila had haar pas versneld en toen hij had geprobeerd haar bij te houden, had ze 'Ga weg' tegen hem geschreeuwd en het op een rennen gezet. Alsof hij zich niet herinnerde waar hij was en wat hij moest doen, was Marcello toen blijven staan en vervolgens met hangend hoofd naar de Fiat teruggelopen.

'Heb je dat allemaal echt zo tegen Marcello Solara gezegd?'

'Ja.'

'Je bent gek: zeg het tegen niemand dat je hem zo hebt behandeld.'

In eerste instantie leek me dat een overbodige raad, ik zei die zin alleen maar om haar te laten zien dat dat wat haar overkwam me ter harte ging. Lila was van aard een meisje dat ervan genoot over feiten te discussiëren en te fantaseren, maar ze roddelde nooit, in tegenstelling tot ons die dat voortdurend deden. En inderdaad, over Pasquales liefde sprak ze alleen met mij, ik heb nooit gehoord dat ze daarover tegen anderen had gepraat. Maar over Marcello Solara praatte ze tegen iedereen. Zo kwam ik Carmela tegen die zei: 'Heb je gehoord dat je vriendin nee heeft gezegd tegen Marcello Solara?' En Ada zei: 'Goh, die vriendin van jou heeft nee gezegd tegen Marcello Solara!' In de kruidenierswinkel vroeg Pinuccia Carracci, in mijn oor fluisterend: 'Is het waar dat je vriendin nee heeft gezegd tegen Marcello Solara?' En zelfs Alfonso zei op een dag op school, stomverbaasd: 'Heeft je vriendin nee gezegd tegen Marcello Solara?'

Toen ik Lila zag, zei ik: 'Dat was fout om het iedereen te vertellen, Marcello wordt vast kwaad.'

Ze haalde haar schouders op. Ze had het druk met het huishouden, haar moeder en haar vader en de rest van de familie en bleef niet lang staan praten. Na die oudejaarsnacht hield ze zich verder alleen nog maar met huishoudelijke dingen bezig.

25

En zo was het echt. Gedurende de rest van het schooljaar toonde Lila totaal geen belangstelling voor wat ik op school deed. En toen ik haar vroeg welke boeken ze uit de bibliotheek haalde, wat ze las, antwoordde ze kwaad: 'Ik haal niks meer, ik krijg hoofdpijn van boeken.'

Voor mij was studeren en lezen daarentegen inmiddels bijna een prettige gewoonte geworden. Maar ik moest al vlug constateren dat de school, of de bibliotheek van meester Ferraro, sinds Lila me niet meer opjoeg en me niet meer vóór was bij het leren en het lezen, niet langer een soort avontuur was, maar nog slechts een plek waar ik een knapperd was en veel lof ontving.

Dat realiseerde ik me heel duidelijk bij twee gelegenheden. Op een keer ging ik boeken halen in de bibliotheek, met mijn abonnementskaart vol geleende en teruggegeven boeken; meester Ferraro begon met me complimenten te maken omdat ik zo trouw kwam, en daarna vroeg hij me naar Lila, en liet hij merken hoezeer het hem speet dat zij en heel haar familie geen boeken meer kwamen halen. Het is moeilijk uit te leggen waarom, maar die spijt van hem deed me pijn. Het leek me een teken van oprechte, diepe belangstelling voor Lila, iets wat veel sterker was dan de complimenten over de discipline die ik, trouwe lezeres, aan de dag legde. Ik bedacht dat Lila, al leende ze ook maar één boek per jaar, haar spoor op dat boek zou achterlaten en dat de onderwijzer dat op het moment dat ze het weer terugbracht zou voelen, terwijl ik geen sporen achterliet, ik belichaamde slechts de volharding waarmee ik het ene boek na het andere las, onverschillig welk.

De tweede gelegenheid hield verband met de schoolrituelen. De leraar letterkunde, Gerace, gaf de gecorrigeerde versies terug van onze Italiaanse opstellen (ik herinner me nog het thema 'De verschillende fasen in het drama van Dido'), en terwijl hij zich over het algemeen beperkte tot enkele woorden om mijn bekende acht of negen te verklaren, prees hij me toen uitgebreid ten overstaan van de klas en onthulde pas aan het einde dat hij me niets minder dan een tien had gegeven. Toen de les was afgelopen liet hij me in de gang bij zich komen, vol oprechte bewondering voor hoe ik het onderwerp had behandeld en toen de godsdienstleraar opdook, hield hij die tegen en gaf hij hem enthousiast een samenvatting van mijn verhaal. Er gingen een paar dagen voorbij en ik merkte dat Gerace zich niet tot de pater die godsdienstles gaf had beperkt, maar mijn opstel ook onder de andere leraren had laten circuleren, en niet alleen onder die van mijn afdeling. Enkele leraren van de hoogste klassen glimlachten nu in de gangen tegen me, zeiden er zelfs iets over. Een lerares van

6A bijvoorbeeld, juffrouw Galiani, voor wie iedereen waardering had maar die door iedereen werd gemeden omdat ze als communist bekendstond en met een paar woorden elke slecht gefundeerde bewijsvoering wist te weerleggen, hield me in de hal staande en was vooral enthousiast over de centrale gedachte van mijn opstel: dat als de liefde uit de steden wordt verbannen, het karakter van die steden in negatieve zin verandert, en boosaardig wordt. Ze vroeg: 'Wat betekent dat voor jou, een stad zonder liefde?'

'Een ongelukkige bevolking.'

'Geef eens een voorbeeld.'

Ik dacht aan de discussies die ik de hele septembermaand met Lila en Pasquale had gevoerd. Ineens leek het me dat ik daarbij meer had geleerd dan op de school waar ik elke dag heen ging.

'Italië onder het fascisme, Duitsland onder het nazisme, wij mensen allemaal in de wereld van vandaag.'

Ze keek me onderzoekend aan. Ze zei dat ik heel goed schreef en gaf me advies over te lezen boeken, bood zelfs aan me boeken van haarzelf te lenen. Ten slotte vroeg ze me wat mijn vader deed, en ik antwoordde: 'Hij is conciërge op het gemeentehuis.' Met gebogen hoofd liep ze weg.

Die belangstelling van juffrouw Galiani vervulde me natuurlijk met trots, maar had geen grote gevolgen, alles werd weer routine op school. En dus leek ook het feit dat ik in de tweede klas van het gymnasium al een leerling was die een beetje de naam had knap te zijn, me al gauw niet veel meer voor te stellen. Wat bewees het eigenlijk? Het bewees vooral hoe vruchtbaar het was geweest om met Lila te werken en te praten, om haar als stimulans en steun te hebben toen ik de wijk verliet en de wereld daarbuiten in ging met zijn dingen en mensen en landschappen en boekenideeën. Natuurlijk, zei ik tegen mezelf, dat verhaal over Dido is van mij, de capaciteit om mooie zinnen te formuleren is iets wat uit mij komt; natuurlijk, wat ik over Dido heb geschreven behoort mij toe; maar heb ik het niet met haar bedacht, hebben we elkaar niet wederzijds gestimuleerd, is mijn hartstocht niet gegroeid in de warmte van de hare? En dat idee van de stad zonder liefde, dat de leraren zo bevallen was, was dat niet van Lila gekomen, ook al had ik het nadien met mijn eigen capaciteiten uitgewerkt? Wat moest ik daaruit afleiden?

Ik begon op nieuwe lof te wachten, als bewijs van autonome bekwaamheid. Maar toen Gerace ons weer een opdracht over de koningin van Carthago had gegeven ('Aeneas en Dido: ontmoeting van twee vluchtelingen'), raakte hij niet enthousiast en gaf hij me slechts een acht. Van juffrouw Galiani daarentegen kreeg ik steeds een hartelijke groet en door haar deed ik ook de prettige ontdekking dat ze de lerares Latijn en Grieks van Nino Sarratore was, leerling van 6A. Ik had echt dringend behoefte aan bemoedigende aandacht en waardering en hoopte dat ten minste hij me die zou geven. Ik hoopte dat hij als zijn lerares mij bijvoorbeeld publiekelijk in de klas zou prijzen, zich mij zou herinneren en eindelijk iets tegen me zou zeggen. Maar er gebeurde niets, ik ving een glimp van hem op als hij de school binnenkwam of uit liep, steeds met dat in gedachten verzonken gezicht van hem, en zonder ooit een blik op mij te werpen. Op een keer volgde ik hem zelfs over de corso Garibaldi en door de via Casanova, in de hoop dat hij mij zou zien en tegen me zou zeggen: 'Hallo, ik zie dat we dezelfde route hebben, ik heb veel over je gehoord.' Maar hij liep haastig voort, met gebogen hoofd, en draaide zich niet één keer om. Ik werd het beu, minachtte mezelf. Terneergeslagen sloeg ik de corso Novara in en ging naar huis.

En zo ging het voort, dag na dag was ik erop uit aan leraren, klasgenoten en mezelf te bewijzen hoe toegewijd en ijverig ik was. Maar intussen groeide er een gevoel van eenzaamheid in me en merkte ik dat ik zonder energie aan het studeren was. Toen probeerde ik Lila duidelijk te maken dat het meester Ferraro zo speet dat ze niet meer naar de bibliotheek kwam, en ik zei haar dat ze weer moest gaan. Ik vertelde haar ook vluchtig dat het opstel over Dido zo goed was ontvangen, zonder echter te zeggen wat ik precies had geschreven, maar ik liet wel doorschemeren dat het ook háár succes was. Ze luisterde ongeïnteresseerd, misschien herinnerde ze zich niet eens wat we tegen elkaar over dat personage hadden gezegd, ze had andere problemen. Zodra ik haar de ruimte liet vertelde ze me dat Marcello Solara er zich niet zoals Pasquale bij had neergelegd, dat hij achter haar aan bleef lopen. Als ze de deur uit ging om boodschappen te doen, volgde hij haar zonder haar lastig te vallen tot aan de winkel van Stefano, tot aan de kar van Enzo, alleen maar om naar haar te kijken. Als ze bij het raam kwam, zag ze hem op de hoek staan, in afwachting van dat ze verscheen. Ze maakte zich zorgen over die volharding. Ze was bang dat haar vader het merkte, en vooral dat Rino het merkte. De mogelijkheid dat er zo'n mannengeschiedenis zou ontstaan waarin er vrijwel dagelijks gevochten werd – en daar waren er veel van in de wijk – maakte haar bang. 'Wat heb ik?' vroeg ze. Ze vond zichzelf mager en lelijk: waarom had Marcello zijn zinnen op haar gezet? 'Heb ik iets zieks?' vroeg ze. 'Ik laat de mensen de verkeerde dingen doen.'

Die gedachte herhaalde ze intussen vaak. De overtuiging haar broer meer kwaad dan goed te hebben gedaan had zich in haar vastgezet. 'Je hoeft maar naar hem te kijken,' zei ze. Nadat het plan van schoenfabriek Cerullo ten onder was gegaan, was Rino blijven steken in zijn verlangen om even rijk of zelfs nog rijker dan de Solara's of Stefano te worden, en hij kon maar niet berusten in de alledaagsheid van het werk in de winkel. In een poging haar oude enthousiasme weer te wekken, zei hij: 'Wij zijn slim, Lina, geen mens houdt ons tweetjes tegen, zeg wat we moeten doen.' Hij wilde ook een auto kopen en een televisie en hij haatte Fernando die niet begreep hoe belangrijk die dingen waren. Maar het ergste was dat hij Lila, als ze liet merken dat ze hem niet meer wilde steunen, slechter behandelde dan een dienstmeisje. Misschien wist hij zelf niet eens dat het met hem de verkeerde kant op ging, maar zij, die hem elke dag meemaakte, was erg ongerust. Op een keer zei ze tegen me: 'Heb je gezien dat mensen als ze wakker worden lelijk zijn, helemaal verwrongen, geen blik in hun ogen hebben?'

Volgens haar was Rino zo geworden.

26

Op een zondagavond, het was halverwege april naar ik me herinner, gingen we met zijn vijven uit: Lila, ik, Carmela, Pasquale en Rino. Wij meisjes kleedden ons zo mooi mogelijk aan en zodra we buiten waren deden we lippenstift op en een beetje mascara en eyeliner. We namen de metro, die erg vol was, en Rino en Pasquale stonden de hele rit op hun hoede naast ons. Ze waren bang dat iemand aan ons zou komen, maar dat deed niemand, onze begeleiders zagen er te gevaarlijk uit.

We liepen de via Toledo af. Lila drong aan om naar de via Chiaia te gaan en dan de via Filangieri te nemen en vervolgens de via dei Mille, tot aan het piazza Amedeo, de zones van de rijke, elegante mensen, wisten we. Rino en Pasquale waren ertegen, maar konden of wilden ons niet uitleggen waarom en antwoordden alleen met gemompel in het Napolitaans en beledigingen aan het adres van onduidelijke mensen die ze dandy's noemden.

Wij drieën vormden samen een front en drongen aan. Op dat moment hoorden we getoeter. We draaiden ons om en ontdekten de Fiat van de Solara's. De twee broers zagen we niet eens, zo trof ons de aanblik van de twee meisjes die met hun armen uit de raampjes zwaaiden: het waren Gigliola en Ada. Ze zagen er prachtig uit, mooie kleren, mooie kapsels, mooie, fonkelende oorhangers, ze wuifden en groetten ons gillend en blij. Rino en Pasquale keken weg, Carmela en ik reageerden niet, zo verrast waren we. Lila was de enige die enthousiast iets riep en hen met weidse gebaren groette terwijl de auto in de richting van het piazza Plebiscito verdween.

We zwegen een tijdje, en toen zei Rino somber tegen Pasquale dat het altijd al duidelijk was geweest dat Gigliola een slet was, en daar stemde Pasquale met een ernstig gezicht mee in. Geen van beiden zei iets over Ada, Antonio was hun vriend en ze wilden hem niet beledigen. Maar Carmela zei ook over Ada een boel kwade dingen. Ik voelde vooral bitterheid. Het beeld van de macht was in een flits voorbijgeschoten, vier jongelui in een auto, de juiste manier om de wijk uit te gaan en plezier te maken. Onze manier was verkeerd: te voet, slecht gekleed, zonder een cent. Ik kreeg zin om meteen terug naar huis te gaan. Maar Lila reageerde alsof er helemaal geen ontmoeting was geweest en ze begon weer te drammen dat ze rond wilde lopen waar elegante mensen waren. Ze ging aan Pasquales arm hangen, kirde, lachte, vertoonde gedrag dat volgens haar een parodie was op dat van welgestelde mensen, met andere woorden: ze wiegde met haar heupen, glimlachte breed en maakte langoureuze gebaren. Wij aarzelden even en vielen haar toen bij, verbitterd door de gedachte dat Gigliola en Ada in een Fiat met die prachtige Solara-jongens de tijd van hun leven hadden, terwijl wij te voet waren, in gezelschap van Rino die schoenen verzoolde en Pasquale die metselaar was.

Via geheime wegen bereikte onze natuurlijk niet uitgesproken ontevredenheid waarschijnlijk de twee jongens, want ze keken elkaar aan, zuchtten en zwichtten. Oké, zeiden ze en we sloegen de via Chiaia in.

Het was of we een grens over gingen. Ik herinner me dat er druk werd geflaneerd en ook dat ik een soort vernederend anders-zijn voelde. Ik keek niet naar de jongens, maar naar de meisjes en de dames: ze waren totaal anders dan wij. Ze leken andere lucht ingeademd te hebben, ander voedsel te hebben gegeten, zich op een andere planeet te hebben gekleed, op draden van wind te hebben leren lopen. Ik was met stomheid geslagen. Temeer omdat zij – terwijl ik zou zijn blijven staan om op mijn gemak naar hun jurken te kijken en hun schoenen en het soort bril dat ze droegen, als ze een bril droegen – voorbijliepen en me niet leken te zien. Ze zagen niemand van ons vijven. We waren niet waarneembaar. Of oninteressant. Sterker nog, als hun blik soms op ons viel, draaiden ze hun hoofd als gehinderd meteen een andere kant op. Ze keken alleen naar elkaar.

Dat realiseerden we ons allemaal. Niemand zei er iets over, maar we begrepen dat Rino en Pasquale, die ouder waren, in die straten alleen maar de bevestiging vonden van dingen die ze al wisten en daar raakten ze van uit hun humeur, het maakte hen bars, boos door de zekerheid daar niet op hun plaats te zijn, terwijl wij, meisjes, het pas op dat moment en met halfslachtige gevoelens ontdekten. We voelden ons niet op ons gemak en waren gefascineerd, we voelden ons lelijk maar konden het tegelijkertijd niet laten ons voor te stellen hoe we zouden worden als we de kans kregen onszelf opnieuw op te voeden en ons naar behoren te kleden en op te maken. Om de avond niet te bederven reageerden we intussen met gegiechel en gespot.

'Zou jij ooit zo'n jurk aantrekken?'

'Voor geen geld.'

'Ik wel.'

'Mooi, dan zou je net zo'n taart lijken als die trut.'

'Heb je die schoenen gezien?'

'Wat, noem je dat schoenen?'

Lachend en grapjes makend liepen we tot op de hoogte van het Palazzo Cellammare. Pasquale, die op alle manieren vermeed naast Lila te lopen en zich toen zij haar arm door de zijne stak meteen vriendelijk bevrijdde (hij richtte zich wel vaak tot haar, hij vond het duidelijk fijn haar stem te horen en naar haar te kijken, maar je kon zien dat zelfs het lichtste contact hem van zijn stuk bracht en hem misschien zelfs aan het huilen kon brengen), bleef naast mij lopen en vroeg sarcastisch: 'Zijn je klasgenoten ook zo?'

'Nee.'

'Dan is het geen goede school.'

'Het is een gymnasium,' zei ik gepikeerd.

'Geen goede,' hield hij vol, 'als er niet van dat soort lui op zitten is het geheid geen goede school: waar of niet, Lila?'

'Geen goede?' zei Lila en ze wees naar een blond meisje dat onze kant uit kwam, in gezelschap van een lange, donkere jongen met een hagelwitte V-halstrui: 'Als er niet zo eentje op die school van jou zit, is-ie waardeloos.' En ze barstte in lachen uit. Het meisje was helemaal in het groen: groene schoenen, groene rok, groen jasje en op haar hoofd – daarom vooral moest Lila lachen – had ze een bolhoedje à la Charlie Chaplin, ook groen.

Lila's hilariteit sloeg op ons over. Toen het paar langskwam maakte Rino een heel lompe opmerking over wat de jongedame in het groen met dat bolhoedje moest doen en Pasquale moest zo lachen dat hij bleef staan en met een arm steun zocht tegen een muur. Het meisje en haar begeleider liepen een paar stappen door en bleven toen staan. De jongen met de witte trui draaide zich om, onmiddellijk bij een arm tegengehouden door het meisje. Hij rukte zich los, kwam terug en wendde zich met een serie beledigende zinnen rechtstreeks tot Rino. Het was een kwestie van een moment. Rino bracht hem met een stomp in zijn gezicht ten val, terwijl hij schreeuwde: 'Hoe noemde je me? Ik heb het niet begrepen, zeg het nog eens, hoe noemde je me? Heb je gehoord hoe hij me noemde, Pascà?'

Het gelach van ons meisjes maakte in één klap plaats voor angst. Lila stortte zich onmiddellijk op haar broer, voordat hij de jongen op de grond kon schoppen, en sleepte hem weg met een ongelovig gezicht, alsof duizend fragmenten van ons leven, van onze kindertijd tot dat veertiende jaar, eindelijk een duidelijk beeld begonnen te vormen – dat haar op dat moment echter onwaarschijnlijk leek.

We duwden Rino en Pasquale weg, terwijl het meisje met het bolhoedje haar vriend hielp opstaan. Lila's ongeloof was intussen in vertwijfelde razernij aan het veranderen. En terwijl ze haar broer wegtrok, overlaadde ze hem met de meest ordinaire scheldwoorden, rukte aan zijn arm en spuwde dreigementen. Rino hield haar met één hand in bedwang, een zenuwachtig lachje op zijn gezicht, en intussen wendde hij zich tot Pasquale. 'Mijn zusje denkt dat dit een spelletje is, Pascà,' zei hij in het Napolitaans en met verwilderde ogen, 'mijn zusje denkt zoals altijd dat als ik zeg dat we ergens beter niet heen kunnen gaan, dat zij het beter weet en alles begrijpt en er toch heen kan gaan.' Hij pauzeerde even om weer op adem te komen, en voegde er toen aan toe: 'Heb je gehoord dat die zak me *tàmmaro*, klootzak, noemde? Tàmmaro tegen mij? Tàmmaro?' En daarna, happend naar lucht: 'Mijn zusje heeft me hiernaartoe gebracht, dan moet ze ook maar eens even zien of ik me voor tàmmaro laat uitmaken, moet ze ook maar eens zien wat ik doe als ze me tàmmaro noemen.'

'Rustig, Rino,' antwoordde Pasquale dof, terwijl hij af en toe bezorgd achterom keek.

Rino bleef opgewonden, maar hij hield zich in. Lila daarentegen bedaarde. Op het piazza dei Martiri bleven we staan. Pasquale zei bijna kil tegen Carmela: 'En nu gaan jullie naar huis.'

'Alleen?'

'Ja.'

'Nee.'

'Geen gelul, Carmè, schiet op!'

'We weten de weg niet.'

'Niet liegen.'

'Wegwezen,' zei Rino tegen Lila, terwijl hij zich probeerde te beheersen, 'hier, wat geld, koop onderweg een ijsje.'

'Samen uit, samen thuis.'

Rino verloor opnieuw zijn geduld en gaf haar een duw.

'Wil je ophouden? Ik ben je grote broer en je hebt maar te doen wat ik zeg. Vooruit, hup, ga, want ik heb zo je gezicht in elkaar getimmerd.'

Ik zag dat hij in staat was om het echt te doen en trok Lila aan een arm. Ook zij begreep dat ze risico's liep: 'Ik zeg het tegen papa.'

'Wat kan mij dat verrekken. Hup, vooruit, verdwijn, dat ijsje verdien je niet eens.'

Onzeker liepen we weg, richting Santa Caterina. Maar na een poosje bedacht Lila zich, ze bleef staan en zei dat ze terugging naar haar broer. We probeerden haar over te halen om bij ons te blijven, maar daar wilde ze niet van horen. En net toen we daarover bezig waren, zagen we een groepje jongens, vijf, misschien zes, het leken de roeiers wel, die we soms tijdens zondagse wandelingen bij het Castel dell'Ovo hadden bewonderd. Ze waren allemaal lang, stevig gebouwd, goedgekleed. Sommigen hadden een stok, anderen niet. Ze liepen met snelle pas langs de kerk, en gingen de kant van het plein op. De jongen die door Rino in het gezicht was geslagen, was er ook bij, zijn V-halstrui vol bloed.

Lila bevrijdde zich uit mijn greep en rende weg, Carmela en ik renden achter haar aan. We kwamen net op tijd om te zien hoe Rino en Pasquale zich zij aan zij terugtrokken in de richting van het monument midden op het plein en het groepje van die goedgeklede jongens op hen in rende en hen met de stokken sloeg. We schreeuwden om hulp, begonnen te huilen en hielden voorbijgangers aan, maar die stokken schrokken de mensen af en ze deden niets. Lila greep een van die aanvallers bij een arm, maar werd tegen de grond gesmakt. Ik zag Pasquale op zijn knieën zitten en geschopt worden, ik zag Rino de stokslagen met een arm afweren. Toen stopte er een auto, het was de Fiat van de Solara's.

Marcello stapte onmiddellijk uit; eerst trok hij Lila omhoog en vervolgens, opgehitst door haar woedende geschreeuw en geroep naar haar broer, stortte hij zich ook in het gevecht waarbij hij stompen uitdeelde en kreeg. Pas toen kwam Michele uit de auto, rustig opende hij de kofferbak, pakte iets wat een glimmend stuk ijzer leek, en met een kille genadeloosheid zoals ik die in mijn leven nooit meer hoop te zien om zich heen slaand, begaf hij zich in het strijdgewoel. Rino en Pasquale kwamen woedend overeind en sloegen, duwden en rukten. Ik kende hen gewoon niet terug, zo waren ze door haat veranderd. De goedgeklede jongens werden op de vlucht gejaagd. Michele liep naar Pasquale die uit zijn neus bloedde, maar Pasquale duwde hem lomp van zich af, haalde de mouw van zijn witte hemd over zijn gezicht en bekeek die vervolgens: hij was nat en rood. Marcello raapte een bos sleutels op en gaf hem aan Rino, die hem ongemakkelijk bedankte. De mensen die eerst waren weggelopen kwamen nu nieuwsgierig naderbij. Ik was verlamd van angst.

'Neem de meisjes mee,' zei Rino tegen de twee Solara's, op de dankbare toon van iemand die een verzoek doet waarvan hij weet dat het wel ingewilligd zal worden.

Marcello dwong ons in de auto te stappen, als eerste Lila die zich het meest verzette. De meisjes kropen allemaal op de achterbank, bij elkaar op schoot, en we vertrokken. Ik draaide me om en keek naar Pasquale en Rino die wegliepen in de richting van de zee, Pasquale hinkte. Ik had het gevoel of de wijk was uitgedijd en heel Napels in zich had opgenomen, ook de straten van de keurige mensen. Er heerste meteen spanning in de auto. Gigliola en Ada waren erg geïrriteerd, ze protesteerden omdat ze zo ongemakkelijk zaten. 'Dit gaat onmogelijk,' zeiden ze. 'Stap dan maar uit en loop verder,' gilde Lila en het scheelde niet veel of ze sloegen elkaar. Marcello remde geamuseerd. Gigliola stapte uit en liep met een trage prinsessentred naar voren om daar te gaan zitten, bij Michele op schoot. En zo reden we daar, met Gigliola en Michele die elkaar onder onze ogen voortdurend kusten. Ik keek naar haar en zij naar mij, hartstochtelijk kussend. Meteen wendde ik mijn blik af.

Lila zei niets meer tot we in de wijk waren. Marcello sprak af en toe wel, en dan zocht hij haar met zijn ogen in het achteruitkijkspiegeltje, maar zij reageerde nooit. We lieten ons ver van huis afzetten, om te voorkomen dat ze ons in de auto van de Solara's zagen. De rest van de weg legden wij meisjes alle vijf te voet af. Behalve Lila, die zich leek op te vreten van woede en bezorgdheid, hadden we allemaal veel bewondering voor het gedrag van beide broers. 'Flink,' zeiden we, 'ze hebben zich goed gedragen.' Gigliola zei almaar: 'Natuurlijk!' en 'Wat dachten jullie dan?' en 'Zeker!' met het air van 'ik werk in de banketbakkerij en weet daarom heel goed wat voor voortreffelijke mensen de Solara's zijn'. Op een gegeven moment vroeg ze me met een gezicht of ze me in de maling nam: 'Hoe is het op school?'

'Leuk.'

'Maar je amuseert je niet zoals ik.'

'Het is een ander soort amusement.'

Toen zij, Carmela en Ada ons verlieten om hun voordeuren in te gaan, zei ik tegen Lila: 'Nou, chique mensen zijn beslist erger dan wij.'

Ze gaf geen antwoord. Ik voegde er voorzichtig aan toe: 'De Solara's zijn dan misschien rotmensen, maar gelukkig maar dat ze er waren: die van de via dei Mille hadden Rino en Pasquale wel kunnen vermoorden.'

Ze schudde energiek haar hoofd. Ze was bleker dan gewoonlijk en had diepe, paarse kringen onder haar ogen. Ze was het niet met me eens, maar zei niet waarom.

27

Ik ging over met allemaal negens en zou zelfs iets krijgen wat studiebeurs heette. Van de veertig leerlingen van het begin, bleven we met tweeëndertig over. Gino bleef zitten, Alfonso kreeg herexamens voor drie vakken. Aangespoord door mijn vader ging ik bij juffrouw Oliviero op bezoek – mijn moeder was het er niet mee eens, ze vond het niet prettig dat la Oliviero zich met haar gezin bemoeide en zich het recht aanmatigde in haar plaats beslissingen over haar kinderen te nemen – met de bekende twee pakjes, een met suiker en een met koffie, bij café Solara gekocht, om haar te bedanken voor de aandacht die ze aan me besteedde.

Ze voelde zich niet erg lekker, had iets in haar keel waar ze last van had, maar ze was een en al lof en feliciteerde me omdat ik zo mijn best had gedaan; ze zei dat ze me een beetje te bleek vond en dat ze van plan was een nicht van haar te bellen die op Ischia woonde, om te zien of die mij een poosje te logeren kon hebben. Ik bedankte haar, maar zei niets tegen mijn moeder over die mogelijkheid. Ik wist al dat ze me nooit zou laten gaan. Ik naar Ischia? Ik alleen op de veerboot en een reisje over zee maken? Ik op het strand en in badpak het water in gaan?

Ook tegen Lila zei ik er niets over. In enkele maanden had haar leven ook het avontuurlijke aura van de schoenfabriek verloren, en ik voelde er niet voor om enthousiast te vertellen over mijn overgang, de studiebeurs, en over die mogelijke vakantie op Ischia. Zo te zien was de situatie verbeterd: Marcello Solara liep niet meer achter haar aan. Maar na de gewelddadigheden van het piazza dei Martiri was er iets heel onverwachts gebeurd, waar ze perplex van was geweest. Marcello had zich in de winkel aangediend, daardoor vooral opwinding bij Fernando veroorzakend vanwege de eer die hem werd aangedaan, om te vragen hoe het met Rino ging. Maar Rino, die zich er wel voor had gewacht om zijn vader te vertellen wat er was gebeurd (om de blauwe plekken in zijn gezicht en op zijn lijf te rechtvaardigen had hij verzonnen dat hij van de Lambretta van een vriend was gevallen) en bang was dat Marcello zijn mond voorbij zou praten, had hem onmiddellijk de straat op geduwd. Ze hadden een stukje gelopen. Rino had Solara met tegenzin bedankt, zowel voor diens tussenkomst als voor zijn vriendelijkheid om te komen informeren hoe het met hem ging. Een paar minuten maar, daarna hadden ze afscheid van elkaar genomen. Toen hij in de winkel terugkwam, had zijn vader tegen hem gezegd: 'Nu doe je eindelijk eens iets goeds.'

'Hoezo?'

'Die vriendschap met Marcello Solara.'

'Er is geen sprake van vriendschap, pa.'

'Nou, dat betekent dan dat je een stommeling was en een stommeling gebleven bent.'

Fernando bedoelde dat er iets in beweging was gekomen en dat zijn zoon, hoe die wat er tussen hem en de Solara's gaande was ook wilde noemen, er goed aan zou doen het aan te wakkeren. Hij had gelijk. Marcello was een paar dagen later teruggekomen met schoenen van zijn grootvader die verzoold moesten worden; daarna had hij Rino uitgenodigd een tochtje met de auto te maken; vervolgens had hij hem willen leren rijden; en daarna had hij hem aangespoord zijn rijbewijs aan te vragen, waarbij hij de taak op zich had genomen hem in zijn Fiat te laten oefenen. Misschien was het geen vriendschap, maar de Solara's waren zeker op Rino gesteld geraakt.

Toen Lila – buitengesloten van deze omgang die zich helemaal afspeelde rond de schoenmakerij waar zij geen voet meer zette – hiervan hoorde, voelde ze, anders dan haar vader, een bezorgdheid die almaar toenam. Eerst was de herinnering aan het vuurwerkgevecht bij haar opgekomen en had ze gedacht: Rino haat de Solara's te veel, het is ondenkbaar dat hij zich laat inpakken. Daarna had ze moeten constateren dat Marcello's attenties haar grote broer nog meer streelden dan haar ouders. Ze wist inmiddels hoe zwak Rino was, maar maakte zich er toch kwaad over dat de Solara's zo'n invloed op hem hadden en een soort tevreden aap van hem maakten.

'Wat is er voor verkeerds aan?' wierp ik een keer tegen.

'Ze zijn gevaarlijk.'

'Hier is alles gevaarlijk.'

'Heb je gezien wat Michele op de piazza dei Martiri uit de auto haalde?'

'Nee.'

'Een ijzeren staaf.'

'De anderen hadden stokken.'

'Je bent blind, Lenù, die staaf had een heel scherpe punt, hij had een van die lui in zijn borst kunnen steken, of in zijn maag, als hij had gewild.'

'Nou, jij hebt Marcello met een schoenmakersmes bedreigd.'

Toen werd ze kwaad, ze zei dat ik het niet begreep. En dat was waarschijnlijk ook zo. Het was háár broer, niet de mijne; en ik discussieerde graag, maar zij had andere prioriteiten, ze wilde Rino uit die relatie halen. Maar zodra ze een kritisch geluidje liet horen, snoerde Rino haar de mond, bedreigde hij haar en sloeg hij haar soms. Kortom, het ging allemaal gewoon door, of ze dat nu wilde of niet, zozeer zelfs dat op een avond aan het einde van juni – ik was bij Lila en hielp haar de droge lakens vouwen, of iets anders, dat herinner ik me niet – de voordeur openging en Rino binnenkwam, gevolgd door Marcello.

De jongen had Solara voor het avondeten uitgenodigd, en Fernando, die net doodmoe terug was van de schoenmakerij, was in eerste instantie geïrriteerd, maar daarna voelde hij zich vereerd en gedroeg hij zich hartelijk. En laten we het over Nunzia maar niet hebben: ze raakte helemaal opgewonden, bedankte voor de drie flessen goede wijn die Marcello had meegebracht en trok de andere kinderen mee de keuken in zodat ze niet stoorden.

Zelf werd ik samen met Lila bij de voorbereidingen van het avondeten betrokken.

'Ik doe er kakkerlakkengif in,' zei Lila woedend aan het fornuis, en we lachten, terwijl Nunzia ons tot stilte maande.

'Hij is gekomen om met je te trouwen,' zei ik provocerend, 'hij gaat je vader je hand vragen.'

'Had hij gedacht.'

'Waarom?' vroeg Nunzia ongerust. 'Zeg je nee als hij je wil?'

'Ik heb al nee gezegd, ma.'

'Echt waar?'

'Ja.'

'Is dat zo?'

'Ja, dat is waar,' bevestigde ik.

'Dat mag je vader nooit weten, hij vermoordt je!'

Tijdens het eten was Marcello de enige die sprak. Het was duidelijk dat hij zichzelf had uitgenodigd en Rino, die geen nee had durven zeggen, hield bijna steeds zijn mond, of lachte zonder reden. Solara sprak en richtte zich daarbij vooral tot Fernando, maar vergat nooit Nunzia, Lila en mij water of wijn in te schenken. Hij vertelde de heer des huizes hoe hoog ze hem in de wijk hadden om zijn bedrevenheid als schoenmaker. Hij vertelde dat zijn vader altijd lovend was over zijn bekwaamheid, hij zei dat Rino een grenzeloze bewondering voor zijn vakmanschap had.

Het kwam ook een beetje door de wijn, maar Fernando raakte aangedaan. Hij mompelde iets lovends over Silvio Solara, en ging zelfs zo ver dat hij Rino een harde werker noemde en zei dat hij heel goed aan het worden was. Toen begon Marcello lovend te praten over de behoefte om vooruit te komen. Hij zei dat zijn grootvader in een souterrain was begonnen, dat zijn vader daarna de zaak had uitgebreid en dat café-banketbakkerij Solara tegenwoordig was wat het was, iedereen kende de zaak, uit heel Napels kwamen de mensen koffiedrinken en een taartje eten.

'Wat overdreven!' riep Lila uit, en haar vader wierp haar een vernietigende blik toe.

Maar Marcello glimlachte nederig tegen haar en gaf toe: 'Ja, misschien heb ik een beetje overdreven, maar alleen om te zeggen dat geld moet rollen. Je begint met een souterrain en van generatie op generatie kun je dan heel ver komen.'

Maar eenmaal op dat punt aanbeland begon hij, tot zichtbaar ongemak van vooral Rino, het idee om nieuwe schoenen te maken te prijzen. En vanaf dat moment zat hij ook constant naar Lila te staren, alsof hij, door de energie van de elkaar opvolgende generaties te prijzen, vooral haar aan het prijzen was. Hij zei: 'Als iemand er zin in heeft, als hij goed is, als hij goede dingen weet te bedenken die de mensen aanstaan, waarom zou hij het dan niet proberen?' Hij praatte in het Napolitaans, fraai en innemend, en terwijl hij sprak bleef hij constant mijn vriendin aanstaren. Ik voelde, ik zag dat hij verliefd op haar was zoals in de liedjes, dat hij haar zou willen kussen, haar adem zou willen inademen, dat zij met hem kon doen wat ze wilde, dat zij in zijn ogen de belichaming was van alle kwaliteiten die een vrouw kon hebben.

'Ik weet,' besloot Marcello, 'dat uw kinderen een paar heel mooie schoenen hebben gemaakt, maat 43, precies mijn maat.'

Er viel een lange stilte. Rino staarde naar zijn bord en durfde zijn ogen niet naar zijn vader op te heffen. Je hoorde alleen het scharrelen van de vink in het kooitje naast het raam. Fernando zei langzaam: 'Ja, inderdaad maat 43.'

'Ik zou ze erg graag zien, als u dat niet vervelend vindt.'

Fernando mompelde: 'Ik weet niet waar ze zijn. Weet jij dat, Nunzia?'

'Zij heeft ze,' zei Rino, naar zijn zusje wijzend.

Lila keek Solara recht in de ogen en zei toen: 'Ik had ze, ja, ik had ze in het berghok gezet. Maar eergisteren moest ik dat van mama opruimen en toen heb ik ze weggegooid. Er was toch niemand die ze mooi vond.'

Rino werd kwaad en zei: 'Je liegt, ga die schoenen meteen halen.'

Ook Fernando was geïrriteerd. 'Kom, ga die schoenen halen,' zei hij.

Lila viel tegen haar vader uit: 'En nu wil je ze ineens wel? Ik heb ze weggegooid, je vond ze maar niks.'

Fernando sloeg met open hand op de tafel, de wijn in de glazen trilde.

'Sta op en ga die schoenen halen, nu!'

Lila verschoof haar stoel en stond op.

'Ik heb ze weggegooid,' herhaalde ze zwakjes en ze liep de kamer uit.

Ze kwam niet meer terug.

De tijd verstreek in stilte. De eerste die ongerust werd was uitgerekend Marcello. Hij zei, oprecht bezorgd: 'Misschien heb ik iets verkeerds gezegd, ik had niet begrepen dat er problemen mee zijn.'

'Er zijn geen problemen mee,' zei Fernando en hij siste tegen zijn vrouw: 'Ga kijken wat je dochter uitvoert.'

Nunzia verliet de kamer. Toen ze terugkwam verkeerde ze in de grootste verlegenheid, Lila was niet te vinden. We zochten haar door het hele huis, ze was er niet. We riepen uit het raam: niets. Marcello nam verslagen afscheid. Hij was nog niet weg of Fernando schreeuwde tegen zijn vrouw: 'Ik zweer het, dit keer vermoord ik je dochter.'

Rino sloot zich bij zijn vader aan in zijn bedreigingen; Nunzia begon te huilen. Ik vertrok, op mijn tenen bijna, bang. Maar zodra ik de deur had dichtgetrokken en op de overloop stond, riep Lila me. Ze was op de bovenste verdieping, en ik sloop de trap op. Ze zat ineengedoken in het schemerdonker naast de deur naar het dakterras. Ze had de schoenen op haar schoot, ik zag ze voor het eerst helemaal klaar. Ze glansden in het zwakke licht van een kaal peertje aan een draad.

'Wat voor moeite was het nou om ze hem te laten zien?' vroeg ik verbijsterd.

Ze schudde energiek het hoofd: 'Hij blijft ervan af.'

Maar ze was als het ware overweldigd door haar eigen, extreme reactie. Haar onderlip trilde, iets wat haar nooit overkwam.

Beetje bij beetje wist ik haar over te halen om weer naar huis te gaan, ze kon niet eeuwig daarboven verstopt blijven zitten.

Ik ging met haar mee omdat ik erop rekende dat mijn aanwezigheid haar zou beschermen. Maar er werd net zo goed geschreeuwd en gescholden en er vielen net zo goed een paar klappen. Fernando schreeuwde dat zij hem door een gril een rotfiguur had laten slaan tegenover een gast die respect verdiende. Rino rukte haar de schoenen uit handen, zei dat ze van hem waren, hij had er zijn energie in gestopt. Ze begon te huilen terwijl ze mompelde: 'Ik heb er ook aan gewerkt, maar dat had ik beter nooit kunnen doen, achterlijke bruut die je bent.' Het was Nunzia die een einde aan die verschrikking maakte. Ze werd helemaal grauw, en met een stem die anders dan anders klonk beval ze haar kinderen en zelfs haar man – zij die altijd onderdanig was – er meteen mee op te houden, haar de schoenen te geven en geen woord terug te zeggen als ze niet wilden dat ze uit het raam sprong. Rino gaf haar onmiddellijk de schoenen en daar bleef het die keer bij. Ik glipte weg.

28

Maar Rino gaf zich niet gewonnen, de dagen daarop bleef hij zijn zus aanvallen, met woorden en met zijn handen. Elke keer dat Lila en ik elkaar tegenkwamen, zag ik een nieuwe blauwe plek bij haar. Na een poosje had ik de indruk dat ze erin berustte. Op een ochtend dwong hij haar samen met hem de deur uit te gaan en tot aan de schoenmakerij met hem mee te lopen. Onderweg probeerden ze allebei, voorzichtig aan, een manier te vinden om een einde aan die oorlog te maken. Rino zei dat hij het goed met haar voorhad, maar dat zij het met niemand goed voorhad, niet met hun ouders en ook niet met hem. Lila mompelde: 'Wat is goed voor jou, goed voor mijn familie? Vertel me dat eens.' Stap voor stap onthulde hij haar wat hij in zijn hoofd had.

'Als Marcello de schoenen mooi vindt, zal papa van gedachten veranderen.'

'Dat denk ik niet.'

'Zeker wel. En als Marcello ze ook nog koopt, dan zal papa

begrijpen dat jouw modellen goed zijn, dat ze iets kunnen opbrengen, en dan zullen we eraan mogen beginnen te werken.'

'Met zijn drieën?'

'Ik, hij, en jij eventueel ook. Papa is in staat in vier, hoogstens vijf dagen een paar schoenen kant-en-klaar te hebben. En als ik mijn best doe, dan kan ik dat ook, dat zal ik je laten zien. We maken ze, we verkopen ze en we financieren onszelf; we maken ze, we verkopen ze en we financieren onszelf.'

'Aan wie verkopen we ze, steeds aan Marcello Solara?'

'De Solara's zitten in de handel, ze kennen belangrijke mensen. Ze zullen reclame voor ons maken.'

'Gratis?'

'Als ze een klein percentage willen, geven we ze dat.'

'Waarom zouden ze zich met een klein percentage tevredenstellen?'

'Ze zijn op me gesteld geraakt.'

'De Solara's?'

'Ja.'

Lila zuchtte: 'Luister, ik zeg het tegen papa en dan horen we wel wat hij ervan denkt.'

'Als je het maar laat.'

'Graag of niet.'

Rino zweeg, hij was heel zenuwachtig.

'Oké. Maar zeg jij het, jij bent beter in praten.'

Diezelfde avond bij het eten zei Lila, terwijl haar broer die tegenover haar aan tafel zat een vuurrode kop kreeg, tegen Fernando dat Marcello niet alleen veel belangstelling voor dat initiatief met de schoenen had getoond, maar dat hij misschien zelfs geïnteresseerd was in de aankoop ervan, en, sterker nog, dat hij, als de zaak hem commercieel gezien aansprak, in de kringen waarin hij zich bewoog veel reclame voor het product zou maken, in ruil voor een klein percentage van de verkoop natuurlijk.

'Dat zei ik,' preciseerde Rino met neergeslagen ogen, 'niet Marcello.'

Fernando keek zijn vrouw aan: Lila begreep dat ze hadden gepraat en al tot een geheime conclusie waren gekomen.

‘Morgen,’ zei hij, ‘zet ik jullie schoenen in de etalage. Als iemand ze wil zien, ze wil proberen, ze wil kopen, kan niet verdommen er wát mee wil doen, moet hij met mij praten, ík beslis.’

Een paar dagen later kwam ik langs de winkel. Rino zat te werken, Fernando zat te werken, allebei met kromme rug en gebogen hoofd. In de etalage, tussen doosjes schoenpoets en veters, zag ik de mooie, welgevormde schoenen van het merk Cerullo staan. Een op de ruit geplakt briefje, vast en zeker van Rino’s hand, luidde, heel pompeus, aldus: ‘Hier Cerullo-schoenen.’ Vader en zoon zaten op het geluk te wachten.

Maar Lila was sceptisch, mokte. Ze had geen greintje vertrouwen in de naïeve veronderstellingen van haar broer en was bang voor de ondoorgrondelijke eensgezindheid van haar vader en moeder. Kortom, ze voorzag narigheid. Er verstreek een week en niemand toonde ook maar enige belangstelling voor de schoenen in de etalage, zelfs Marcello niet. Alleen maar omdat Rino erop aandrong, Solara zelfs bijna met geweld de winkel in trok, keek hij er even naar, maar alsof hij heel wat anders aan zijn hoofd had. Zeker, hij paste ze, maar hij zei dat ze hem een beetje strak zaten, deed ze meteen weer uit en verdween zonder zelfs maar een complimentje te maken, alsof hij last van zijn buik had en als een haas naar huis moest. Teleurstelling bij vader en zoon. Maar twee minuten later verscheen Marcello weer. Rino sprong meteen stralend op en stak hem een hand toe, alsof er louter door dat opnieuw verschijnen al een of ander akkoord was gesloten. Maar Marcello negeerde hem, wendde zich rechtstreeks tot Fernando en gooide er in één adem uit: ‘Ik heb heel serieuze bedoelingen, don Fernà: ik vraag u de hand van uw dochter Lina.’

29

Rino reageerde op die wending met een hoge koorts die hem dagen van zijn werk hield. Toen hij plotseling weer koortsvrij was traden er verontrustende verschijnselen bij hem op: hij kwam midden in de nacht zijn bed uit terwijl hij toch doorsliep, liep heel opgewonden en zonder iets te zeggen naar de deur, probeerde die open te maken en stond zich met opengesperde ogen in allerlei bochten te wringen. Nunzia en Lila sleepten hem geschrokken terug naar zijn bed.

Fernando daarentegen, die met zijn vrouw al meteen Marcello's ware bedoelingen had geraden, praatte kalm met zijn dochter. Hij legde haar uit dat het aanzoek van Marcello Solara niet alleen voor haar toekomst belangrijk was, maar voor dat van de hele familie. Hij zei tegen haar dat ze nog een kind was en dat ze niet meteen ja hoefde te zeggen, maar voegde eraan toe dat hij, als vader, haar adviseerde toe te stemmen. Een langdurige, officiële verloving zou haar langzaam maar zeker aan het idee van een huwelijk laten wennen.

Lila antwoordde even kalm dat ze zich nog liever in de meertjes ging verdrinken dan dat ze zich met Marcello Solara verloofde en later met hem trouwde. Daar kwam een hevige ruzie uit voort, die haar echter niet op andere gedachten bracht.

Ik viel zo ongeveer flauw van dat bericht. Ik wist heel goed dat Marcello zich koste wat het kost met Lila wilde verloven, maar ik had nooit gedacht dat je op onze leeftijd een huwelijksaanzoek kon krijgen. Maar Lila had het gehad, en ze was nog niet eens vijftien, ze was nooit heimelijk verloofd geweest, ze had nog nooit een kus met iemand gewisseld. Trouwen? Met Marcello Solara? Eventueel ook nog kinderen krijgen? Nee, écht niet! Ik moedigde haar aan die nieuwe oorlog tegen haar vader te strijden en zwoer dat ik haar bij zou staan, ook al was Fernando al lang niet kalm meer en bedreigde hij haar nu, zei hij dat hij haar voor haar eigen bestwil de benen zou breken als ze zo'n belangrijke partij afwees.

Maar ik was niet in de gelegenheid haar te blijven steunen. Half juli gebeurde er iets waarmee ik rekening had moeten houden maar wat me totaal verraste en overrompelde. Laat op een middag kwam ik thuis na het bekende rondje met Lila door de wijk, waarbij we gepraat hadden over wat haar overkwam en over hoe ze zich daaruit kon redden. Mijn zusje Elisa deed open. Diep onder de indruk zei ze dat haar onderwijzeres in de huiskamer zat, la Oliviero dus. Ze zat met moeder te praten.

Verlegen kwam ik de kamer binnen, mijn moeder mompelde geërgerd: 'Juffrouw Oliviero vindt dat je moet uitrusten, dat je je te veel hebt vermoeid.'

Niet begrijpend keek ik naar juffrouw Oliviero. Zij was degene die rust nodig leek te hebben, ze was bleek en had een opgeblazen gezicht. Ze zei: 'Mijn nicht heeft net gisteren geantwoord: je kunt naar haar toe, op Ischia, en daar tot eind augustus blijven. Ze heeft je graag te logeren en je hoeft haar alleen maar een beetje in huis te helpen.'

Ze praatte tegen me alsof zij mijn moeder was en alsof mijn echte moeder, die met het zieke been en het schele oog, slechts een onbeduidend wezen was waarmee derhalve geen rekening gehouden hoefde te worden. Bovendien ging ze niet meteen na die mededeling weg, maar bleef ze nog een goed uur waarin ze me één voor één de boeken liet zien die ze had meegebracht om aan me uit te lenen. Ze vertelde me welke ik het eerst moest lezen en welke daarna, liet me zweren dat ik ze zou kaften voor ik ze las en verplichtte me ze haar aan het einde van de zomer allemaal zonder ook maar één ezelsoor terug te geven.

Mijn moeder verdroeg het geduldig. Ze bleef zitten, vol aandacht, ook al leek ze door dat schele oog enigszins verdwaasd. Ze ontplofte pas toen de juffrouw eindelijk met een minzame groet aan haar en zonder zelfs maar een aai voor mijn zusje, die daaraan hechtte en er trots op zou zijn geweest, afscheid had genomen. Een en al rancune om de vernedering die haar, zo meende ze, door mijn schuld was aangedaan zei ze tegen me: 'De jongedame moet op Ischia gaan uitrusten, de jongedame heeft zich te veel vermoeid. Ga voor het avondeten zorgen, vooruit, anders geef ik je nog een klap.'

Maar twee dagen later had ze, na me de maat te hebben genomen, in allerijl een badpak voor me genaaid, naar een voorbeeld dat ze god weet waar vandaan had gehaald, en bracht ze me zelf naar de veerboot. Op weg naar de haven, terwijl ze een kaartje voor me kocht en daarna, wachtend tot ik aan boord kon, maakte ze me gek met haar raadgevingen. Ze was het bangst voor de overtocht. 'Laten we hopen dat de zee niet onrustig wordt,' zei ze bijna tegen zichzelf, en ze verzekerde me dat ze me toen ik nog klein was, drie of vier jaar oud, vanwege een slijmvliesontsteking elke dag mee naar Coroglio had genomen en dat de zee mooi was geweest en dat ik had leren zwemmen. Maar ik herinnerde me Coroglio noch de zee, noch dat ik kon zwemmen en dat zei ik. Toen werd haar stem wrokkig alsof ze wilde zeggen dat het niet aan haar geweten kon worden als ik eventueel zou verdrinken maar alleen aan mijn eigen vergeetachtigheid, dat zij had gedaan wat er gedaan moest worden om het te voorkomen. Daarna drukte ze me op het hart om niet te ver in zee te gaan, ook niet bij rustige zee, en thuis te blijven als de zee woelig was of als de rode vlag uithing. 'En wat vooral belangrijk is,' zei ze, 'als je een volle maag hebt of ongesteld bent, dan moet je zelfs niet eens met je voeten in het water gaan.' Voor ze me verliet wendde ze zich tot een oude zeeman om hem te vragen op me te letten. Toen de veerboot zich van de kade losmaakte voelde ik me doodsbang en gelukkig tegelijk. Ik ging voor het eerst van huis, ik maakte een reis, een reis over zee. Het brede lichaam van mijn moeder – en daarmee ook de wijk en Lila's lotgevallen – raakte steeds verder weg en verdween ten slotte.

30

Ik bloeide op. De nicht van de juffrouw heette Nella Incardo en woonde in Barano. Ik bereikte het dorp met de bus en vond zonder moeite het huis. Nella bleek een stevige, vriendelijke vrouw, erg goedlachs, praatlustig en ongehuwd. Ze verhuurde haar kamers aan vakantiegangers en hield een klein kamertje en de keuken voor zichzelf. Ik zou in de keuken slapen. Mijn bed moest ik 's avonds in elkaar zetten en 's ochtends weer helemaal afbreken (planken, steunen, matras). Ik ontdekte dat ik verplichtingen had waar niet onderuit te komen was: om halfzeven opstaan, het ontbijt klaarmaken voor haar en haar gasten – toen ik arriveerde was er een Engels stel met twee kinderen –, opruimen en koppen en schotels afwassen, tafeldekken voor het avondeten en voor ik ging slapen de afwas doen. Voor de rest was ik vrij. Ik kon op het terras met de zee voor mijn neus gaan zitten lezen, of over een steile, witte weg naar een lang, breed, donker strand lopen dat Maronti heette.

Na alle angsten waarmee mijn moeder me had opgescheept en met alle problemen die ik met mijn lijf had, bracht ik in het begin mijn tijd helemaal gekleed op het terras door met brieven schrijven aan Lila, elke dag een, en elke brief was gevuld met vragen, flauwiteiten en beschrijvingen van het eiland vol superlatieven en uitroeptekens. Maar op een ochtend zei Nella gekscherend: 'Waarom zit je er zo bij? Trek je badpak aan!' Toen ik het aan had, barstte ze in lachen uit, het was een oudewijvending vond ze en ze naaide er een voor me dat volgens haar moderner was, mooi blauw, diep uitgesneden van voren en strakker om de billen. Ik paste het en ze was enthousiast, zei dat het tijd werd dat ik naar zee ging, afgelopen met dat terras.

De volgende dag ging ik, bibberend van angst en zinderend van nieuwsgierigheid, met een handdoek en een boek op weg naar het Marontistrand. Het traject leek me erg lang en ik kwam niemand tegen die naar boven klom of naar beneden ging. Het strand was onmetelijk en verlaten, het korrelige zand knerpte bij elke stap. De zee verspreidde een intense geur en maakte een droog, monotoon geluid.

Lang bleef ik naar die grote watermassa staan kijken. Daarna ging ik op mijn handdoek zitten, me afvragend wat ik zou doen. Ten slotte kwam ik weer overeind en ging ik met mijn voeten in het water staan. Hoe was het mogelijk geweest dat ik in een stad als Napels woonde en nooit, niet één keer, op het idee was gekomen de zee in te gaan? En toch was het zo. Voorzichtig liep ik verder, liet ik het water van mijn voeten tot mijn enkels, tot mijn dijen stijgen. Toen stapte ik in een kuil en ging ik kopje onder. Ik spartelde, doodsbang, kreeg water binnen, kwam weer boven, in de lucht. Ik merkte dat ik mijn voeten en mijn armen heel spontaan op een bepaalde manier bewoog om te blijven drijven. Ik kon dus zwemmen. Mijn moeder had me toen ik klein was echt mee naar zee genomen, en daar had ik het geleerd terwijl zij haar zandbaden nam. In een flits zag ik haar zitten, jonger, minder afgetakeld, midden op de dag in de zon op het zwarte strand, met een witte bloemetjesjurk aan, haar goede been tot aan de knie bedekt door haar japon, het zieke helemaal onder het gloeiende zand.

Het zeewater en de zon wisten al snel de puistjes van mijn gezicht. Ik verbrandde, werd heel bruin. Ik wachtte op brieven van Lila, we hadden die elkaar beloofd toen we afscheid namen, maar ze kwamen niet. Ik probeerde een beetje Engels te praten met het gezinnetje dat bij Nella logeerde. Ze begrepen dat ik het wilde leren en praatten steeds vaker en heel aardig met me, ik ging met sprongen vooruit. Nella, die altijd vrolijk was, moedigde me aan en ik begon voor haar te tolken. Intussen liet ze geen gelegenheid voorbijgaan om mij met complimenten te overladen. Ze zette enorme borden eten voor me neer, kookte uitstekend. Ze zei dat ik een vaatdoek was toen ik aankwam en nu, dankzij haar goede zorgen, erg mooi was geworden.

De laatste tien dagen van juli gaven me kortom een tot dan toe ongekend prettig gevoel. En ik ervoer iets wat later in mijn leven nog vaak zou terugkeren: de vreugde om het nieuwe. Ik vond alles fijn: vroeg opstaan, het ontbijt klaarmaken, afruimen, door Barano wandelen, de weg naar het Marontistrand aflopen en opklimmen, languit in de zon liggen lezen, een duik nemen en dan weer doorlezen. Ik had geen heimwee naar mijn vader, mijn moeder, de rest van de familie, naar de straten van de wijk, het park. Alleen Lila miste ik, Lila die echter mijn brieven niet beantwoordde. Ik was bang dat haar van alles overkwam, mooie en akelige dingen, zonder dat ik erbij was. Dat was een oude angst, een angst die nooit over was gegaan: de angst dat als ik stukjes van haar leven miste, het mijne dan aan intensiteit inboette en minder centraal kwam te staan. En het feit dat ze niet antwoordde versterkte die bezorgdheid. Hoe ik in mijn brieven ook mijn best deed haar duidelijk te maken hoe bevoorrecht ik was door mijn logeerpartij op Ischia, mijn woordenstroom en haar stilte leken te bewijzen dat mijn leven prachtig was maar dat er weinig in gebeurde – zo weinig dat ik tijd had om haar elke dag te schrijven – en dat het hare somber was maar overvol.

Eind juli pas vertelde Nella dat er in plaats van de Engelsen op 1 augustus een familie uit Napels zou komen. Ze kwamen voor het tweede jaar. Heel nette lui, alleraardigste, verfijnde mensen: vooral de man, een echte gentleman die altijd heel fraaie dingen tegen haar zei. En verder de oudste zoon, werkelijk een mooie jongen: lang, mager maar sterk, hij werd zeventien dit jaar. 'Nu hoef je niet meer alleen te zijn,' zei ze tegen me, en dat bracht me uit mijn doen, ik zat meteen in spanning vanwege die jongen die eraan kwam, was meteen bang dat we nog geen twee woorden tegen elkaar zouden kunnen zeggen, dat hij me niet leuk zou vinden.

Onmiddellijk na het vertrek van de Engelsen, die een paar boeken voor me achterlieten zodat ik Engels kon oefenen door ze te lezen en ook hun adres, omdat ik hen moest opzoeken als ik ooit zou besluiten naar Engeland te gaan, liet Nella zich helpen bij het poetsen van de kamers, het verschonen van al het linnengoed, het opmaken van de bedden. Ik deed het graag en terwijl ik de vloeren aan het dweilen was, riep ze vanuit de keuken: 'Wat knap, je leest zelfs Engels. Heb je niet genoeg aan de boeken die je hebt meegebracht?'

En ze hield niet op me luidkeels vanuit de verte te prijzen om hoe gedisciplineerd ik was, en hoe verstandig, om al dat lezen van me, de hele dag en 's avonds ook nog. Toen ik me in de keuken bij haar voegde, trof ik haar aan met een boekje in de hand. Ze zei dat de meneer die de volgende dag zou aankomen het zelf had geschreven. Nella bewaarde het op haar nachtkastje, elke avond las ze een gedicht, eerst zachtjes en daarna hardop. Ze kende ze inmiddels allemaal van buiten.

'Moet je zien wat hij er voor mij in heeft geschreven,' zei ze en ze reikte me het boekje aan.

Het was *Proeven van rust*, van Donato Sarratore. De opdracht luidde: Voor Nella, een lieverd, en voor al haar marmelades.

31

Ik schreef meteen naar Lila, vellen en vellen vol ongerustheid, blijdschap, zin om ervandoor te gaan, hartstochtelijke voorstelling van het moment waarop ik Nino Sarratore zou zien en van als we samen de weg naar het Marontistrand zouden afleggen, zouden zwemmen, naar de maan en de sterren zouden kijken, onder hetzelfde dak zouden slapen. Ik dacht alleen nog maar aan de intense momenten waarop hij mij, eeuwen terug – o, wat was dat lang geleden – met zijn broertje aan de hand zijn liefde had verklaard. We waren nog kinderen toen: nu voelde ik me volwassen, bijna oud.

De volgende dag ging ik naar de bushalte om de gasten te helpen met het naar boven brengen van hun bagage. Ik was erg opgewonden, had die nacht geen oog dicht gedaan. De bus arriveerde, stopte en de reizigers stapten uit. Ik herkende Donato Sarratore, ik herkende Lidia, zijn vrouw, ik herkende Marisa, ook al was ze erg veranderd, ik herkende Clelia, nog steeds een beetje teruggetrokken, ik herkende de kleine Pino, nu een serieuzig mannetje, en vermoedde dat het lastige kereltje dat het zijn moeder zo moeilijk maakte waarschijnlijk het kind was dat de laatste keer dat ik de voltallige familie Sarratore had gezien, tijdens Melina's bombardement, nog in de kinderwagen lag. Maar Nino zag ik niet.

Marisa sloeg haar armen om mijn hals met een enthousiasme dat ik niet had verwacht: in al die jaren had ik nooit, maar dan ook nooit meer aan haar gedacht, terwijl zij zei dat ze vaak en met veel heimwee aan mij had gedacht. Toen ze de tijd in de wijk aanroerde en tegen haar ouders zei dat ik de dochter van Greco, de conciërge was, vertrok Lidia, haar moeder, haar mond van ergernis en schoot meteen achter haar jongste zoontje aan om hem vast te grijpen en voor ik weet niet wat op zijn kop te geven, terwijl Donato Sarratore zich over de bagage begon te ontfermen zonder ook maar een zinnetje in de trant van 'Hoe gaat het met je vader?' te zeggen.

Ik werd er somber van. De Sarratores installeerden zich in hun kamers, ik ging naar zee met Marisa die het Marontistrand en heel Ischia goed kende en al stond te trappelen, ze wilde naar de haven, waar meer leven was, en naar Forio en naar Casamicciola, alles was goed, maar niet naar Barano waar het volgens haar een dooie boel was. Ze vertelde dat ze voor bedrijfssecretaresse leerde en een vriend had die ik snel zou leren kennen omdat hij haar zou komen opzoeken, maar in het geheim. Ten slotte zei ze iets wat me een hevige schok bezorgde. Ze wist alles van me, ze wist dat ik op het gymnasium zat, dat ik erg goed was op school en dat ik verloofd was met Gino, de zoon van de apotheker.

'Wie heeft je dat verteld?'

'Mijn broer.'

Nino had me dus herkend, hij wist dus wie ik was. Dat hij geen aandacht aan me had geschonken kwam dus niet door onachtzaamheid van hem, maar misschien door verlegenheid, of onbehagen, of schaamte om de liefdesverklaring die hij me als kind had gedaan.

'Ik ga al zo lang niet meer met Gino,' zei ik, 'je broer is niet goed geïnformeerd.'

'Die jongen denkt alleen maar aan leren, het is al een wonder dat hij me over jou heeft verteld, meestal loopt hij met zijn hoofd in de wolken.'

'Komt hij niet?'

'Als papa weggaat.'

Ze praatte heel kritisch over Nino. Hij was iemand zonder gevoelens. Hij werd nooit ergens enthousiast over, hij werd nooit kwaad maar was ook niet aardig. Hij ging helemaal in zichzelf op, het enige wat hem interesseerde was school. Hij vond niets leuk, hij was een kouwe kikker. De enige persoon die hem een beetje uit zijn doen kon brengen was hun vader. Niet dat ze ruziemaakten, hij was een gehoorzame, respectvolle jongen. Maar Marisa wist best dat Nino hem niet verdroeg. Zij daarentegen was dol op hem. Hij was de liefste en intelligentste man van de wereld.

'Blijft hij lang, je vader? Wanneer gaat hij weg?' vroeg ik, misschien overdreven belangstellend.

'Maar drie dagen, hij moet werken.'

'En over drie dagen komt Nino dan?'

'Ja. Hij had het smoesje verzonnen dat hij de familie van een vriend moest helpen met verhuizen.'

'Is dat dan niet waar?'

'Hij heeft geen vrienden. En hoe dan ook, hij zou die steen nog niet van hier naar daar verleggen, zelfs niet voor mijn moeder, de enige van wie hij een beetje houdt, kun je nagaan of hij een vriend zou helpen.'

We gingen zwemmen en lieten ons langs de oever lopend opdrogen. Ze wees me met een lach op iets wat ik niet had opgemerkt. Aan het einde van het zwartachtige strand lagen bewegingloze, witte vormen. Ze sleurde me lachend mee over het gloeiend hete zand en op een gegeven moment werd duidelijk dat het mensen waren. Levende mensen, bedekt met modder. Ze deden een kuur, het was niet duidelijk waarvoor. We gingen languit op het strand liggen en wentelden ons rond, duwden elkaar, speelden mummie, net als die mensen. We amuseerden ons kostelijk en gingen daarna nog een keer het water in.

's Avonds at de familie Sarratore in de keuken en ze nodigden Nella en mij uit om mee te eten. Het was een leuke avond. Lidia zei geen woord over de wijk, maar toen die eerste opwelling van vijandschap was weggeëbd, informeerde ze wel naar mij. Toen Marisa zei dat ik erg ijverig leerde en op dezelfde school zat als Nino, werd ze bijzonder aardig. Maar het hartelijkst van iedereen was toch Donato Sarratore. Hij overlaadde Nella met complimenten, prees mij om de schoolresultaten die ik had behaald, was vol attenties voor Lidia, speelde met Ciro, het jongetje, wilde zelf opruimen, liet me niet afwassen.

Ik bestudeerde hem uitgebreid en hij leek me anders dan ik me herinnerde. Zeker, hij was magerder en had zijn snor laten staan, maar afgezien van zijn uiterlijk was er nog iets anders waar ik niet achter kwam en dat met zijn gedrag te maken had. Misschien leek hij me vaderlijker dan mijn vader en op een ongewone manier vriendelijk.

Die indruk versterkte zich de twee daaropvolgende dagen. Als we naar zee gingen stond Sarratore het Lidia en ons meisjes niet toe ook maar iets te dragen. Hij nam de parasol, de tassen met handdoeken en het eten voor de lunch voor zijn rekening, zowel heen, en dat ging nog, maar ook terug, als de weg één grote klim was. Hij stond zijn last alleen aan ons af als Ciro dreinde en gedragen wilde worden. Hij had een mager lijf, niet erg behaard, en droeg een zwembroek van een onduidelijke kleur en niet van katoen, eerder van lichte wol. Sarratore zwom lang maar zonder ver in zee te gaan, hij wilde Marisa en mij de borstcrawl laten zien. Zijn dochter zwom net als hij, met dezelfde weloverwogen, langzame armslag, en ik begon hen meteen na te doen. Hij sprak meer in het Italiaans dan in het Napolitaans en had, vooral tegen mij, vrijwel constant de neiging nogal ingewikkelde zinnen en ongewone omschrijvingen te construeren. Vrolijk nodigde hij ons, Lidia, Marisa en mij, uit om samen met hem heen en weer te rennen over het natte zand om onze spieren te versterken, en intussen maakte hij ons aan het lachen met rare gezichten, gekke stemmetjes en een komische manier van lopen. Als hij met zijn vrouw zwom, lagen ze dicht tegen elkaar aan te drijven, praatten zachtjes en lachten vaak. Ik vond het jammer toen hij vertrok, en dat vond Marisa ook, net als Lidia, en Nella. Ook al klonken onze stemmen door het huis, toch leek het huis stil, was het er een dooie boel. De enige troost was dat Nino nu eindelijk zou komen.

32

Ik probeerde Marisa over te halen hem in de haven op te wachten, maar ze weigerde, zei dat haar broer die aandacht niet verdiende. Nino arriveerde tegen de avond. Lang, mager, blauw hemd, donkere broek, sandalen, een tas over de schouder. Hij toonde niet de minste emotie toen hij mij op Ischia aantrof, in dat huis, zodat ik dacht dat ze in Napels telefoon hadden en dat Marisa kans had gezien hem op de hoogte te brengen. Aan tafel sprak hij in eenlettergrepige woorden en hij verscheen niet aan het ontbijt. Hij werd laat wakker, we gingen laat naar zee, hij droeg weinig of niets. Hij nam onmiddellijk een duik, vastberaden, en zwom ver de zee in, zonder het demonstratieve exhibitionisme van zijn vader, op een natuurlijke manier. Hij verdween uit zicht, ik was bang dat hij verdronken was, maar Marisa maakte zich geen zorgen en Lidia evenmin. Bijna twee uur later dook hij weer op en ging toen liggen lezen, waarbij hij de ene sigaret na de andere rookte. Hij las de hele dag, zonder ooit een woord tegen ons te zeggen, en stak de gedoofde peuken twee aan twee in een rijtje in het zand. Ik ging ook lezen en sloeg Marisa's uitnodiging om langs de zee te gaan lopen af. 's Avonds at hij snel en ging daarna de deur uit. Ik ruimde op, deed de afwas en dacht ondertussen aan hem. Ik maakte mijn bed klaar in de keuken en ging liggen lezen, in afwachting van zijn thuiskomst. Ik las tot tegen enen, en viel daarna in slaap, met het licht aan en het boek open op mijn borst. Toen ik 's ochtends wakker werd was het licht uit en het boek dicht. Ik vermoedde dat hij het had gedaan en voelde een steekvlam van liefde in mijn aders, iets wat ik nog nooit had meegemaakt.

De situatie verbeterde binnen enkele dagen. Ik merkte dat hij af en toe naar me keek en dan zijn blik weer de andere kant op richtte. Ik vroeg hem wat hij las, vertelde wat ikzelf las. We praatten over wat we lazen en verveelden daardoor Marisa. In het begin leek hij aandachtig naar me te luisteren, maar dan begon hij te praten en ging hij maar door, net als Lila, steeds meer in de ban van zijn betoog. Omdat ik graag had dat hij merkte dat ik intelligent was, had ik de neiging hem in de rede te vallen en mijn zegje te doen, maar dat was moeilijk, hij leek alleen maar blij met mijn aanwezigheid als ik zweeg en luisterde, iets wat ik dan al gauw maar deed. Hij had het trouwens over dingen waar ik niet eens over kon denken, of in elk geval niet met dezelfde overtuiging over kon praten, en hij deed dat in een pittig, aantrekkelijk Italiaans.

Marisa gooide soms zandballen naar ons toe, maar soms viel ze ons ook in de rede en riep ze: 'Hou op, wat kan jullie die Dostojevski schelen, wat kunnen jullie die Karamazovs schelen!' Dan hield Nino abrupt op met praten en liep hij met gebogen hoofd weg langs de zee, tot hij een puntje werd. Ik praatte een tijdje met Marisa over haar vriend, die haar niet meer stiekem kon komen opzoeken, iets waarom ze moest huilen. Intussen voelde ik me steeds beter. Ik kon niet geloven dat het leven zo kon zijn. Misschien, dacht ik, leiden de meisjes van de via dei Mille – dat kind in het groen bijvoorbeeld – wel zo'n leven.

Elke drie, vier dagen kwam Donato Sarratore, maar hij bleef hoogstens vierentwintig uur en vertrok dan weer. Hij zei dat hij alleen nog maar aan 13 augustus kon denken, als hij voor twee volle weken naar Barano zou komen. Sarratore verscheen nog niet of Nino werd een schim. Hij at, verdween, dook laat in de avond pas weer op en zei geen woord. Hij luisterde met een vaag, toegeeflijk glimlachje naar zijn vader, en waar die ook mee kwam, hij was het er niet mee eens maar ging er ook niet tegen in. De enige keer dat hij gedecideerd en duidelijk iets zei, was toen Donato die langverwachte 13 augustus noemde. Een paar minuten later herinnerde hij zijn moeder eraan (zijn moeder, niet Donato) dat hij meteen na Maria-Hemelvaart terug moest naar Napels omdat hij met een paar klasgenoten had afgesproken dat ze bij elkaar zouden komen – ze waren van plan samen naar een buitenhuis in de buurt van Avellino te gaan – om aan hun vakantiehuiswerk te beginnen. 'Hij liegt,' fluisterde Marisa tegen me, 'hij heeft helemaal geen huiswerk.' Maar zijn moeder prees hem en zijn vader ook. Sterker nog, Donato begon meteen over een van zijn lievelingsonderwerpen: Nino had geluk dat hij kon leren; zelf was hij niet verder dan de tweede van de technische school gekomen, daarna had hij moeten gaan werken; maar als hij de studie had kunnen doen die zijn zoon deed, god weet hoe ver hij dan was gekomen. En hij besloot: 'Studeer, Ninù, knappe zoon van je vader, en doe wat ik niet heb kunnen doen.'

Die toon stoorde Nino meer dan al het andere. Om maar weg te kunnen, kwam hij er soms toe mij en Marisa mee uit te nemen. Somber, alsof wij hem almaar lastigvielen, zei hij dan tegen zijn ouders: 'Ze willen een ijsje, ze willen een eindje lopen, ik ga wel met ze mee.'

Als dat gebeurde ging Marisa, helemaal blij, zich vlug klaarmaken, en ik was treurig omdat ik altijd alleen maar mijn bekende paar todden had. Maar het kon hem niet veel schelen of ik mooi of lelijk was, leek me. Zodra we buiten waren sloeg hij aan het praten, iets wat Marisa moedeloos maakte, ze zei dat ze beter thuis had kunnen blijven. Maar ik hing aan Nino's lippen. Het verbaasde me erg dat hij, in de drukte van de haven, te midden van jonge en minder jonge kerels die nadrukkelijk naar Marisa en mij keken en lachten en met flauwe praatjes aankwamen, geen spoor van de sluimerende gewelddadigheid vertoonde die bij Pasquale, Rino, Antonio en Enzo onmiddellijk kon uitbreken als ze met ons uit waren en iemand een beetje te vaak naar ons keek. Als angstaanjagende lijfwacht was hij niets waard. Hij liet de dingen om ons heen maar gebeuren, misschien omdat de gedachten die in hem opkwamen hem bezighielden en hij mij erover wilde vertellen.

En zo sloot Marisa vriendschap met jongens uit Forio, en die kwamen haar in Barano opzoeken, en zij nam hen mee naar het Marontistrand, kortom, ze begon elke avond met hen uit te gaan. We gingen met zijn drieën naar de haven, maar eenmaal daar ging zij met haar nieuwe vrienden op stap (zou Pasquale ooit zo royaal voor Carmela zijn, of Antonio voor Ada?) en wij liepen langs de zee. Rond tienen ontmoetten we elkaar dan weer en gingen we samen naar huis.

Op een avond, we waren net alleen, vertelde Nino ineens dat hij als kind erg jaloers was geweest op de relatie tussen Lila en mij. Hij zag ons vanuit de verte, altijd samen, altijd aan het kletsen, en hij had vriendschap met ons willen sluiten, maar daar nooit de moed toe gehad. Toen glimlachte hij en zei: 'Herinner je je de liefdesverklaring die ik je heb gedaan?'

'Ja.'

'Ik vond je geweldig.'

Ik werd vuurrood en fluisterde onnozel: 'Dank je.'

'Ik geloofde toen dat we ons konden verloven en dan altijd met zijn drieën konden zijn, jij, ik en jouw vriendin.'

'Met zijn drieën?'

Hij glimlachte om het jongetje van vroeger.

'Ik begreep niets van verlovingen.'

Daarna vroeg hij me naar Lila.

'Is ze doorgegaan met leren?'

'Nee.'

'Wat doet ze dan?'

'Ze helpt haar ouders.'

'Ze was steengoed, je kon haar niet bijhouden, ze benevelde mijn hoofd.'

Zo zei hij het echt, 'ze benevelde mijn hoofd', en was ik eerst een beetje teleurgesteld omdat hij in feite had gezegd dat zijn liefdesverklaring alleen maar een poging was geweest om zich een plekje te veroveren in die vriendschap tussen Lila en mij, dit keer leed ik duidelijk, voelde ik echt pijn, midden in mijn borst.

'Zo is ze niet meer,' zei ik, 'ze is veranderd.'

En ik voelde de neiging om eraan toe te voegen: Heb je gehoord hoe de leraren op school over mij praten? Gelukkig wist ik me te beheersen. Maar vanaf dat gesprek schreef ik Lila niet meer: het kostte me moeite haar te vertellen wat me overkwam, en bovendien, ze antwoordde toch niet. In plaats daarvan besteedde ik al mijn aandacht aan Nino. Ik wist dat hij laat wakker werd en verzon allerlei smoesjes om niet met de anderen te ontbijten. Ik wachtte op hem, ging met hem naar zee, maakte zijn spullen klaar, droeg ze, we zwommen samen. Maar als hij ver in zee ging durfde ik hem niet te volgen en dan keerde ik terug, ging ik op het natte zand zitten en hield bezorgd het spoor in de gaten dat hij naliet, het donkere stipje van zijn hoofd. Ik maakte me ongerust als ik hem uit het oog verloor, was gelukkig als ik hem weer terug zag komen. Kortom, ik hield van hem en ik wist het en was er blij om.

Maar intussen kwam Maria-Hemelvaart steeds dichterbij. Op een avond zei ik tegen hem dat ik niet naar de haven wilde, ik liep liever naar het Marontistrand, het was volle maan. Ik hoopte dat hij met mij meeging en niet met zijn zus, die erop aandrong om naar de haven te gaan waar ze inmiddels een soort verloofde had met wie ze, zo vertelde ze, kuste en knuffelde en zo die andere verloofde in Napels bedroog. Maar hij ging met Marisa mee. Toen was het voor mij een kwestie van principe: ik nam de stenige weg die naar het strand leidde. Het zand was koud, grijs-zwart in het maanlicht, de zee ademde nauwelijks. Er was geen levende ziel te bekennen en van eenzaamheid begon ik te huilen. Wat was ik, wie was ik? Ik voelde me weer mooi, ik had geen puistjes meer, de zon en de zee hadden me slanker gemaakt, en toch toonde de persoon die ik leuk vond en door wie ik leuk gevonden wilde worden geen enkele belangstelling voor me. Welke sterren bepaalden mijn leven, welk lot wachtte me? Ik dacht aan de wijk als aan een diepe put, het was een illusie te denken dat ik daar nog eens uit zou kunnen komen. Toen hoorde ik het zand knerpen, ik draaide me om en zag het silhouet van Nino. Hij kwam naast me zitten. Een uur later zou hij terug moeten om zijn zus op te halen. Ik merkte dat hij nerveus was, met de hak van zijn linkervoet tikte hij op het zand. Hij praatte niet over boeken, maar begon ineens over zijn vader.

'Ik zal mijn leven wijden,' zei hij alsof het over een missie ging, 'aan de poging niet op hem te lijken.'

'Hij is sympathiek.'

'Dat zegt iedereen.'

'Waarom dan?'

Hij grijnsde sarcastisch, wat hem een paar seconden lelijk maakte.

'Hoe gaat het met Melina?'

Stomverbaasd keek ik hem aan. Ik had zorgvuldig nagelaten haar naam ooit te noemen in die dagen dat er zo druk werd gekletst, en nu begon hij zomaar over haar.

'Matig.'

‘Hij is haar minnaar geweest. Hij wist heel goed dat ze kwetsbaar is, maar hij heeft haar toch genomen, puur uit ijdelheid. Uit ijdelheid zou hij iedereen kwaad kunnen doen en dat zonder er zich verantwoordelijk voor te voelen. Omdat hij ervan overtuigd is dat hij iedereen gelukkig maakt, gelooft hij dat alles hem vergeven moet worden. Hij gaat elke zondag naar de mis. Hij behandelt ons, kinderen, met respect. Hij is vol attenties voor mijn moeder. Maar hij bedriegt haar voortdurend. Hij is een hypocriet, ik walg van hem.’

Ik wist niet wat ik tegen hem moest zeggen. In de wijk konden verschrikkelijke dingen gebeuren, vaders en zonen raakten vaak slaags, zoals Rino en Fernando bijvoorbeeld. Maar de heftigheid van die enkele, met zorg geconstrueerde zinnen deed me pijn. Nino haatte zijn vader met alle energie die in hem was, kijk, daarom had hij het zo vaak over de Karamazovs. Maar dat was het punt niet. Wat mij het meest verbaasde was dat Donato Sarratore, voor zover ik dat met eigen ogen had gezien en met eigen oren had gehoord, niets afstotelijks had, hij was de vader die elk meisje en elke jongen zich zouden wensen, Marisa was dan ook dol op hem. En bovendien, als zijn ondeugd erin bestond dat hij snel in liefde ontvlamde, dan zag ik daar niet iets bijzonder slechts in, zelfs van mijn vader zei mijn moeder nijdig dat hij god weet wat had uitgehaald. Ik vond die striemende zinnen en die snijdende toon daarom verschrikkelijk. Ik mompelde: ‘Melina en hij zijn door hun passie meegesleurd, net als Dido en Aeneas. Die dingen doen pijn, maar zijn ook heel aangrijpend.’

‘Hij heeft mijn moeder voor God trouw gezworen,’ riep hij ineens opgewonden uit. ‘Hij respecteert haar niet en God niet.’ Hij sprong op, in alle staten, zijn ogen waren prachtig, glansden. ‘Zelfs jij begrijpt me niet,’ zei hij en hij beende met grote passen weg.

Ik liep achter hem aan, mijn hart klopte wild.

‘Ik begrijp je wel,’ mompelde ik en ik pakte voorzichtig zijn arm.

We hadden elkaar nog nooit aangeraakt, mijn vingers brandden door dat contact, ik liet hem meteen los. Hij boog voorover en kuste me op mijn lippen, heel licht.

'Morgen vertrek ik,' zei hij.

'Maar de dertiende is pas overmorgen.'

Hij antwoordde niet. We klommen terug naar Barano, pratend over boeken, en daarna gingen we Marisa halen aan de haven. Ik voelde zijn mond nog lang op de mijne.

33

Ik huilde de hele nacht, in de stille keuken. Bij het aanbreken van de dag viel ik in slaap. Nella kwam me wakker maken en gaf me een standje, ze zei dat Nino om mij niet te storen op het terras had willen ontbijten. Hij was al vertrokken.

Ik kleedde me haastig aan, ze merkte dat ik het moeilijk had. 'Ga maar,' zei ze ten slotte toegeeflijk, 'misschien ben je nog op tijd.' Ik rende naar de haven in de hoop er te zijn voordat de veerboot vertrok, maar het schip was al in volle zee.

Het waren akelige dagen. Toen ik de kamers opruimde vond ik een bladwijzer van blauw karton die van Nino was. Ik verstopte hem tussen mijn spullen. 's Avonds in bed in de keuken snoof ik eraan, kuste ik hem, likte ik eraan met de punt van mijn tong en huilde ik. Mijn eigen wanhopige hartstocht emotioneerde me en mijn huilen voedde zichzelf.

Toen arriveerde Donato Sarratore en begonnen zijn veertien dagen vakantie. Hij vond het jammer dat zijn zoon al weg was, maar was blij dat hij met schoolkameraden ergens bij Avellino zat om daar te studeren. 'Hij is echt serieus,' zei hij tegen me, 'net als jij. Ik ben trots op hem, zoals jouw vader wel trots op jou zal zijn.'

De aanwezigheid van die geruststellende man kalmeerde me. Hij wilde met de nieuwe vrienden van Marisa kennismaken en nodigde ze een avond uit voor een groot vuur op het strand. Hij werkte hard om al het hout dat hij kon vinden op te stapelen en bleef tot laat bij ons allemaal. De jongen met wie Marisa zo half en half verloofd was tokkelde op een gitaar en Donato zong, hij had een prachtige stem. Het was al nacht toen hij zelf ook begon te spelen en dat deed hij goed, hij zette dansmuziek in. Sommigen begonnen te dansen, Marisa als eerste.

Ik keek naar die man en dacht: hij en zijn zoon hebben absoluut niets gemeen. Nino is lang, heeft een fijnbesneden gezicht, een onder pikzwarte haren bedolven voorhoofd en een mond met uitnodigende lippen die altijd een beetje open staat; terwijl Donato van gemiddelde lengte is, een getekend gezicht heeft, erg kaal is bij de slapen en een compacte mond heeft, bijna zonder lippen. Nino kijkt altijd met bozige ogen die verder dan de dingen en de mensen zien en lijken te schrikken; Donato heeft een altijd welwillende blik, die dol is op de buitenkant van mensen en dingen en daar alleen maar tegen lacht. Nino heeft iets wat hem vanbinnen verteert, net als Lila, en dat is een gave en tegelijk een verdriet, ze zijn niet blij, ze geven zich niet over, ze zijn bang voor wat er om hen heen gebeurt; deze man niet, hij lijkt van elke manifestatie van het leven te houden, bijna alsof elke geleefde seconde van een absolute duidelijkheid is.

Vanaf die avond leek Nino's vader mij een goede remedie tegen niet alleen het donkere gat waarin zijn zoon me had geworpen door na een bijna onmerkbare kus te vertrekken, maar ook – verbaasd realiseerde ik me dat – tegen de teleurstelling die ik voelde omdat Lila mijn brieven nooit beantwoordde. Zij en Nino kennen elkaar amper, dacht ik, ze zijn nooit met elkaar omgegaan, en toch lijken ze volgens mij erg op elkaar: ze hebben niets en niemand nodig en weten altijd wat kan en wat niet kan. Maar als ze zich eens vergisten? Wat heeft Marcello Solara dat zo bijzonder verschrikkelijk is, wat heeft Donato Sarratore dat zo bijzonder verschrikkelijk is? Ik begreep het niet. Ik hield zowel van Lila als van Nino, en miste ze nu, elk op een andere manier, maar ik was die gehate vader dankbaar dat hij mij en ons jongeren allemaal belangrijk vond, ons in die nacht op het Marontistrand vrolijkheid en rust bezorgde. En ineens was ik blij dat geen van beiden op het eiland aanwezig was.

Ik begon weer te lezen en schreef een laatste brief aan Lila, waarin ik zei dat ik haar geen brieven meer zou sturen, omdat ze me nooit had geantwoord. Maar ik werd dikke maatjes met de familie Sarratore, ik voelde me een zusje van Marisa, Pinuccio en de kleine Ciro, die nu erg gesteld op me was en bij mij, alleen maar bij mij, niet lastig was, maar rustig speelde en samen met mij schelpen zocht. Lidia, die haar vijandschap jegens mij definitief in sympathie en genegenheid had omgezet, prees me vaak om de zorgvuldigheid waarmee ik alles deed: tafeldekken, de kamers doen, afwassen, het kind bezighouden, lezen en studeren. Op een ochtend liet ze me een zonnejurkje passen dat haar te strak zat, en omdat Nella en ook Sarratore, die er met spoed bij was geroepen om zijn mening te geven, enthousiast waren over hoe goed het me stond, gaf ze het me cadeau. Op bepaalde momenten leek ze mij zelfs boven Marisa te verkiezen. Ze zei: 'Ze is lui, ijdel, ik heb haar verkeerd opgevoed, ze studeert niet; jij bent altijd zo verstandig.' 'Net als Nino,' voegde ze er een keer aan toe, 'alleen ben jij zonnig van aard en is hij altijd gespannen.' Maar als Donato die kritiek hoorde, zat hij er meteen bovenop en prees hij zijn oudste zoon. 'Het is een jongen van goud,' zei hij, en hij vroeg mij met zijn ogen om bevestiging, en dan knikte ik heel overtuigd van ja.

Na zijn eindeloze zwempartijen ging Donato languit naast mij in de zon liggen drogen en las hij zijn krant, de *Roma*, het enige wat hij las. Het trof me dat iemand die gedichten schreef, ze zelfs in een boekwerkje verzameld had, nooit een boek opensloeg. Hij had er geen meegebracht en was nooit nieuwsgierig naar die van mij. Soms las hij me met pathos een stukje uit een artikel voor, woorden en zinnen waar Pasquale, en juffrouw Galiani vast en zeker ook, woedend om zouden worden. Maar ik zweeg, ik had geen zin om met zo'n aardige man in discussie te gaan en de hoge dunk die hij van me had te bederven. Op een keer las hij me een heel artikel voor, van het begin tot het einde; elke twee regels keek hij glimlachend naar

Lidia, en dan reageerde Lidia met een medeplichtig lachje. Toen hij klaar was vroeg hij: 'Vond je het wat?'

Het was een artikel over de snelheid van het reizen per trein, vergeleken bij die van het reizen van vroeger, per koets of te voet over veldweggetjes. Het was geschreven in hoogdravende zinnen, die hij op een bewogen manier had voorgelezen.

'Nou en of,' antwoordde ik.

'Kijk eens wie het geschreven heeft, wat lees je hier?'

Hij strekte zich naar mij uit, legde de krant voor me neer. En ik las, onder de indruk: Donato Sarratore.

Lidia barstte in lachen uit, en hij ook. Ze lieten me op het strand achter om een oogje op Ciro te houden terwijl zij op hun manier gingen zwemmen, dicht tegen elkaar aan terwijl ze intussen in elkaars oor smoesden. Ik keek naar hen en dacht: arme Melina, maar zonder wrok jegens Sarratore. Zelfs als Nino gelijk had en er echt iets tussen die twee was geweest, en Sarratore Lidia dus werkelijk had bedrogen, dan lukte het me nog niet, en nu ik hem tamelijk goed kende nog minder dan eerst, om het hem te verwijten, temeer omdat zelfs zijn vrouw dat niet leek te doen, ook al had ze hem indertijd gedwongen de wijk te verlaten. Wat Melina betreft, ook haar begreep ik. Ze had de vreugde geproefd van de liefde voor die meer dan middelmatige man – treincontroleur, maar ook dichter en journalist – en haar fragiele geest had zich niet weten te schikken in de kale normaliteit van het leven zonder hem. Ik verheugde me over deze gedachten. Ik was in die dagen blij om alles, om mijn liefde voor Nino, om mijn bedroefdheid, om de genegenheid waarmee ik me omringd voelde, en ook om mijn vermogen om in eenzaamheid te lezen, te denken, te peinzen.

34

En toen, eind augustus, toen die buitengewone periode ten einde liep, gebeurden er twee belangrijke dingen, plotseling en op dezelfde dag. Het was de vijfentwintigste, ik herinner het me precies omdat ik die dag jarig was. Ik stond op, maakte voor iedereen het ontbijt klaar en zei aan tafel: 'Vandaag word ik vijftien', en al terwijl ik het zei, realiseerde ik me dat Lila op de elfde vijftien jaar was geworden maar dat ik het door al die emoties vergeten was. Hoewel het gebruik wilde dat vooral naamdagen werden gevierd – verjaardagen werden toen als onbeduidend beschouwd – drongen de Sarratores en Nella aan om het 's avonds te vieren. Ik vond het fijn. Zij gingen zich klaarmaken voor het strand en ik begon af te ruimen, toen daar ineens de postbode was.

Ik liep naar het raam, de postbode zei dat er een brief voor Greco was. Met kloppend hart rende ik naar beneden. Het was uitgesloten dat mijn ouders me hadden geschreven. Was het een brief van Lila, van Nino? Hij was van Lila. Ik scheurde de envelop open. Er kwamen vijf heel dicht beschreven velletjes uit, ik verslond ze, maar begreep bijna niets van wat ik las. Nu lijkt dat misschien niet normaal, maar zo ging het echt: nog voordat de inhoud me meesleepte, trof me dat ik in het schrijven Lila's stem hoorde. En dat niet alleen. Vanaf de eerste regels moest ik aan *De blauwe fee* denken, de enige tekst die ik tot dan toe van haar had gelezen, behalve de opstelletjes van de lagere school dan, en ik begreep wat me indertijd zo was bevallen. *De blauwe fee* had dezelfde eigenschap die mij nu zo trof: Lila wist via haar schrijfstijl te praten; anders dan ik als ik schreef, anders dan Sarratore in zijn artikelen en gedichten, anders ook dan veel schrijvers die ik had gelezen of aan het lezen was, drukte zij zich weliswaar uit in erg verzorgde zinnen en zonder fouten, ook al had ze niet doorgeleerd, maar was er toch geen spoor van onnatuurlijkheid, van het kunstmatige van het geschreven woord. Ik las en intussen zag en hoorde ik haar. Haar in haar schrijfstijl gevatte stem sleepte me mee, bracht me nog meer in verrukking dan wanneer we onder vier ogen praatten: hij was volledig gezuiverd van de residuen van de alledaagse dialoog, van de chaos van het mondelinge; hij had de levendige ordening die een verhaal mijns inziens kreeg als de verteller zo gelukkig was geweest uit het hoofd van Zeus geboren te worden, en niet uit de Greco's of de Cerullo's. Ik schaamde me over de kinderachtige pagina's die ik haar had geschreven, over mijn overdrijven, over de onbenulligheden, de onechte vrolijkheid, het onechte verdriet. God weet wat Lila van me had gedacht. Ik voelde minachting en wrok jegens meneer Gerace die me had misleid door me een negen te geven. Die brief had als eerste effect dat hij mij, vijftien jaar oud, op de dag van mijn verjaardag, een bedriegster liet voelen. De school had zich zwaar in mij vergist en het bewijs daarvoor lag daar, in Lila's brief.

Daarna drong beetje bij beetje ook de inhoud tot me door. Lila feliciteerde me met mijn verjaardag. Ze had me nooit geschreven omdat ze blij was dat ik van de zon genoot, dat ik het goed met de Sarratores kon vinden, dat ik van Nino hield, dat Ischia me zo beviel en het strand van Maronti, en ze had mijn vakantie niet met haar akelige verhalen willen bederven. Maar nu had ze een dringende behoefte gevoeld de stilte te verbreken. Meteen na mijn vertrek was Marcello Solara, met instemming van Fernando, elke avond op etenstijd komen opdagen. Hij verscheen om halfnegen en vertrok klokslag halfelf. Hij bracht altijd iets mee: taartjes, chocolaatjes, suiker, koffie. Zij raakte niets aan, was op geen enkele manier aardig tegen hem, en hij zat maar zwijgend naar haar te kijken. Aangezien Lila deed of hij niet bestond, had hij na een eerste ellendige week besloten haar te overdonderen. Op een ochtend was hij komen aanzetten in gezelschap van een zware, bezwete kerel die een enorme kartonnen doos in de woonkamer had gezet. Uit de doos kwam een ding waarvan we allemaal gehoord hadden maar dat maar heel weinig mensen van onze wijk in huis hadden: een televisie, dat wil zeggen een apparaat met een scherm waarop je beelden zag, net als in de bioscoop, die echter niet van een projector kwamen, maar uit de lucht; binnenin zat een geheimzinnige buis die kathode heette. Door die buis, waar die zware, bezwete kerel het steeds over had, had het apparaat dagenlang niet gewerkt. Maar na veel proberen was het dan toch op gang gekomen en nu kwam de halve wijk, mijn moeder, vader en de rest van de familie inbegrepen, naar de Cerullo's om dat wonder te zien. Rino niet. Het ging beter met hem, de koorts was definitief over, maar hij zei geen woord meer tegen Marcello. Als die verscheen, begon hij vervelende dingen over de televisie te zeggen en na een poosje ging hij dan zonder zijn eten aan te raken naar bed, of hij ging uit en zwierf tot midden in de nacht rond met Pasquale en Antonio. Maar Lila hield van de televisie, zei ze. Ze vond het vooral fijn om ernaar te kijken met Melina, die elke avond opdook en dan lang en heel geconcentreerd, zonder iets te zeggen voor het scherm zat. Het was het enige vredige moment. Verder ontlaadden alle woedes zich op haar: de woede van haar broer omdat ze hem aan zijn lot van slaaf van hun vader had overgelaten terwijl zij op weg was naar een huwelijk dat haar tot een mevrouw zou maken; de woede van Fernando en Nunzia omdat ze niet aardig was tegen Solara, sterker nog, hem als oud vuil behandelde; en ten slotte de woede van Marcello die, zonder dat zij hem ooit als verloofde had geaccepteerd, zich wel steeds meer haar verloofde, of liever haar heer en meester voelde en de neiging had van toewijding over te gaan tot kuspogingen, en tot achterdochtige vragen over waar ze overdag heen ging, wie ze zag, of ze andere verloofdes had gehad, of iemand haar ooit, al was het maar vluchtig, had aangeraakt. Omdat zij niet antwoordde, of nog erger, hem voor de gek hield door hem over kussen en omhelzingen van niet-bestaande verloofdes te vertellen, had hij haar op een avond vol ernst toegefluisterd: 'Je plaagt me, maar weet je nog dat je me met het schoenmakersmes hebt bedreigd? Nou, onthou goed, als ik te weten kom dat je op een ander valt, dan blijft het niet bij dreigen, dan vermoord ik je zonder pardon.' En nu wist ze niet hoe ze zich uit die situatie moest redden en bleef ze haar wapen bij zich dragen, je wist maar nooit. Maar ze was doodsbang. Op het eind schreef ze dat ze al het kwaad van de wijk om zich heen voelde. Of liever, zo merkte ze raadselachtig op: goed en kwaad lopen door elkaar heen en versterken elkaar. Marcello was op de keper beschouwd een goede partij, maar het goede had een slechte bijsmaak en het slechte een goede, een benauwend amalgaam voor haar. Een paar avonden tevoren was haar iets overkomen wat haar echt bang had gemaakt. Marcello was vertrokken, de televisie was uit, het huis was leeg, Rino was op stap en haar ouders waren naar bed aan het gaan. Zij stond alleen in de keuken af te wassen en was moe, echt bekaf, toen er op een gegeven moment een knal had geklonken. Ze had zich met een ruk omgedraaid en gezien dat de grote koperen pan was ontploft. Zomaar, uit zichzelf. Hij hing aan de spijker waaraan hij altijd hing, maar middenin zat een grote barst en de randen ervan waren omgekruld en stonden omhoog, terwijl de pan zelf helemaal vervormd was, alsof het hem niet meer lukte er als pan uit te blijven zien. Haar moeder was in haar nachthemd komen aanrennen en had haar ervan beschuldigd hem te hebben laten vallen en kapot te hebben gemaakt. Maar een koperen pan barst niet en raakt niet zo vervormd, ook niet als hij valt. Dit soort dingen, besloot Lila, maakt mij bang. Meer dan Marcello, meer dan wie dan ook. En ik voel dat ik een oplossing moet vinden, want anders gaat geleidelijk aan alles en alles en alles kapot. Ze groette me, feliciteerde me nog eens uitgebreid en ook al hoopte ze het tegendeel, ook al kon ze niet wachten tot ze me weer zag en ook al had ze mijn hulp dringend nodig, ze wenste me toch toe dat ik bij die aardige signora Nella op Ischia kon blijven zonder ooit nog naar de wijk terug te komen.

35

De brief bracht me danig van mijn stuk. Lila's wereld kreeg zoals gewoonlijk al snel de overhand boven die van mij. Alles wat ik haar in juli en augustus had geschreven leek me banaal en er overviel me een hevig verlangen om me te rehabiliteren. Ik ging niet naar het strand, ik probeerde haar meteen te antwoorden met een serieuze brief, die even essentieel en helder was in zijn verloop als die van haar, en evenzeer klonk alsof we zaten te praten. Maar waren de andere brieven uit mijn pen gerold – ik schreef bladzijden en bladzijden in een paar minuten, zonder ooit één correctie – deze brief bleef ik schrijven en herschrijven, en toch kwamen Nino's haat tegen zijn vader en de rol die de affaire met Melina daarin speelde, heel de relatie met de familie Sarratore, en zelfs mijn bezorgdheid om wat Lila overkwam, niet uit de verf. Donato, die in werkelijkheid een opmerkelijk man was, bleek op papier een doodgewone huisvader; en wat Marcello betreft was ik niet in staat haar iets anders dan oppervlakkige adviezen te geven. Het enige wat uiteindelijk authentiek leek was mijn ergernis omdat zij thuis televisie had en ik niet.

Kortom, het lukte me niet haar te antwoorden, ook had ik daarvoor de zee, de zon en het plezier om bij Ciro, Pino, Clelia, Lidia, Marisa en Sarratore te zijn tijdelijk opgegeven. Gelukkig kwam Nella mij vanaf een bepaald moment op het terras gezelschap houden en bracht een glas amandelmelk voor me mee. En dat de Sarratores toen ze terugkwamen van zee het betreurden dat ik thuis was gebleven en me weer in de bloemetjes begonnen te zetten, was ook prettig. Lidia wilde persoonlijk een taart vol banketbakkersroom voor me maken, Nella opende een fles vermouth, Donato begon Napolitaanse liedjes te zingen, Marisa gaf me een zeepaardje van touw dat ze de avond tevoren aan de haven voor zichzelf had gekocht.

Ik kalmeerde, maar het lukte me niet om Lila uit het hoofd te zetten die midden in de problemen zat, terwijl ik het zo fijn had, zo gefêteerd werd. Ik zei op een enigszins dramatische manier dat ik een brief van een vriendin had gekregen, dat die vriendin me nodig had en dat ik er daarom over dacht eerder dan gepland te vertrekken. 'Overmorgen op zijn laatst,' kondigde ik aan, maar zonder er al te hard in te geloven. Ik zei het eigenlijk alleen maar om Nella te kunnen horen zeggen dat ze dat heel jammer vond, en Lidia dat Ciro zo verdrietig zou zijn, en Marisa dat ze er wanhopig over was, en om Sarratore mistroostig te horen uitroepen: 'En wij dan? Wat moeten we zonder jou!' Al die dingen ontroerden me en maakten mijn feest nog fijner.

Toen begonnen Pino en Ciro slaperig te worden en Lidia en Donato brachten hen naar bed. Marisa hielp me afwassen, Nella zei dat als ik een beetje wilde uitslapen, zij dan wel zou opstaan om voor het ontbijt te zorgen. Ik protesteerde, dat was mijn taak. Eén voor één trokken ze zich allemaal terug en ik bleef alleen achter. Ik zette mijn bed op in het bekende hoekje, keek goed rond om te zien of er geen kakkerlakken en muggen waren. En toen viel mijn blik op de koperen pannen.

Wat schreef Lila suggestief! Met toenemende bezorgdheid keek ik naar de pannen. Ik herinnerde me dat ze altijd van die glans had gehouden, dat ze bij het afwassen haar best deed ze heel zorgvuldig op te wrijven. Niet toevallig had ze vier jaar eerder, in haar relaas over de moord op don Achille, verteld dat de gulp bloed die toen hij werd neergestoken uit zijn hals spoot, op een koperen pan was terechtgekomen. Nu had ze haar gevoel van bedreiging erop geprojecteerd, haar angst voor de moeilijke keuze die ze moest maken, en had ze er bij wijze van signaal een laten ontploffen – alsof zijn vorm plotseling had besloten het te begeven. Was ik bij machte ook zonder haar dergelijke dingen te bedenken? Was ik bij machte aan elk ding een leven te geven en dat om te buigen tot een harmonische eenheid met het mijne? Ik deed het licht uit, trok mijn nachthemd aan en kroop met de brief van Lila en de blauwe bladwijzer van Nino – de meest kostbare dingen die ik op dat moment meende te hebben – in bed.

Het witte licht van de maan viel door het grote raam naar binnen. Ik kuste de bladwijzer zoals ik elke avond deed en probeerde in het zwakke schijnsel de brief van mijn vriendin nog eens te lezen. De pannen glansden, de tafel kraakte, het plafond woog zwaar en van buiten kwam de druk van nachtlucht en zee. Ik voelde me weer vernederd door Lila's schrijfcapaciteiten, door de vorm waarin zij de dingen wist te gieten en ik niet, mijn ogen werden wazig. Ik was er blij om, natuurlijk, dat zij, ook zonder school en de boeken van de bibliotheek, zo knap was, maar die blijdschap maakte me ook ongelukkig en daar voelde ik me schuldig over.

Toen hoorde ik stappen. Ik zag de donkere schim van Sarratore de keuken in komen, op blote voeten, in zijn blauwe pyjama. Ik trok het laken over me heen. Hij liep naar de kraan, nam een glas water, dronk het op. Een paar seconden bleef hij voor de gootsteen staan, zette toen zijn glas neer en kwam naar mijn bed. Hij ging op zijn hurken naast me zitten, met zijn ellebogen op de rand van het laken.

'Ik weet dat je wakker bent,' zei hij.

'Ja.'

'Vergeet je vriendin, blijf.'

'Ze heeft het moeilijk, ze heeft me nodig.'

'Ik heb jou nodig,' zei hij en leunde naar voren, kuste me zonder de luchtigheid van zijn zoon op de mond, duwde met zijn tong mijn lippen van elkaar.

Onbeweeglijk bleef ik liggen.

Hij schoof het laken een heel klein eindje opzij terwijl hij me bleef kussen, zorgvuldig, vurig, en zocht met zijn hand mijn borsten, streelde ze onder mijn nachthemd. Toen liet hij ze los, daalde af tussen mijn benen, drukte met twee vingers hard op mijn broekje. Ik zei niets, ik deed niets, ik was als verlamd door dat gedrag, door de afschuw die ik voor hem voelde, door het genot dat ik toch ervoer. Zijn snor prikte in mijn bovenlip, zijn tong was ruw. Hij maakte zich langzaam van mijn mond los, trok zijn hand weg.

'Morgenavond maken we een fijne wandeling, jij en ik op het strand,' zei hij een beetje schor, 'ik hou heel veel van je en ik weet dat jij ook heel veel van mij houdt. Zo is het toch?'

Ik zei niets. Hij raakte met zijn lippen weer vluchtig de mijne aan, mompelde welterusten, stond op en liep de keuken uit. Ik bleef doodstil liggen, geen idee hoelang. Hoe ik het gevoel van zijn tong, zijn strelingen, de druk van zijn hand ook van me probeerde af te zetten, het lukte me niet. Had Nino me willen waarschuwen, wist hij dat dit zou gebeuren? Ik voelde een onbedwingbare haat tegen Donato Sarratore en walging van mezelf, vanwege dat genot dat ik nog steeds in mijn lijf voelde. Hoe onwaarschijnlijk dat nu ook kan lijken, zo lang als ik me kon herinneren had ik mezelf nooit bevredigd, ik kende het niet, dat gevoel verraste me. Ik bleef ik weet niet hoeveel uren in diezelfde houding liggen. Daarna kwam ik weer tot mezelf, pakte mijn spullen, brak het bed af, schreef een paar regeltjes om Nella te bedanken en vertrok.

Er waren bijna geen geluiden op het eiland, de zee was doodstil, alleen de geuren waren heel intens. Met het afgepaste geld dat mijn moeder me meer dan een maand tevoren had gegeven, nam ik de eerste veerboot die vertrok. Toen de boot net in beweging was en het eiland met zijn tere vroegeochtendkleuren een eindje achter ons lag, bedacht ik dat ik eindelijk iets te vertellen had waar Lila niet iets even memorabels tegenover kon zetten. Maar ik wist meteen dat de walging die ik voor Sarratore voelde en de afschuw van mezelf me zouden verhinderen mijn mond open te doen. En dit is inderdaad de eerste keer dat ik woorden zoek voor dat onverwachte einde van mijn vakantie.

36

Ik trof Napels ondergedompeld in een stinkende, bedorven hitte. Mijn moeder gaf me zonder ook maar één woord te zeggen over hoe ik eruitzag – geen acne, bruinverbrand – op mijn kop omdat ik eerder dan gepland was teruggekomen.

'Wat heb je gedaan,' vroeg ze, 'heb je je slecht gedragen en heeft de vriendin van de juffrouw je weggestuurd?'

Met mijn vader ging het anders, zijn ogen begonnen te stralen en hij overlaadde me met complimenten waaronder het honderd keer herhaalde 'Mijn god, wat heb ik een mooie dochter' het meest opviel. Wat de rest van de familie betreft, ze zeiden, met een zekere minachting: 'Je lijkt wel een negerin.'

Ik keek in de spiegel en was ook zelf verbaasd: de zon had me prachtig blond gemaakt, maar mijn gezicht, armen en benen zagen eruit alsof ze met donker goud waren beschilderd. Zolang ik in de kleuren van Ischia ondergedompeld was geweest, steeds te midden van bruinverbrande gezichten, had mijn transformatie me in overeenstemming met de omgeving geleken; nu, eenmaal terug in de context van de wijk, waar elk gezicht en elke straat ziekelijk bleek was gebleven, leek ze me overdreven, bijna abnormaal. De mensen, de flats, de stoffige grote weg vol verkeer, leken een slecht afgedrukte foto, zo een uit een krant.

Zodra ik kon, haastte ik me naar Lila. Ik riep haar vanaf de binnenplaats, ze kwam aan het raam, schoot met een vaartje de voordeur uit. Ze omhelsde me, kuste me, maakte me meer complimenten dan ze ooit had gedaan, zodat ik gewoon ondersteboven raakte van al die expliciete genegenheid. Ze was hetzelfde en toch was ze in iets meer dan een maand weer veranderd. Ze leek geen meisje meer maar een vrouw, een vrouw van minstens achttien jaar, een leeftijd die me toen heel wat leek. Haar oude kleren waren te kort en te krap geworden, alsof ze met die kleren aan in enkele minuten gegroeid was, en ze omsloten haar lichaam strakker dan netjes was. Ze was nog langer geworden, had een rechte rug, en welvingen. En haar uiterst bleke gezicht op haar ranke hals leek me van een delicate, niet-normale schoonheid.

Ik voelde dat ze zenuwachtig was, op straat keek ze meerdere malen om zich heen en achter zich, maar ze gaf er geen verklaring voor. Ze zei alleen: 'Kom mee' en wilde dat ik met haar meeliep naar de winkel van Stefano. Terwijl ze me bij de arm nam, voegde ze eraan toe: 'Het is iets wat ik alleen maar met jou kan doen, gelukkig maar dat je terug bent: ik dacht dat ik tot september moest wachten.'

We hadden nog nooit zo dicht tegen elkaar aan gelopen, waren elkaar nog nooit zo na geweest, zo gelukkig elkaar teruggevonden te hebben. Ze vertelde me dat de dingen met de dag erger werden. Uitgerekend de avond tevoren was Marcello met taartjes en mousserende wijn komen aanzetten en had hij haar een ring vol briljanten gegeven. Ze had hem geaccepteerd, had hem aan haar vinger gedaan om in aanwezigheid van haar ouders geen problemen te scheppen, maar net voor hij wegging, bij de voordeur, had ze hem op een onheuse manier teruggegeven. Marcello had geprotesteerd, had haar bedreigd, iets wat hij intussen steeds vaker deed, en was daarna in tranen uitgebarsten. Fernando en Nunzia hadden meteen gemerkt dat er iets mis was. Haar moeder was op Marcello gesteld geraakt, ze hield van de lekkere dingen die hij elke avond meebracht, was er trots op dat ze nu een televisie had en Fernando voelde zich alsof hij uit zijn lijden verlost was, omdat hij, dankzij de aanstaande familieband met de Solara's, de toekomst zonder angst tegemoet kon zien. En dus hadden ze, zodra Marcello was vertrokken, haar allebei nog meer dan gewoonlijk aan haar hoofd gezeurd om erachter te komen wat er aan de hand was. Gevolg: voor het eerst na lange tijd had Rino haar verdedigd; hij had geschreeuwd dat als zijn zusje niet zo'n stomme hond als Marcello wilde, het haar onaantastbare recht was om hem te weigeren, en dat, als zij hem uit alle macht aan haar wilden koppelen, hij persoonlijk alles zou verbranden, het huis, de schoenmakerij, zichzelf en de hele familie. Vader en zoon waren slaags geraakt, Nunzia had zich ermee bemoeid, de hele buurt was wakker geworden. En dat niet alleen: Rino had zich over zijn toeren op zijn bed gegooid en was als een blok in slaap gevallen. Een uur later had hij weer zo'n slaapwandelaarsmoment gehad. Ze hadden hem in de keuken aangetroffen terwijl hij de ene lucifer na de andere aanstak en die langs het gaskraantje bewoog alsof hij wilde zien of het lekte. Nunzia, doodsbang, had Lila wakker gemaakt en tegen haar gezegd: 'Rino wil ons echt allemaal levend verbranden', en zij was vlug gaan kijken en had haar moeder gerustgesteld: Rino slaapwandelde en was in tegenstelling tot wanneer hij wakker was, echt bang voor een gaslek. Ze had hem meegenomen, terug naar zijn bed, en hem daar verder laten slapen.

'Ik kan niet meer,' besloot ze, 'je weet niet wat ik doormaak, ik moet hieruit zien te komen.'

Ze drukte zich tegen me aan alsof ik haar energie kon geven.

'Met jou gaat het goed,' zei ze, 'jou lukt alles: je moet me helpen.'

Ik antwoordde haar dat ze op me kon rekenen, voor wat dan ook, en ze leek opgelucht, drukte mijn arm en fluisterde: 'Kijk.'

In de verte zag ik iets als een lichtende, rode vlek.

'Wat is dat?'

'Zie je dat niet?'
Ik zag het niet goed.
'Dat is de nieuwe auto van Stefano.'

De wagen stond voor de winkel, die was uitgebreid en nu twee ingangen had. Het was er erg druk. Terwijl de klanten stonden te wachten tot ze bediend werden, wierpen ze bewonderende blikken op dat symbool van welvaart en aanzien: nog nooit hadden ze in de wijk een dergelijke auto gezien, een en al glas en metaal en met een dak dat naar beneden kon. Een rijkeluisauto, heel wat anders dan de Fiat 1100 van de Solara's.

Ik liep eromheen terwijl Lila in de schaduw bleef staan en de straat in de gaten hield alsof ze verwachtte dat er elk ogenblik iets gewelddadigs kon gebeuren. Stefano verscheen op de drempel van de winkel in zijn jasschort vol vetvlekken, met zijn grote hoofd en hoge voorhoofd die hem iets onharmonisch gaven, maar daarom nog niet lelijk maakten. Hij stak de straat over, groette me hartelijk en zei: 'Wat zie je er goed uit, je lijkt wel een filmster.'

Ook hij zag er goed uit: hij had in de zon gelegen, net als ik, misschien waren we de enigen in de hele wijk die er zo gezond uitzagen. Ik zei: 'Wat ben je bruin.'

'Ik heb een week vakantie genomen.'

'Waar?'

'Op Ischia.'

'Daar was ik ook.'

'Dat weet ik, Lina vertelde het me: ik heb gekeken of ik je zag, maar ik zag je nooit.'

Ik wees op de auto.

'Mooi.'

Stefano knikte instemmend en zei, terwijl hij met pretoogjes naar Lila wees: 'Die heb ik voor je vriendin gekocht, maar dat wil ze niet geloven.' Ik keek naar Lila, die met een ernstig, gespannen gezicht in de schaduw stond. Stefano wendde zich vaag ironisch tot haar: 'Nu is Lenuccia terug, wat doe je?'

Lila zei, alsof ze het vervelend vond: 'Laten we maar gaan.

Maar denk erom, je hebt haar uitgenodigd, niet mij: ik ben alleen maar met jullie meegegaan.'

Hij glimlachte en ging terug naar de winkel.

'Wat gebeurt er?' vroeg ik perplex.

'Dat weet ik niet,' antwoordde ze, en ze bedoelde dat ze niet precies wist waar ze in verzeild was geraakt. Ze zag eruit als toen ze erg moeilijke hoofdrekensommen moest maken, maar zonder haar gebruikelijke brutale gezicht, ze was zichtbaar bezorgd, alsof ze bezig was met een experiment waarvan de afloop onzeker was. 'Het is allemaal met de komst van deze auto begonnen,' zei ze. Stefano had haar – eerst alsof het een grapje was, maar later steeds serieuzer – gezworen dat hij die auto voor haar had gekocht, voor het genoegen om ten minste één keer het portier voor haar te openen en haar in te laten stappen. 'Alleen jij past hierbij,' had hij haar gezegd. En sinds die auto eind juli geleverd was, had hij haar voortdurend, maar vriendelijk, niet vervelend, eerst gevraagd om een ritje met hem en Alfonso te maken, daarna met hem en Pinuccia en vervolgens zelfs met hem en zijn moeder. Maar zij had altijd nee gezegd. Ten slotte had ze hem beloofd: 'Ik ga mee als Lenuccia terug is van Ischia.' En nu stonden we daar en zou gebeuren wat er gebeuren moest.

'Maar weet hij van Marcello?'

'Natuurlijk wel.'

'En dus?'

'Dus houdt hij voet bij stuk.'

'Ik ben bang, Lila.'

'Herinner je je wat voor dingen we allemaal hebben gedaan waar we bang voor waren? Ik heb niet voor niets op jou gewacht.'

Stefano kwam terug zonder jasschort; donkere haren, donker gezicht, donkere, stralende ogen, wit overhemd en donkere lange broek. Hij maakte de auto open, ging aan het stuur zitten, deed de kap naar beneden. Ik wilde in de piepkleine ruimte achterin gaan zitten maar Lila hield me tegen en nam er zelf plaats. Met een ongemakkelijk gevoel installeerde ik me naast Stefano. Hij vertrok meteen en reed in de richting van de nieuwe flats.

De wind verdreef de warmte. Ik voelde me prettig, als in een roes. Door de snelheid en door de rustige zekerheid die Caracci's lichaam uitstraalde. Ik had het idee dat Lila me zonder iets uit te leggen alles had uitgelegd. Ja, er was die fonkelnieuwe sportauto die alleen maar was gekocht om haar het ritje te laten maken dat zojuist was begonnen. Ja, er was die jongeman die hoewel hij van Marcello Solara wist, zonder enige zichtbare spanning mannenregels schond. Ja, en ik was er, halsoverkop bij dat avontuur betrokken om met mijn aanwezigheid geheime woorden tussen hen te verdoezelen, misschien zelfs wel een vriendschap. Maar wat voor soort vriendschap? Er was met dat autoritje zeker iets belangrijks aan de hand, en toch had Lila mij niet genoeg informatie kunnen of willen geven om het te snappen. Wat was ze van plan? Het kon niet anders of ze wist dat ze bezig was een aardbeving te veroorzaken die erger was dan toen ze met van inkt doordrenkte papiertjes gooide. En toch was ze waarschijnlijk niet op iets bepaalds uit. Zo was ze, ze verbrak evenwichten alleen maar om te zien hoe ze een nieuw, een ander evenwicht tot stand kon brengen. En daar reden we dus, haren in de wind, Stefano voldaan en deskundig aan het stuur, ik naast hem alsof ik zijn verloofde was. Ik dacht aan hoe hij naar me had gekeken toen hij zei dat ik wel een filmster leek. Ik bedacht dat hij mij op dat moment misschien wel aantrekkelijker vond dan mijn vriendin. Ik dacht met afschuw aan de mogelijkheid dat Marcello Solara op hem zou schieten. De mooie persoon die hij was, met zijn zekere gebaren, zou consistentie verliezen, net zoals het koper van de pan waarover Lila me had geschreven.

Dat we in de richting van de nieuwe flats reden was om café Solara te vermijden.

'Het kan mij niet schelen of Marcello ons ziet,' zei Stefano luchtig, 'maar als het jou wel iets uitmaakt, is het mij best.'

We reden de tunnel in, raceten naar de kust. Het was de weg die Lila en ik vele jaren tevoren hadden gelopen, toen we door de regen waren overvallen. Ik zei er iets over, ze glimlachte, Stefano wilde dat we erover vertelden. We vertelden alles, hadden plezier en bereikten intussen de Granili.

'Wat vinden jullie ervan, hij rijdt hard, hè?'

'Keihard,' zei ik enthousiast.

Lila zei niets. Ze keek om zich heen, tikte me soms op de schouder om me te wijzen op de huizen, de onmiskenbare armoede op straat, alsof ze er iets in bevestigd zag en ik dat zo maar een-twee-drie moest begrijpen. Toen vroeg ze ernstig en onomwonden aan Stefano: 'Ben jij echt anders?'

Hij zocht haar ogen in het spiegeltje.

'Dan wie?'

'Dat weet je wel.'

Hij antwoordde niet meteen en zei toen in het Napolitaans: 'Wil je het eerlijk weten?'

'Ja.'

'Het is wel mijn bedoeling, maar ik weet niet hoe het zal gaan.'

Dat was voor mij de bevestiging dat Lila heel wat stappen voor me verzwegen moest hebben. Die allusieve toon bewees dat ze vertrouwelijk met elkaar omgingen, dat ze vaker met elkaar hadden gepraat en niet gewoon voor de lol, maar serieus. Wat had ik tijdens de periode op Ischia gemist? Ik keerde me om en keek naar haar, ze wachtte even met haar reactie, ik vermoedde dat Stefano's antwoord haar door zijn vaagheid geërgerd had. Daar zat ze, door het zonlicht overspoeld, haar ogen half dicht, haar bloesje bollend van haar boezem en de wind.

'Hier is de armoede groter dan bij ons,' zei ze. En daarna lachend, zonder enig verband: 'Denk niet dat ik ben vergeten dat je me toen in mijn tong wilde prikken.'

Stefano knikte.

'Dat was een andere tijd,' zei hij.

'Eens een lafaard, altijd een lafaard, je was twee keer zo groot als ik.'

Hij glimlachte verlegen en ging zonder antwoord te geven harder rijden, richting haven. Het ritje duurde iets minder dan een halfuur, we reden terug via de Rettifilo, via het piazza Garibaldi.

'Het gaat niet goed met je broer,' zei Stefano toen we weer aan de rand van de wijk waren. Hij zocht opnieuw haar ogen in het spiegeltje en vroeg: 'Die schoenen in de etalage, zijn dat de schoenen die jullie hebben gemaakt?'

'Wat weet jij van die schoenen?'

'Rino praat over niets anders.'

'Nou en?'

'Ze zijn heel mooi.'

Zij kneep haar ogen samen, bijna dicht.

'Koop ze maar,' zei ze op haar uitdagende toontje.

'Hoeveel vragen jullie ervoor?'

'Praat maar met mijn vader.'

Stefano gooide resoluut het stuur om, maakte een U-bocht, waardoor ik tegen het portier tuimelde, en sloeg de straat van de schoenmakerij in.

'Wat doe je?' vroeg Lila, nu gealarmeerd.

'Je zei koop ze maar en dat ga ik doen.'

37

Hij stopte voor de schoenmakerij, opende het portier voor me en stak me een hand toe om mij te helpen uitstappen. Hij zorgde niet voor Lila, die zich in haar eentje bevrijdde en langzaam achter ons aan kwam. Hij en ik bleven voor de etalage staan, in het zicht van Rino en Fernando die vanuit de winkel ontstemd en nieuwsgierig naar ons keken.

Toen Lila bij ons was deed Stefano de deur van de winkel open, liet mij voorgaan en liep naar binnen zonder ook haar voor te laten gaan. Hij was allerhartelijkst tegen vader en zoon en vroeg of hij de schoenen mocht zien. Rino haastte zich om ze te pakken en Stefano bekeek ze, prees ze: 'Ze zijn licht en toch sterk, ze hebben echt een mooie lijn.' Hij vroeg mij: 'Wat vind je ervan, Lenù?'

Ik zei, verre van op mijn gemak: 'Erg mooi.'

Hij wendde zich tot Fernando: 'Uw dochter zei dat u er alle drie hard aan hebt gewerkt en dat u van plan bent er nog meer te maken, ook damesschoenen.'

'Ja,' zei Rino terwijl hij verbaasd naar zijn zusje keek.

'Ja,' zei Fernando perplex, 'maar niet meteen.'

'Hebt u geen tekeningetje of zoiets om een beter idee te krijgen?'

Lichtelijk geïrriteerd omdat hij bang was dat zijn zusje zou weigeren, zei Rino tegen haar: 'Haal die tekeningen eens.'

Lila bleef hem verrassen, want ze verzette zich niet. Ze ging naar de ruimte achter de winkel, kwam terug en gaf de blaadjes aan Rino, die ze op zijn beurt aan Stefano doorgaf. Het waren alle modellen die ze twee jaar eerder had bedacht.

Stefano liet me de tekening van een paar damesschoenen met heel hoge hak zien.

'Zou jij die kopen?'

'Ja.'

Hij ging verder met het bestuderen van de tekeningen. Daarna ging hij op een krukje zitten en deed hij zijn rechterschoen uit.

'Welke maat is het?'

'Drieënveertig, maar het zou een vierenveertig kunnen zijn,' loog Rino.

Lila, die ons bleef verbazen, knielde voor Stefano neer en liet zijn voet met behulp van een schoenlepel in de nieuwe schoen glijden. Daarna deed ze zijn andere schoen uit en herhaalde ze de operatie.

Stefano, die tot op dat moment de rol van de praktische, voortvarende man had gespeeld, was zichtbaar verward. Hij wachtte tot Lila opstond en bleef toen nog een paar seconden zitten, alsof hij weer op adem moest komen. Daarna ging hij staan en zette hij een paar stappen.

'Ze zitten strak,' zei hij.

Rino trok grauw weg, was teleurgesteld.

'We kunnen ze op de machine zetten en ze voor je oprekken,' mengde Fernando zich erin, maar met onzekere stem.

Stefano keek me aan, vroeg: 'Hoe staan ze?'

'Goed,' zei ik.
'Dan neem ik ze.'
Fernando vertrok geen spier, Rino's gezicht klaarde op.
'Kijk uit, Stè, dit is een exclusief Cerullo-model, dat is duur.'
'Wat dacht je, dat ik het zou kopen als het geen exclusief Cerullo-model was? Wanneer zijn ze klaar?'
Rino keek stralend naar zijn vader.
'Laten we ze minstens drie dagen op de machine houden,' zei Fernando, maar het was duidelijk dat hij ook tien, twintig dagen, een maand had kunnen zeggen, zo graag wilde hij de tijd nemen om die onverwachte nieuwigheid te verwerken.
'Prima: jullie bedenken een vriendenprijs en ik kom ze over drie dagen halen.'
Hij vouwde de blaadjes met de tekeningen dubbel en stak ze onder onze stomverbaasde ogen in zijn zak. Daarna gaf hij Fernando en Rino een hand en liep hij naar de deur.
'De tekeningen,' zei Lila koel.
'Mag ik je die over drie dagen teruggeven?' vroeg Stefano op hartelijke toon, en zonder een antwoord af te wachten opende hij de deur. Hij liet me passeren en liep toen zelf ook naar buiten.
Ik zat al naast hem in de auto toen Lila naar ons toe kwam. Ze was boos.
'Denk je dat mijn vader gek is, dat mijn broer gek is?'
'Wat bedoel je?'
'Als je denkt dat je grappen met mij en mijn familie kunt uithalen, vergis je je.'
'Je beledigt me, ik ben Marcello Solara niet.'
'En wie dan wel?'
'Een zakenman: de schoenen die jij hebt ontworpen zijn absoluut origineel. En niet alleen de schoenen die ik heb gekocht, maar allemaal.'
'En dus?'
'Dus moet je me even laten nadenken. We zien elkaar over drie dagen.'
Lila staarde hem aan alsof ze in zijn hoofd wilde kijken, ze

bleef bij de auto staan. Ten slotte zei ze een zin die ik nooit zou hebben durven uitspreken.

'Luister eens, Marcello heeft al op alle manieren geprobeerd me te kopen, maar ik ben voor niemand te koop.'

Stefano keek haar een lange seconde recht in de ogen.

'Ik geef geen lire uit als ik niet denk dat ik er honderd voor terugkrijg.'

Hij startte en we vertrokken. Nu wist ik het zeker: het ritje met de auto was een soort toestemming geweest die na heel wat ontmoetingen, na veel praten was verkregen. Zwakjes zei ik in het Italiaans: 'Alsjeblieft, Stefano, laat je me op de hoek uitstappen? Als mijn moeder me met jou in de auto ziet, slaat ze me lens.'

38

In die septembermaand veranderde Lila's leven definitief. Het ging niet gemakkelijk, maar het veranderde. Wat mij betreft, ik was verliefd op Nino en getekend door de lippen en handen van zijn vader van Ischia teruggekomen, ervan overtuigd dat ik dag en nacht zou huilen om die mengeling van geluk en afschuw die ik in mezelf voelde. Maar ik kwam niet eens tot een poging om een vorm voor mijn emoties te vinden, binnen enkele uren was alles weer tot normale proporties teruggekeerd. Ik liet Nino's stem en de hinderlijke snor van zijn vader voor wat ze waren. Het eiland vervaagde, verdween diep in een verborgen hoekje van mijn hoofd. Ik maakte ruimte voor wat Lila aan het overkomen was.

In de drie dagen na het verbazende ritje in de auto met het open dak ging ze vaak naar Stefano's winkel, zogenaamd voor boodschappen, maar ze vroeg me wel altijd met haar mee te gaan. Dat deed ik met kloppend hart, bang dat Marcello onverwachts zou binnenvallen, maar ook blij met mijn rol als vertrouwelinge, kwistig met goede raad, als medeplichtige bij het bedenken van listen, als schijnbaar doel van Stefano's attenties. We waren jonge meisjes, ook al vonden we onszelf doortrapt en cynisch. Op onze bekende, hartstochtelijke manier borduurden we voort op de feiten – Marcello, Stefano, de schoenen – en we hadden het idee dat we alles altijd tot een sluitend geheel wisten te maken. 'Ik zeg het zo tegen hem,' opperde ze, en dan stelde ik een kleine variatie voor: 'Nee, zeg het zo.' En vervolgens praatten zij en Stefano in een hoekje achter de toonbank heel druk met elkaar, terwijl Alfonso een paar woorden met mij wisselde, Pinuccia geergerd de klanten hielp en Maria, aan de kassa, bezorgd haar oudste zoon bespiedde, die de laatste tijd weinig aandacht voor het werk had en het buurvrouwengeklets voedde.

Natuurlijk was het een en al improvisatie. Tijdens dat heen en weer geloop probeerde ik te ontdekken wat er werkelijk in Lila's hoofd omging, om op dezelfde golflengte te komen met wat zij voor ogen had. In het begin had ik de indruk dat ze er domweg op uit was haar vader en haar broer wat geld te laten verdienen door het enige door de Cerullo's gefabriceerde paar schoenen duur aan Stefano te verkopen, maar al gauw leek ze me er vooral naar te streven om met gebruikmaking van de jonge winkelier van Marcello af te komen. In die zin was mijn volgende vraag beslissend: 'Wie van de twee mag je het meest?'

Ze haalde haar schouders op.

'Marcello heb ik nooit gemogen, ik kots van hem.'

'Zou je je alleen maar om Marcello uit huis te krijgen met Stefano verloven?'

Ze dacht er even over na en antwoordde toen van ja.

Vanaf dat moment leek dit het ultieme doel van ons gekonkel: met alle middelen vechten tegen Marcello's binnendringen in haar leven. De rest voegde zich daar bijna toevallig omheen en wij deden niets anders dan er sturing aan geven, wat soms zelfs tot een ware orkestratie leidde. Dat dachten we tenminste. In feite was het altijd en alleen Stefano maar die handelde.

Precies drie dagen later ging hij naar de winkel en kocht hij de schoenen, ook al zaten ze hem te strak. De twee Cerullo's vroegen hem na veel geaarzel vijfentwintigduizend lire, maar waren bereid tot tienduizend te zakken. Hij vertrok geen spier en deed er nog eens twintigduizend bij in ruil voor de tekeningen van Lila die hem – zei hij – erg aanstonden, hij wilde ze laten inlijsten.

'Inlijsten?' vroeg Rino.

'Ja.'

'Als het schilderij van een schilder?'

'Ja.'

'Heb je mijn zusje verteld dat je ook haar tekeningen koopt?'

'Ja.'

En daar liet Stefano het niet bij. Op een van de volgende dagen kwam hij opnieuw bij de schoenmakerij langs en kondigde hij vader en zoon aan dat hij de ruimte naast hun winkel had gehuurd. 'Vooralsnog ligt hij daar,' zei hij, 'maar als jullie op een dag besluiten uit te breiden, vergeet dan niet dat ik jullie ter beschikking sta.'

In huize Cerullo werd lang en fluisterend gepraat over wat die zin betekende. 'Uitbreiden?' Aangezien ze er op eigen kracht niet achter kwamen zei Lila ten slotte: 'Hij stelt jullie voor om van de schoenmakerij een fabriekje voor de Cerulloschoenen te maken.'

'En het geld?' vroeg Rino voorzichtig.

'Dat steekt hij erin.'

'Heeft hij dat tegen je gezegd?' vroeg een verontruste Fernando ongelovig, en Nunzia meteen na hem.

'Hij heeft het tegen jullie twee gezegd,' zei Lila, op haar vader en haar broer wijzend.

'Weet hij wel dat handgemaakte schoenen duur zijn?'

'Dat hebben jullie hem laten zien.'

'En als ze niet verkopen?'

'Dan schieten jullie het werk en hij het geld erbij in.'

'Dat is alles?'

'Dat is alles.'

Het gezin beleefde dagen van opwinding. Marcello verdween naar het tweede plan. Als hij 's avonds om halfnegen arriveerde, was het avondeten nog niet klaar. Vaak zat hij met enkel Melina en Ada voor de televisie, terwijl de Cerullo's in een andere kamer zaten te smoezen.

Het meest enthousiast was natuurlijk Rino. Zijn energie kwam terug, hij kreeg weer een blozend gezicht, werd weer vrolijk en zoals hij dik bevriend was geweest met de Solara's, zo begon hij nu dik bevriend te raken met Stefano, Alfonso, Pinuccia en zelfs met signora Maria. Toen Fernando ten slotte geen enkele bedenking meer had, ging Stefano naar de winkel en kwamen ze na een korte onderhandeling tot een mondeling akkoord, op grond waarvan Stefano alle onkosten op zich zou nemen en de twee Cerullo's zouden beginnen aan de productie van zowel het model dat Lila en Rino al hadden gerealiseerd, als van alle andere modellen, met dien verstande dat ze van de eventuele winst ieder de helft zouden krijgen. Hij haalde de blaadjes uit zijn zak en liet ze hen één voor één zien.

'Deze schoenen gaan jullie maken, en deze, en deze,' zei hij, 'maar hopelijk doen jullie er niet twee jaar over, zoals ik weet dat met dat andere paar het geval is geweest.'

'Mijn dochter is een meisje,' rechtvaardigde Fernando zich, niet op zijn gemak, 'en Rino heeft het vak nog niet helemaal onder de knie.'

Stefano schudde vriendelijk zijn hoofd.

'Laat Lina maar met rust. Jullie moeten werklui in dienst nemen.'

'En wie betaalt dat?' vroeg Fernando.

'Ik nog steeds. Kies er twee of drie, in alle vrijheid, kijk zelf maar.'

Het idee zelfs personeel te krijgen, wekte Fernando's geestdrift en zijn tong kwam los, zichtbaar tot ergernis van zijn zoon. Hij begon over toen hij het vak van zijn vader zaliger leerde. Hij vertelde hoe vreselijk het werk aan de machines was geweest, in Casoria. Hij vertelde dat hij er verkeerd aan had gedaan met Nunzia te trouwen, die zwakke handen had en helemaal geen zin had om te werken, en dat hij, als hij met Ines was getrouwd, een jeugdliefde die heel hard kon werken, al een hele tijd een eigen fabriekje zou hebben gehad, beter dan dat van

Campanile, met een eventueel op de Mostra d'Oltremare te exposeren collectie. Hij vertelde ten slotte dat hij prachtige schoenen in zijn hoofd had, volmaakt spul, schoenen die ze, als Stefano niet zo op die prullen van Lila gefixeerd was, meteen konden gaan maken en god weet hoeveel ze er dan van zouden verkopen. Stefano luisterde geduldig, maar zei daarna nog eens nadrukkelijk dat het er hem nu alleen maar om ging Lila's tekeningen volmaakt uitgevoerd te zien. Toen pakte Rino de blaadjes van zijn zusje, bekeek ze goed en vroeg daarna op licht spottende toon: 'En als je ze hebt laten inlijsten, waar hang je ze dan op?'

'Hier.'

Rino keek zijn vader aan, maar die was weer in somberheid vervallen en zei niets.

'Is mijn zusje het met alles eens?' vroeg hij.

Stefano glimlachte: 'Wie waagt het om iets te ondernemen als je zusje het er niet mee eens is?'

Hij stond op, drukte Fernando stevig de hand en liep naar de deur. Rino bracht hem erheen maar riep, terwijl de kruidenier naar zijn rode auto met het open dak liep, plotseling bezorgd, vanaf de drempel: 'Het merk van de schoenen blijft Cerullo.'

Stefano wuifde met zijn hand en zei zonder zich om te draaien: 'Een Cerullo heeft ze bedacht, Cerullo zullen ze heten.'

39

Diezelfde avond zei Rino, voor hij met Pasquale en Antonio op stap ging: 'Marcè, heb je gezien wat voor auto Stefano heeft gekocht?'

Marcello, verdiept in de televisie en verdoofd door zijn verdriet, antwoordde niet eens.

Toen trok Rino zijn kammetje uit zijn zak, kamde zijn haar en liet zich vrolijk ontvallen: 'Weet je dat hij onze schoenen voor vijfenveertigduizend lire heeft gekocht?'

'Het geld groeit hem kennelijk op de rug,' antwoordde Marcello en Melina barstte in lachen uit, het was niet duidelijk of dat om die opmerking was of om wat de televisie uitzond.

Vanaf dat moment zag Rino avond aan avond kans Marcello te irriteren en de sfeer werd steeds gespannener. Daar kwam nog bij dat Lila verdween zodra Solara – die door Nunzia altijd hartelijk werd ontvangen – opdaagde. Ze zei dat ze moe was en naar bed ging. Marcello, erg down, zei op een avond tegen Nunzia: 'Als uw dochter naar bed gaat zodra ik arriveer, wat kom ik hier dan doen?'

Hij hoopte kennelijk dat ze hem zou troosten door iets tegen hem te zeggen wat hem aanmoedigde om te volharden in zijn poging de liefde van het meisje te winnen. Maar Nunzia wist niet wat ze moest antwoorden en toen mompelde hij: 'Valt ze voor een ander?'

'Welnee!'

'Ik weet dat ze boodschappen doet bij Stefano.'

'Waar moet ze anders boodschappen doen, beste jongen?'

Marcello bleef zwijgend zitten, met neergeslagen ogen.

'Ze is met de kruidenier in zijn auto gezien.'

'Daar was Lenuccia ook bij: Stefano zit achter de dochter van de conciërge aan.'

'Lenuccia lijkt me geen goed gezelschap voor uw dochter. Zegt u tegen haar dat ze niet meer met haar omgaat.'

Was ik geen goed gezelschap? Mocht Lila niet meer met me omgaan? Toen mijn vriendin me over dat verzoek van Marcello vertelde, koos ik definitief de kant van Stefano en begon ik zijn discrete manieren en zijn rustige vastberadenheid te prijzen. 'Hij is rijk,' zei ik ten slotte tegen haar. Maar al terwijl ik dat zinnetje zei, realiseerde ik me dat de rijkdom waar we als kinderen over droomden, opnieuw bezig was van gedaante te veranderen. Het idee van de schatkisten vol gouden munten die door een processie van knechts in livrei in ons kasteel zouden worden gebracht als we een boek als *Onder moeders vleugels* hadden gepubliceerd – en rijk en beroemd waren geworden – was definitief vervaagd. Wat overbleef was het idee van geld als cement om ons bestaan te verstevigen, en te voorkomen dat dat tegelijk met de personen die ons dierbaar waren 'ontmarginaliseerde'. Maar het essentiële, inmiddels dominerende kenmerk was concreetheid, het dagelijkse gebaar, de onderhandeling. De rijkdom zoals we die in onze jeugd voor ons zagen, kwam weliswaar voort uit een ingeving van nog kinderlijke fantasie – de tekeningen van nooit eerder geziene schoenen – maar had vorm gekregen in de twistzieke onvoldaanheid van Rino die geld wilde uitgeven als een rijkaard, in de televisie, in de taartjes en in de ring van Marcello die een gevoel wilde kopen, en ten slotte, stap voor stap, in die jonge, vriendelijke Stefano, die vleeswaren verkocht, een rode auto had waarvan het dak open kon, vijfenveertigduizend lire uitgaf of het niets was, tekeningetjes inlijstte, behalve in kazen ook in schoenen wilde handelen, in leer en personeel investeerde en ervan overtuigd leek een nieuw tijdperk van vrede en welzijn voor de wijk te kunnen inluiden: het was, kortom, een rijkdom die in dagelijkse feiten lag en daarom zonder glans en glorie was.

'Hij is rijk,' hoorde ik Lila herhalen en we begonnen te lachen. Maar daarna voegde ze eraan toe: 'Ook sympathiek, ook goed,' en ik was het daar onmiddellijk mee eens, het waren kwaliteiten die Marcello niet had, nóg een reden om Stefano's kant te kiezen. Toch brachten die twee bijvoeglijke naamwoorden me in verwarring, ik voelde dat ze de genadeslag betekenden voor de glans van onze kinderfantasieën. Geen enkel kasteel of schatkist – meende ik te begrijpen – zou Lila en mij, met zijn tweetjes gebogen over het schrijven van een verhaal als *Onder moeders vleugels*, nog ten deel vallen. Omdat de rijkdom door Stefano belichaamd werd, begon die rijkdom het uiterlijk van een jonge man met een vettige jasschort aan te nemen, was hij een gezicht, een geur en een stem aan het krijgen, drukte hij sympathie en goedheid uit, was die rijkdom een jongen die we altijd gekend hadden, de oudste zoon van don Achille.

Ik werd er onrustig van.

'Maar hij wilde je toch maar in je tong prikken,' zei ik.

'Hij was nog klein,' reageerde ze ontroerd, sentimenteel zoals ik haar nog nooit had gehoord. Waardoor ik toen pas merkte dat ze zich in feite heel wat verder had gewaagd dan uit haar woorden was gebleken.

In de daaropvolgende dagen werd alles steeds duidelijker. Ik zag hoe ze tegen Stefano praatte en hoe hij bij het horen van haar stem als was leek te worden. Ik legde me neer bij het feit dat ze een pact aan het sluiten waren, ik wilde erbij horen. En urenlang smeedden we plannen – met zijn tweeën, met zijn drieën – om voor elkaar te krijgen dat de mensen, de gevoelens, de ordening van de dingen snel veranderden. Er kwam een werkman in de ruimte naast de schoenmakerij die de tussenmuur neerhaalde. De schoenmakerij kreeg een nieuwe indeling. Er verschenen drie leerlingen, jongens uit de provincie, uit Melito, ze zeiden bijna geen woord. In een hoekje werd doorgegaan met het verzolen van schoenen, in de rest van de ruimte zette Fernando werkbankjes neer, hing hij planken op, bracht hij zijn gereedschap onder en zijn houten schoenvormen, keurig naar maat geordend, en begon hij met een plotselinge energie, die je bij zo'n magere en eeuwig door een wrokkige ontevredenheid verteerde man niet zou vermoeden, over de verdere aanpak na te denken.

Precies op de dag waarop ze met het nieuwe werk zouden beginnen, wipte Stefano binnen. Hij had een in papier verpakt pakket bij zich. Iedereen sprong op, ook Fernando, alsof Stefano op inspectie was gekomen. Hij maakte het pakket open. Er zat een flink aantal schilderijtjes in, allemaal van dezelfde maat en met een bruin lijstje eromheen. Het waren de schriftblaadjes van Lila, onder glas, alsof het kostbare relikwieën waren. Hij vroeg Fernando toestemming om ze op te hangen, Fernando mompelde wat en Stefano liet Rino en de leerlingen helpen spijkers in de muren te slaan. Pas toen de schilderijtjes hingen, vroeg Stefano de drie leerlingen om koffie te gaan drinken en gaf hun een paar lire. Zodra hij met de schoenmaker en zijn zoon alleen was, kondigde hij zonder ophef aan dat hij met Lila wilde trouwen.

Er viel een ondraaglijke stilte. Rino beperkte zich tot het glimlachje van iemand die het wel geweten had, Fernando zei ten slotte zwakjes: 'Stefano, Lila is met Marcello Solara verloofd.'

'Dat weet uw dochter niet.'

'Wat zeg je?'

Rino mengde zich erin, uiterst vrolijk: 'Dat is waar: jij en mama laten die zak bij ons thuis komen, maar Lina heeft hem nooit gewild en dat zal ze nooit doen ook.'

Fernando wierp zijn zoon een boze blik toe. De kruidenier zei vriendelijk, terwijl hij om zich heen keek: 'De onderneming loopt intussen, laten we ons het leven niet zuur maken. Ik vraag u maar één ding, don Fernà: laat uw dochter beslissen. Als ze Marcello Solara wil, dan leg ik me daarbij neer. Ik houd zo veel van haar dat ik me terugtrek als ze met een ander gelukkiger is, tussen u en mij verandert er dan niets. Maar als ze mij wil – áls ze me wil – dan kunt u hemel en aarde bewegen, maar dan moet u me haar geven.'

'Je zet me het mes op de keel,' zei Fernando, maar flauwtjes, op een gelaten, constaterende toon.

'Nee, ik vraag u alleen om te doen wat goed is voor uw dochter.'

'Dat weet ík wel, wat goed voor haar is.'

'Ja, maar zij weet het nog beter dan u.'

En op dat moment stond Stefano op, deed de deur open en riep mij; ik stond samen met Lila buiten te wachten.

'Lenù!'

We gingen naar binnen. Wat vonden we het fijn om ons het middelpunt van die gebeurtenissen te voelen, wij samen, met zijn tweeën, en ze naar een goede afloop te leiden. Ik herinner me de opgewonden spanning van dat moment. Stefano zei tegen Lila: 'Ik zeg het je ten overstaan van je vader: ik houd erg veel van je, meer dan van mijn eigen leven. Wil je met me trouwen?'

Lila antwoordde ernstig: 'Ja.'

Fernando sputterde een beetje tegen en mompelde toen met dezelfde onderdanigheid die hij in vroeger tijden ten opzichte van don Achille aan de dag had gelegd: 'Dit is niet alleen voor Marcello maar voor alle Solara's een grove belediging. Wie vertelt het die arme jongen nu?'

Lila zei: 'Ik.'

40

En inderdaad, twee avonden later vroeg Lila, ten overstaan van de hele familie, behalve van Rino die uit was, voor ze aan tafel gingen en voor de televisie aanging, aan Marcello: 'Neem je me mee voor een ijsje?'

Marcello kon zijn oren niet geloven.

'Een ijsje? Voor het eten? Jij en ik?' En hij vroeg meteen aan Nunzia: 'Hebt u zin om mee te gaan, mevrouw?'

Nunzia zette de televisie aan en zei: 'Nee, dank je, Marcè. Maar blijf niet te lang weg. Tien minuutjes maar, in en uit.'

'Ja,' beloofde hij gelukkig, 'dank u wel.'

Hij zei minstens vier keer 'Dank u wel'. Hij dacht dat het lang verwachte moment was aangebroken dat Lila ja ging zeggen.

Maar zodra ze buiten stonden stak Lila van wal en zei, ijzig gemeen zoals ze dat vanaf haar jongste jaren zo goed kon, scherp articulerend: 'Ik heb nooit gezegd dat ik je wilde.'

'Dat weet ik. Maar nu wel?'

'Nee.'

Marcello, groot en zwaar als hij was, een gezonde sanguinische kerel van drieëntwintig, zocht met gebroken hart steun bij een lantaarnpaal.

'Echt niet?'

'Nee. Ik hou van een ander.'

'Van wie?'

'Van Stefano.'

'Ik wist het, maar ik kon het niet geloven.'

'Dat zul je wel moeten, want het is echt zo.'

'Ik vermoord je, en hem ook.'

'Probeer het dan maar meteen met mij.'

Marcello maakte zich los van de lantaarnpaal en beet van woede, met een soort gerochel, tot bloedens toe in zijn tot vuist gebalde rechterhand.

'Ik hou te veel van je, dat kan ik niet.'

'Laat je broer het dan doen, je vader, een van jullie vrienden, misschien kunnen zij het wel. Maar maak iedereen duidelijk dat jullie mij eerst moeten vermoorden. Want als jullie iemand anders aanraken terwijl ik nog leef, dan vermoord ík jullie, met jou te beginnen, en je weet dat ik dat doe.'

Marcello bleef hardnekkig in zijn vingers bijten. Maar toen klonk er een soort onderdrukte snik die een schok in zijn borst teweegbracht; hij draaide zich om en liep weg.

Zij riep hem nog achterna: 'Laat iemand de televisie komen halen, die hoeven we niet.'

41

Dat alles gebeurde in iets meer dan een maand en ten slotte leek Lila me gelukkig. Ze had een opening gevonden voor het schoenenproject, ze had haar broer en de hele familie een kans gegeven, ze had zich van Marcello Solara ontdaan en was de verloofde geworden van de bemiddelde en meest achtenswaardige jongeman van de wijk. Wat kon ze nog meer willen? Niets. Ze had alles. Toen de school weer begon voelde ik meer dan gewoonlijk hoe grijs het schoolleven was. Ik werd weer volledig door de studie in beslag genomen en begon, om te voorkomen dat ik onvoorbereid een beurt zou krijgen, weer tot elf uur te ploeteren en de wekker op halfzes te zetten. Lila zag ik steeds minder.

De relatie met Stefano's broer Alfonso daarentegen werd sterker. Hoewel hij de hele zomer in de winkel had gewerkt, was hij toch heel goed overgegaan, met een zeven voor alle vakken waarvoor hij herexamens had gehad: Latijn, Grieks en Engels. Gino, die gehoopt had dat hij zou zakken zodat ze samen de tweede klas konden overdoen, keek flink op zijn neus. Toen hij merkte dat wij tweeën, die intussen in de derde zaten, iedere dag samen naar school en weer naar huis gingen, stemde hem dat nog bitterder en werd hij gemeen. Hij zei geen woord meer tegen mij, zijn ex-verloofde, en ook niet tegen Alfonso, zijn ex-bankgenoot, en dat terwijl hij toch in het lokaal naast dat van ons zat en we elkaar dus niet alleen in de straten van de wijk, maar ook in de gangen op school vaak tegenkwamen. En daar bleef het niet bij: al gauw kwam me ter ore dat hij lelijke dingen over ons vertelde. Hij zei dat ik verliefd was op Alfonso en tijdens de les aan hem zat, ook al beantwoordde Alfonso mijn liefde niet, omdat hij, en dat wist Gino – die een jaar naast hem had gezeten – heel goed, niet van meisjes hield, maar de voorkeur aan jongens gaf. Ik vertelde het aan de jonge Carracci in de verwachting dat hij Gino lens zou gaan slaan, zoals dat moest in dergelijke gevallen, maar hij zei alleen maar op minachtende toon, in het Napolitaans: 'Iedereen weet dat-ie een flikker is.'

Alfonso bleek een aangename, welkome ontdekking. Er ging iets eerlijks en beschaafds van hem uit. Hoewel hij uiterlijk erg op Stefano leek, zelfde ogen, zelfde neus, zelfde mond; hoewel zijn lijf naarmate hij ouder werd steeds meer dezelfde vorm kreeg, groot hoofd, een beetje korte benen in verhouding met zijn bovenlijf; en hoewel uit zijn blik en uit zijn gebaren dezelfde zachtaardigheid sprak, voelde ik bij hem een totaal ontbreken van de vastberadenheid die bij Stefano in elke cel verborgen zat en die volgens mij uiteindelijk zijn vriendelijkheid reduceerde tot een soort schuilplaats, waaruit hij plotseling tevoorschijn kon schieten. Alfonso was een jongen die je geruststelde, het soort mens, zeldzaam in de wijk, van wie je weet dat je er niets kwaads van hoeft te vrezen. We wisselden weinig woorden onderweg, maar daar voelden we ons niet ongemakkelijk bij. Hij had altijd wat ik nodig had en als hij het niet had, zorgde hij snel dat hij het kreeg. Hij hield van me zonder enige spanning en ikzelf raakte op een rustige manier aan hem verknocht. De eerste schooldag draaide het erop uit dat we in dezelfde bank gingen zitten, nogal gedurfd in die tijd, en hoewel de andere jongens hem in de maling namen omdat hij altijd bij mij in de buurt was en de meisjes mij voortdurend vroegen of we verloofd waren, besloten we er geen van beiden toe van plaats te veranderen. Hij was iemand op wie je je kon verlaten. Als hij zag dat ik tijd voor mezelf nodig had, wachtte hij ergens op me, of hij groette me en ging weg. Als hij merkte dat ik wilde dat hij bij me bleef, dan bleef hij, ook al had hij iets anders te doen.

Ik gebruikte hem om Nino Sarratore te ontvluchten. Toen we elkaar voor het eerst sinds Ischia van een afstand zagen, kwam Nino onmiddellijk heel vriendschappelijk naar me toe, maar ik scheepte hem met een paar kille opmerkingen af. En toch vond ik hem geweldig, alleen al bij het zien van zijn lange, magere lijf bloosde ik en ging mijn hart wild tekeer. Maar nu Lila echt verloofd was, officieel verloofd – en met wat voor verloofde, een man van tweeëntwintig, geen jochie: aardig, vastbesloten, moedig – was het dringender dan ooit dat ik ook een benijdenswaardige verloofde bemachtigde en zo onze relatie weer in evenwicht bracht. Het zou heerlijk zijn om met zijn vieren uit te gaan, Lila met haar verloofde, ik met de mijne. Natuurlijk, Nino had geen rode auto waar het dak vanaf kon. Natuurlijk, hij was een leerling van vijf gym en had geen cent. Maar hij was twintig centimeter langer dan ik, terwijl Stefano een paar centimeter kleiner was dan Lila. En hij sprak een boeken-Italiaans, als hij dat wilde. En hij las en dacht over alles na en was gevoelig voor de grote vragen van het mens-zijn, terwijl Stefano in zijn winkel gevangen zat, bijna uitsluitend dialect sprak, niet meer dan een vakopleiding had gevolgd, zijn moeder aan de winkelkassa liet zitten omdat ze beter kon rekenen en hij weliswaar een goed karakter had, maar toch vooral gevoelig was voor het winstgevende rollen van het geld. Maar hoe ik ook door hartstocht werd verteerd en hoe duidelijk ik ook zag wat een aanzien ik in Lila's ogen zou krijgen als ik me aan hem bond, toch voelde ik, voor de tweede keer sinds ik hem had ontmoet en verliefd op hem was geworden, er toch niet voor een relatie met hem te beginnen. De reden daarvoor leek me heel wat gedegener dan die uit onze kindertijd. Als ik hem zag, moest ik meteen aan

Donato Sarratore denken, ook al leken ze helemaal niet op elkaar. En de afkeer en woede die de herinnering aan wat zijn vader met me had gedaan zonder dat ik in staat was geweest hem af te weren, breidden zich naar hem uit. Zeker, ik hield van hem. Ik verlangde ernaar met hem te praten, met hem te wandelen, en soms vroeg ik me geërgerd af: waarom gedraag je je zo, de vader is de zoon niet en de zoon is de vader niet. Doe zoals Stefano met de Peluso's heeft gedaan. Maar het lukte me niet. Zodra ik me voorstelde dat ik hem kuste, voelde ik Donato's mond, en in een golf van genot en afkeer versmolten vader en zoon dan tot één enkele persoon.

Een voorval dat me verontrustte maakte de situatie nog gecompliceerder. Inmiddels hadden Alfonso en ik de gewoonte lopend naar huis te gaan. We liepen naar het piazza Nazionale en vandaar naar de corso Meridionale. Het was een lange wandeling, maar we praatten over het huiswerk, de leraren, onze klasgenoten, en dat was plezierig. Maar op een keer draaide ik me kort na de meertjes, bij het begin van de grote weg, om en toen meende ik op de spoordijk Donato Sarratore te zien, in controleursuniform. Er ging een schok van woede en afschuw door me heen en ik wendde mijn blik meteen af. Toen ik weer keek, was hij weg.

Of die verschijning nu echt was geweest of verbeelding, het lawaai dat mijn hart in mijn borst had gemaakt bleef me bij, het was als een schot geweest, en waarom weet ik niet, maar ik moest weer denken aan het fragment in Lila's brief over het lawaai dat de koperen pan had gemaakt toen hij barstte. Meteen de volgende dag al hoorde ik precies hetzelfde geluid toen ik een glimp van Nino opving. Geschrokken verschool ik me toen in de genegenheid voor Alfonso en zowel bij het binnengaan van de school als bij het naar buiten gaan bleef ik steeds dicht bij hem in de buurt. Zodra het stakerige lijf van de door mij beminde jongen verscheen, wendde ik me tot de jongste zoon van don Achille alsof ik heel dringende dingen tegen hem te zeggen had en dan liepen we kletsend weg.

Het was, kortom, een periode van verwarring, ik had me tegen Nino aan willen drukken maar zorgde ervoor aan

Alfonso te blijven klitten. Sterker nog, uit angst dat hij zich met mij verveelde en me voor ander gezelschap in de steek liet, was ik steeds erg aardig tegen hem en praatte ik soms zelfs overdreven hartelijk met hem. Maar zodra ik me realiseerde dat ik het risico liep zijn genegenheid voor mij aan te moedigen, veranderde ik van toon. Als hij me eens verkeerd zou begrijpen en me zijn liefde verklaarde? zei ik bezorgd tegen mezelf. Het zou gênant zijn, ik zou hem moeten afwijzen: Lila, net zo oud als ik, had zich met een volwassen man als Stefano verloofd en het zou vernederend zijn met een jochie te gaan, met het jongste broertje van haar aanstaande man. Toch beschreef mijn geest ongecontroleerde krullen, ik fantaseerde. Op een keer dat ik met Alfonso over de corso Meridionale naar huis liep en hem naast me voelde als een schildknaap die me door de talloze gevaren van de stad loodste, leek het me mooi als de twee Carracci's, Stefano en hij, de taak ten deel viel Lila en mij te beschermen, zij het in verschillende vormen, tegen het zo duistere kwaad van de wereld, tegen datzelfde kwaad dat we uitgerekend voor het eerst hadden ervaren toen we de trap naar hun flat op klommen om onze poppen terug te halen die hun vader van ons had gestolen.

42

Ik vond het leuk dat soort verbanden te ontdekken, vooral als ze Lila betroffen. Ik trok lijnen tussen ver uit elkaar liggende momenten en feiten, ik stelde convergenties en divergenties vast. Het werd in die tijd een dagelijkse oefening: zo fijn als ik het op Ischia had gehad, zo beroerd had Lila het in de treurige wijk gehad; ik had erg geleden door het eiland te verlaten, zij had zich steeds gelukkiger gevoeld. Het was alsof de vreugde of het verdriet van de een door een duivelse tovenarij het verdriet of de vreugde van de ander impliceerde. Ook ons uiterlijk deed, zo leek me, aan dat geschommel mee. Op Ischia had ik me mooi gevoeld en die indruk was na mijn terugkeer naar Napels niet vervaagd, integendeel, tijdens dat constante gekonkel met Lila om haar te helpen van Marcello af te komen, waren er zelfs momenten geweest waarop ik weer mooier meende te zijn dan zij en uit enkele blikken van Stefano had ik opgemaakt dat hij me misschien wel aantrekkelijk vond. Maar nu had Lila weer de overhand, door haar tevredenheid was ze mooier geworden, terwijl ik, kijk, meegesleurd door het schoolwerk, verteerd door de onbevredigde passie voor Nino, ik was weer lelijk aan het worden. Mijn gezonde kleur verbleekte, de acne kwam terug. En op een ochtend dook ineens ook het spookbeeld van een bril op.

Meneer Gerace ondervroeg me over iets wat hij op het bord had geschreven en merkte dat ik bijna niets zag. Hij zei dat ik meteen naar een oogarts moest, stond erop dat in mijn schrift te schrijven en eiste dat een van mijn ouders het de volgende dag had getekend. Ik ging naar huis, liet het schrift zien en was vol schuldgevoelens vanwege de kosten die een bril met zich meebracht. Mijn vaders gezicht betrok, mijn moeder schreeuwde: 'Altijd maar boven de boeken, daar heb je je ogen mee bedorven.' Het zat me erg dwars. Was ik dan gestraft voor de hoogmoed om te willen leren? En Lila dan? Had ze niet veel meer gelezen dan ik? Wat was dan de reden waarom zij prima ogen had en ik steeds minder zag? Waarom zou ik mijn hele leven een bril moeten dragen en zij niet?

De noodzaak van een bril versterkte bij mij het verlangen naar een lotsbestemming die zowel in het goede als in het kwade mijn lot en dat van mijn vriendin bijeenhield; ik blind, zij een valk; ik met doffe pupillen, zij die haar hele leven al haar ogen samenkneep, bliksemende blikken wierp en meer zag dan anderen; ik aan haar arm, in een schimmenwereld, zij die me leidde met scherpe blik. Uiteindelijk kwam mijn vader dankzij gesjoemel op het gemeentehuis aan het benodigde geld. Mijn gefantaseer nam af. Ik ging naar de oogarts en daar werd vastgesteld dat ik zwaar bijziend was; de bril werd werkelijkheid. Toen ik mezelf in de spiegel bekeek, was dat door het veel te scherpe beeld een harde klap: onzuivere huid, breed gezicht, grote mond, dikke neus en ogen gevangen in de omlijsting van een montuur dat door een woedend mens met verbetenheid onder op zich al te dikke wenkbrauwen getekend leek. Ik voelde me definitief verminkt en besloot de bril alleen thuis op te zetten en als het niet anders kon ook als ik iets van het bord moest overschrijven. Maar op een ochtend vergat ik hem bij het uitgaan van de school en liet hem op mijn bank liggen. Ik liep op een holletje terug naar de klas, maar het kwaad was al geschied. In de grote haast die na de laatste bel van iedereen bezit neemt was hij op de grond terechtgekomen en nu waren er een pootje en een glas gebroken. Ik moest erom huilen.

Ik had niet de moed om naar huis te gaan en vluchtte naar Lila, op zoek naar hulp. Ik vertelde haar wat me was overkomen, ze vroeg me om de bril, bekeek hem. Ze wilde dat ik hem bij haar achterliet. Ze sprak vastberaden, maar anders dan gewoonlijk, ze was rustiger, alsof er voortaan niet meer voor elke kleinigheid tot het uiterste gevochten hoefde te worden. Ik verwachtte een of andere wonderbaarlijke ingreep van Rino met zijn schoenmakersgereedschap en ging naar huis in de hoop dat mijn ouders niet merkten dat ik geen bril op had.

Een paar dagen later, aan het einde van de middag, hoorde ik dat ik vanaf de binnenplaats geroepen werd. Het was Lila. Ik rende naar beneden. Daar stond ze, met mijn bril op haar neus. Wat me in eerste instantie trof was niet zozeer dat de bril weer als nieuw was, maar dat hij haar goed stond. Ik dacht: waarom staat die bril haar goed terwijl ze er geen nodig heeft en krijg ik, die er niet buiten kan, er een rotgezicht door? Zodra ik in de deuropening verscheen zette ze de bril met een lachje af en knipperde met haar ogen. Ze zei: 'Mijn ogen doen er pijn van', en ze zette me hem eigenhandig op mijn neus terwijl ze uitriep: 'Mooi, je moet hem altijd ophouden!' Ze had de bril aan Stefano gegeven die hem door een opticien in het centrum had laten repareren. Ik mompelde gegeneerd dat ik haar nooit zou kunnen terugbetalen, en ze antwoordde ironisch, misschien een tikje vals: 'Hoe bedoel je, terugbetalen?'

'Je het geld geven.'

Ze glimlachte en zei toen trots: 'Dat hoeft niet, geld speelt nu geen rol meer.'

43

Die opmerking over het geld versterkte nog de indruk dat zij had wat mij ontbrak en omgekeerd, in een voortdurend spel van uitwisseling en omkering dat, nu eens vrolijk en dan weer op een pijnlijke manier, ons voor elkaar onmisbaar maakte.

Zij heeft Stefano, knipt met haar vingers en laat die bril onmiddellijk repareren, maar wat heb ik? vroeg ik me na dat voorval af.

Mijn antwoord daarop was dat ik de school had, een privilege dat zij voor altijd had verloren. Ik probeerde mezelf ervan te overtuigen dat dát mijn rijkdom was. En inderdaad, dat jaar begonnen de leraren me weer te prijzen, allemaal. Mijn rapporten werden steeds fraaier en zelfs de schriftelijke cursus theologie ging erg goed, ik kreeg een bijbel met zwarte kaft als beloning.

Ik pronkte met mijn successen alsof ze de zilveren armband van mijn moeder waren, maar wist toch niet wat ik met mijn knapheid aan moest. In de klas was er niemand met wie ik kon praten over de dingen die ik las, over de ideeën die bij me opkwamen. Alfonso was een ijverige jongen, na de inzinking van het jaar ervoor was hij weer op het goede spoor en haalde hij in alle vakken ruime voldoendes. Maar als ik probeerde met hem over *De verloofden* te praten, of over de prachtige romans die ik van de bibliotheek van meester Ferraro bleef lenen, of zelfs over de Heilige Geest, dan beperkte hij zich tot luisteren en zei hij uit verlegenheid of onwetendheid niets wat mij stimuleerde om er nog dieper op in te gaan. Daar kwam nog bij dat hij, als hij ondervraagd werd, goed Italiaans sprak, maar zo onder elkaar altijd dialect bleef praten en in het dialect was het moeilijk discussiëren over de verwording van de aardse rechtvaardigheid, waarvan de maaltijd ten huize van don Rodrigo een goed voorbeeld was, of over de relatie tussen God, de Heilige Geest en Jezus, die – ook al vormden ze één enkele persoon – volgens mij toch een hiërarchische orde moesten aannemen als ze zich opdeelden tot drie personen, en wie kwam er dan eerst, en wie als laatste?

Al gauw herinnerde ik me iets wat Pasquale een keer tegen me had gezegd: mijn school was dan wel een gymnasium, maar het was waarschijnlijk niet een van de beste. Ik kwam tot de conclusie dat hij gelijk had. Zelden zag ik mijn schoolkameraadjes zo goed gekleed als de meisjes van de via dei Mille. En het gebeurde nooit dat elegant geklede jongens met luxere auto's dan die van Marcello of Stefano hen bij het uitgaan van de school kwamen halen. Ook aan intellectuele verdiensten ontbrak het. De enige jongen met een faam vergelijkbaar met die van mij was Nino, maar vanwege de kilte waarmee ik hem had behandeld, ging die er inmiddels steeds met gebogen hoofd vandoor, zonder zelfs maar naar mij te kijken. Wat te doen?

Ik moest mijn gedachten uiten, mijn hoofd zat vol. Ik zocht mijn heil bij Lila, vooral in de vakantie. We zagen elkaar, praatten met elkaar. Ik vertelde haar tot in de details over de lessen, over de leraren. Ze luisterde aandachtig en ik hoopte dat ze nieuwsgierig werd en terugkeerde naar de fase waarin ze in het geniep of openlijk meteen de boeken ging halen die haar in staat zouden stellen mij bij te houden. Maar dat gebeurde nooit, het was of de ene helft van haar de andere helft strak aan de lijn hield. Wel kwam al gauw haar neiging boven om me zomaar ineens in de rede te vallen, over het algemeen op een ironische manier. Om een voorbeeld te geven: op een keer vertelde ik haar over mijn cursus theologie en om indruk op haar te maken met de kwesties waar ik me het hoofd over brak, zei ik nonchalant dat ik niet wist wat ik van de Heilige Geest moest denken, dat zijn functie me niet duidelijk was. 'Wat is hij?' redeneerde ik hardop, 'een ondergeschikt wezen, in dienst van zowel God als Jezus, een soort boodschapper? Of een emanatie van de eerste twee personen, een wonderbaarlijk fluïdum van hen? Maar hoe is het in het eerste geval mogelijk dat een wezen dat boodschapper is, een en dezelfde is als God en zijn zoon? Zou dat niet net zoiets zijn als beweren dat mijn vader die conciërge is op het gemeentehuis een en dezelfde is als de burgemeester en commandant Lauro? Maar als je het tweede geval bekijkt, nou, een fluïdum, zweet, een stem, dat zijn delen van de persoon van wie ze uitgaan: dus wat heeft het dan voor zin om de Heilige Geest als gescheiden van God en Jezus te zien? Of de Heilige Geest is de belangrijkste persoon en de andere twee zijn slechts een zijnsvorm van hem, of ik begrijp niet wat zijn functie is.' Lila, zo herinner ik me, was zich aan het klaarmaken om uit te gaan met Stefano: ze gingen in het centrum naar de film, samen met Pinuccia, Rino en Alfonso. Ik keek naar haar terwijl ze een nieuwe rok en een nieuw jasje aantrok, ze was inmiddels echt veranderd, zelfs haar enkels waren geen stokjes meer. Maar toch zag ik dat haar ogen kleiner werden, zoals wanneer ze iets ongrijpbaars probeerde vast te pakken. Ze zei in het Napolitaans: 'Verdoe je je tijd nog steeds met dit soort dingen, Lenú? We vliegen op een bol van vuur. Het afgekoelde deel ervan drijft op lava. En op dat deel bouwen we flats, bruggen en wegen. Van tijd tot tijd komt de lava uit de Vesuvius of hij veroorzaakt een allesvernietigende aardbeving. Overal zijn microben die je ziek maken en doden. Er zijn oorlogen. Overal heerst een armoede die ons allemaal gemeen maakt. Elk moment kan er iets gebeuren wat je zo laat lijden dat je tranen nooit genoeg zullen zijn. En wat doe jij? Je volgt een cursus theologie en probeert te begrijpen wat de Heilige Geest is? Laat toch zitten, de Duivel heeft de wereld bedacht, niet de Vader, de Zoon en de Heilige Geest. Wil je de parelketting zien die ik van Stefano heb gekregen?' Zo praatte ze ongeveer en ze bracht me daardoor in verwarring. En niet alleen bij die gelegenheid, maar steeds vaker, totdat het haar vaste toon werd, haar manier om mij het hoofd te bieden. Als ik iets over de Allerheiligste Drie-eenheid zei, maakte zij met een paar haastige, maar bijna altijd goedmoedige opmerkingen elk eventueel gesprek erover onmogelijk en begon ze me Stefano's cadeaus te laten zien, haar verlovingsring, een ketting, een nieuwe jurk, een hoedje, terwijl de dingen die mij fascineerden, waarmee ik bij mijn leraren zo'n succes had dat ze me knap vonden, betekenisloos in een hoekje wegzakten. Ik liet ideeën en boeken voor wat ze waren en bewonderde al die cadeaus die zo'n contrast vormden met het vertrouwde armoedige huis van schoenmaker Fernando; ik paste de jurken en de kostbare spulletjes; ik constateerde al gauw dat ze mij nooit zo goed zouden staan als haar. En maakte dat ik wegkwam.

44

Nu ze verloofd was, werd Lila erg benijd en veroorzaakte ze niet weinig ontevredenheid. Haar manier van doen had trouwens al ergernis gewekt toen ze een klein, scharminkelig meisje was, kun je nagaan wat er gebeurde nu ze zo'n geluksvogel was. Ze vertelde me zelf over de toenemende vijandigheid van Stefano's moeder en vooral van Pinuccia. De onaardige gedachten waren duidelijk op de gezichten van die twee vrouwen te lezen. Wie dacht die schoenmakersdochter wel dat ze was? Welk noodlottig drankje had ze Stefano laten drinken? Wat was dat, dat ze haar mond maar hoefde open te doen of hij trok onmiddellijk zijn portefeuille? Wil je bij ons de baas komen spelen?

Beperkte Maria zich tot zwijgende boosheid, Pinuccia kon zich niet beheersen, ze ontplofte en zei tegen haar broer: 'Waarom koop je van alles voor haar terwijl je voor mij nooit iets hebt gekocht, en, erger nog, altijd kritiek had als ik iets moois aanschafte en zei dat ik onnodig geld uitgaf?'

Stefano glimlachte op zijn rustige, vage manier en gaf geen antwoord, maar hij begon, in lijn met zijn verzoenende aard, ook zijn zus cadeaus te geven. En zo sloegen de twee meisjes met elkaar aan het rivaliseren, ze gingen samen naar de kapper en kochten precies dezelfde kleren. Maar dat stemde Pinuccia alleen nog maar bitterder. Ze was niet lelijk en ze was een paar jaar ouder dan wij, misschien was ze beter gevormd, maar het effect dat welk kledingstuk of sieraad dan ook op

Lila had was niet te vergelijken met het effect dat het op haar had. De eerste die zich dat realiseerde was haar moeder. Als Maria Lila en Pinuccia zag, klaar om uit te gaan, met vrijwel dezelfde kapsels en vrijwel dezelfde jurken, zag ze altijd wel kans om het gesprek over een andere boeg te gooien en lukte het haar om via zijwegen en op zogenaamd goedmoedige toon kritiek op haar toekomstige schoondochter te leveren om iets wat ze dagen tevoren had gedaan, het licht in de keuken aangelaten of een glas water genomen en toen de kraan open laten staan. Daarna draaide ze zich dan om alsof ze veel te doen had en mompelde ze boos: 'Maak het niet te laat.'

Wij meisjes van de wijk kregen al gauw vergelijkbare problemen. Op feestdagen begonnen Carmela, die nog steeds Carmen genoemd wilde worden, Ada en Gigliola, zonder het te zeggen en zonder het aan zichzelf toe te geven, zich in een soort wedijver met Lila op te dirken. Vooral Gigliola, die in de banketbakkerij werkte en, zij het niet officieel, met Michele Solara ging, kocht speciaal mooie dingen, of liet ze voor zich kopen, om bij het flaneren en in de auto mee te pronken. Maar er viel niets te wedijveren, Lila was onbereikbaar, zo leek het wel, een betoverend figuurtje in tegenlicht.

Aanvankelijk probeerden we haar te remmen, haar onze oude gewoonten op te leggen. We haalden Stefano bij onze groep, we schaarden ons om hem heen, vertroetelden hem en hij leek het prettig te vinden, zo prettig zelfs dat hij op een zaterdag, misschien gedreven door zijn sympathie voor Antonio en Ada, tegen Lila zei: 'Kijk eens of Lenuccia en de kinderen van Melina morgenavond iets met ons willen gaan eten.' Met 'ons' bedoelde hij hen tweeën plus Pinuccia en Rino, die er inmiddels erg op gesteld was zijn vrije tijd met zijn toekomstige zwager door te brengen. We deden het, maar het werd een ingewikkelde avond. Ada, die bang was een slecht figuur te slaan, leende een jurkje van Gigliola. Stefano en Rino kozen geen pizzeria maar een restaurant in Santa Lucia. Omdat noch ik, noch Antonio, noch Ada ooit in een restaurant was geweest – dat was iets voor chique mensen – werd het ons benauwd om het hart: wat moesten we aan, hoeveel zou het kosten? Terwijl zij vieren met de Giardinetta gingen, namen wij de bus tot aan het piazza Plebiscito en legden de rest van het traject te voet af. Eenmaal op de plaats van bestemming bestelden zij achteloos een hele reeks gerechten en wij bijna niets, uit angst dat de rekening onze mogelijkheden te boven ging. We zeiden bijna geen woord, want Rino en Stefano praatten hoofdzakelijk over geld en kwamen geen moment op het idee over iets anders te beginnen en op zijn minst Antonio bij hun geklets te betrekken. Ada, die geen vrede had met die rol aan de zijlijn, probeerde de hele avond Stefano's aandacht te trekken door overdreven aanstellerig tegen hem te doen, tot ergernis van haar broer. En aan het einde, toen er betaald moest worden, ontdekten we dat de kruidenier daar al voor had gezorgd en terwijl dat Rino absoluut niet stoorde, ging Antonio kwaad naar huis, want hij had het gevoel als een armoedzaaier behandeld te zijn, terwijl hij toch even oud was als Stefano en Lila's broer en net als zij werkte. Maar het meest veelzeggend was het feit dat Ada en ik, ieder vanuit een ander gevoel, merkten dat we in het openbaar, buiten de vriendschappelijke relatie van gewoon-met-zijn-tweetjes, niet wisten wat we tegen Lila moesten zeggen, hoe we met haar om moesten gaan. Ze was zo mooi opgemaakt, zo goed gekleed dat ze leek te passen bij de Giardinetta, bij de auto met het open dak, bij het restaurant in Santa Lucia, en inmiddels fysiek niet geschikt meer was om samen met ons in de metro te stappen, met een bus te reizen, te voet te gaan, een pizza in de corso Garibaldi te eten, naar de parochiebioscoop te gaan en bij Gigliola thuis te dansen.

Die avond bleek duidelijk dat Lila's positie aan het veranderen was. Dag na dag en maand na maand ontwikkelde ze zich meer tot een jonge vrouw die de mannequins uit de modebladen imiteerde, de sterretjes van de televisie, de meisjes die ze door de via Chiara had zien wandelen. Als je haar zag was het of er een schittering van haar uitging, een schittering die een keiharde klap was in het gezicht van de armoede van de wijk. Het lichaam van het meisje waarvan nog sporen hadden bestaan in de dagen van het gekonkel dat tot de verloving met Stefano had geleid, werd al gauw naar duistere gebieden verjaagd. In plaats daarvan ontlook er een jonge vrouw die als ze op zondag aan de arm van haar verloofde uitging, de indruk wekte de clausules toe te passen van een akkoord dat zij als paar gesloten hadden. Stefano leek met zijn cadeaus de wijk te willen laten zien dat Lila mooi was en steeds mooier kon worden; en zij leek het genot te hebben ontdekt om uit de onuitputtelijke bron van haar schoonheid te putten en te voelen – en ermee te pronken – dat geen enkel treffend profiel haar definitief kon omvatten, zozeer dat een nieuw kapsel, een nieuw jurkje of anders opgemaakte ogen, een anders opgemaakte mond slechts steeds verder vooruitgeschoven grenzen waren die de vorige deden vervagen. Stefano leek in haar het duidelijkste symbool te willen zien van de toekomst van welzijn en macht waar hij naar streefde; en zij leek het zegel dat hij bezig was op haar te drukken te gebruiken om zichzelf, haar broer, haar ouders en de andere familieleden te beschermen tegen alles wat ze sinds haar jongste jaren op een verwarde manier had getrotseerd.

Ik wist nog niets van datgene wat ze na de akelige ervaring van oudjaar bij zichzelf heimelijk ontmarginalisering noemde. Maar ik kende het verhaal van de ontplofte pan, dat lag altijd ergens in een hoekje van mijn hoofd klaar om weer op te duiken, ik dacht eraan, telkens weer. En ik herinner me dat ik op een avond thuis de brief die ze naar Ischia had gestuurd speciaal nog eens overlas. Wat was haar manier van vertellen aantrekkelijk en hoe leek die inmiddels tot het verleden te behoren. Ik moest constateren dat de Lila die mij die woorden had geschreven, verdwenen was. In die brief was ze nog het meisje van *De blauwe fee*, het meisje dat in haar eentje Latijn en Grieks had geleerd, dat de halve bibliotheek van meester Ferraro had verslonden, zelfs het meisje dat de schoenen had getekend, tekeningetjes die nu ingelijst in de schoenmakerij hingen. Maar in het leven van alledag zag ik haar, hoorde ik haar niet meer. Het gespannen, agressieve meisje Cerullo was als het ware opgeofferd. Ook al bleef zowel zij als ik in dezelfde wijk wonen, ook al hadden we dezelfde kindertijd gehad, ook al waren we allebei vijftien jaar, toch waren we ineens in twee verschillende werelden terechtgekomen. Terwijl de maanden verstreken veranderde ik in een slonzig, bebrild meisje met warrige haren, dat boven boeken gebogen zat die aan flarden lagen en de stank uitwasemden van met grote offers op de tweedehandsmarkt gekochte of door juffrouw Oliviero verstrekte exemplaren. Zij kwam langs aan Stefano's arm, gekapt als een diva, gekleed in jurken die haar deden lijken op een actrice of een prinses.

Ik keek naar haar vanuit het raam, voelde dat haar vorige vorm kapot was en dacht weer aan dat prachtige gedeelte van haar brief, aan het gebarsten en omgekrulde koper. Het was een beeld dat ik inmiddels voortdurend gebruikte, telkens als ik een breuk in haar of in mezelf ontdekte. Ik wist – hoopte misschien – dat geen enkele vorm Lila ooit zou kunnen omvatten en dat ze vroeg of laat alles opnieuw zou laten springen.

45

Na die nare avond in het restaurant in Santa Lucia deden dergelijke gelegenheden zich niet meer voor en dat niet omdat het verloofde stel ons niet meer uitnodigde, maar omdat wij er ons nu eens met dit, dan weer met dat smoesje aan onttrokken. Als het huiswerk me niet alle energie ontnam, liet ik me echter wel overhalen tot een danspartij bij iemand thuis, of tot een pizza met het hele stel van vroeger. Maar ik ging bij voorkeur alleen uit als ik zeker wist dat ook Antonio er zou zijn, die me sinds enige tijd op een discrete manier het hof maakte en met attenties overlaadde. Het was waar, zijn gezicht glom en zat vol zwarte puntjes, zijn tanden waren hier en daar blauwig, zijn handen waren plomp en hadden stevige vingers waarmee hij op een keer moeiteloos de bouten had losgeschroefd van het wiel met een lekke band van de overjarige auto die Pasquale had aangeschaft. Maar hij had pikzwart, golvend haar dat erom vroeg gestreeld te worden en hoewel hij erg verlegen was, kwam hij de zeldzame keren dat hij zijn mond opendeed geestig uit de hoek. En trouwens, hij was de enige die mij zag staan. Enzo liet zich zelden zien, hij had zijn eigen leven waarvan wij weinig of niets wisten, maar als hij er was wijdde hij zich op zijn flegmatische, afstandelijke manier aan Carmela, zonder daarbij ooit te overdrijven. Wat Pasquale betreft, hij leek sinds zijn blauwtje bij Lila zijn belangstelling voor meisjes verloren te hebben. Hij besteedde zelfs amper aandacht aan Ada, die zich tegenover hem erg aanstellerig gedroeg, ook al bleef ze maar zeggen dat ze er genoeg van had om altijd maar die rotgezichten van ons te zien.

Natuurlijk kwam het gesprek op die avonden vroeg of laat op Lila, ook al leek niemand zin te hebben haar naam te noemen: de jongens waren allemaal een beetje teleurgesteld; ze hadden allemaal wel Stefano willen zijn. Maar het ongelukkigst was Pasquale: als hij niet een oude haat jegens de Solara's had gekoesterd, zou hij zich waarschijnlijk openlijk aan de kant van Marcello tegen de familie Cerullo hebben geschaard. Zijn liefdesleed vrat aan hem en enkel haar samen met Stefano zien, ontnam hem al zijn levenslust. Toch was hij van aard een jongen met positieve gevoelens en gedachten, en hij lette er daarom heel goed op zijn reacties onder controle te houden en zich billijk op te stellen. Toen bekend werd dat Marcello en Michele Rino op een avond hadden overvallen en hem weliswaar met geen vinger hadden aangeraakt, maar hem wel de huid vol hadden gescholden, was Pasquale het vierkant met Rino's motieven eens geweest. Toen bekend werd dat Silvio Solara, de vader van Michele en Marcello, persoonlijk naar de gerenoveerde schoenmakerij van Fernando was gegaan en hem op kalme toon verweten had dat hij zijn dochter niet goed had opgevoed en daarna al rondkijkend had opgemerkt dat de schoenmaker wel alle schoenen kon fabriceren die hij wilde, maar dat verkopen iets anders was, omdat hij geen winkel zou vinden die ze wilde afnemen, om nog maar te zwijgen van al die lijm daar en al dat garen en pek en die houten vormen en zolen en binnenzooltjes: het zou allemaal met het grootste gemak vlam kunnen vatten, had Pasquale zich voorgenomen dat hij in geval van brand in schoenmakerij Cerullo met een paar betrouwbare vrienden café-banketbakkerij Solara in brand zou steken. Maar wat Lila betreft was hij kritisch. Hij zei dat ze eerder thuis had moeten weglopen dan accepteren dat Marcello haar daar elke avond het hof kwam maken. Hij zei dat ze de televisie met een hamer in diggelen had moeten slaan en er niet samen met degene die het ding, dat was bekend, alleen maar had gekocht om haar te krijgen, naar had moeten kijken. En ten slotte zei hij dat ze een te intelligent meisje was om echt verliefd te worden op een hypocriete domkop als Stefano Carracci.

Op die momenten was ik de enige die niet zweeg en Pasquales kritiek uitdrukkelijk afkeurde. Ik weerlegde zijn woorden met opmerkingen als: zo eenvoudig is het niet om thuis weg te lopen; zo gemakkelijk is het niet om in te gaan tegen de wil van mensen van wie je houdt; niks is gemakkelijk, je hebt kritiek op haar, maar je zou boos op je vriend Rino moeten zijn, want die heeft haar in die rotsituatie met Marcello gebracht, en als Lila zich daar niet uit had weten te bevrijden dan had ze mooi met hem moeten trouwen. En ten slotte besloot ik dan met een lofzang op Stefano, die van al die jongens die Lila vanaf haar jongste jaren kenden en op haar gesteld waren, de enige was geweest die de moed had gehad haar te steunen en te helpen. Dan viel er een akelige stilte en voelde ik me heel trots omdat ik alle kritiek op mijn vriendin van de hand had gewezen, en bovendien op een toon en met woorden waar ze stil van werden.

Maar op een avond liep het uit op een echte ruzie. We waren met zijn allen, ook Enzo, een pizza gaan eten op de Rettifilo, ergens waar een margherita met een biertje vijftig lire kostte. Die keer begonnen de meisjes: Ada, geloof ik, zei dat ze Lila belachelijk vond omdat ze altijd rondliep alsof ze net van de kapper kwam, in kleren als die van Soraya, maar wel kakkerlakkengif voor de voordeur strooide. Iedereen moest erom lachen, al lachten ze niet allemaal even hard. Van het een kwam toen het ander, Carmela zei zelfs onomwonden dat Lila volgens haar om het geld met Stefano ging, om haar broer en de rest van de familie uit de zorgen te helpen. Ik begon net aan mijn bekende obligate verdediging toen Pasquale me in de rede viel en zei: 'Dat is het punt niet. Het gaat erom dat Lila weet waar dat geld vandaan komt.'

'Kom je nou weer aanzetten met don Achille en de zwarte markt en de illegale handel en het woekeren en alle rotstreken van voor en na de oorlog?' vroeg ik.

'Ja, en als je vriendin nu hier was, zou ze me gelijk geven.'

'Stefano is alleen maar een winkelier die weet hoe hij moet verkopen.'

'En het geld dat hij in de schoenmakerij van de Cerullo's heeft gestoken, komt dat ook van de winkel?'

'Waar anders van, volgens jou?'

'Dat komt van het goud van de huismoeders dat don Achille in zijn matras had verborgen. Lina hangt de dame uit van het bloed van al die arme lui uit deze wijk. En nog voordat ze getrouwd is, laat ze zichzelf en dat hele gezin al onderhouden.'

Ik stond op het punt hem te antwoorden, toen Enzo op zijn bekende afstandelijke manier tussenbeide kwam.

'Sorry, Pascà, wat bedoel je met "laat zich onderhouden"?'

Ik hoefde die vraag maar te horen of ik begreep dat het de verkeerde kant op ging. Pasquale werd rood, raakte verward: 'Onderhouden betekent onderhouden. Neem me niet kwalijk, maar wie betaalt dat als Lina naar de kapper gaat, als ze kleren en tassen koopt? Wie heeft het geld in de schoenmakerij gestoken om Fernando schoenfabrikant te laten spelen?'

'Begrijp ik het goed, zeg jij daar dat Lina niet verliefd is, zich niet verloofd heeft en binnenkort niet met Stefano gaat trouwen, maar zichzelf heeft verkocht?'

Iedereen zweeg, alleen Antonio mompelde: 'Nee, Enzo, dat bedoelt Pasquale niet, je weet dat hij net zo op Lina gesteld is als wij allemaal.'

Enzo beduidde hem te zwijgen.

'Hou je mond, Antò. Laat Pasquale antwoorden.'

Pasquale zei somber: 'Ja, ze heeft zich verkocht. En ze heeft schijt aan de stank van het geld dat ze elke dag uitgeeft.'

Daarop probeerde ik opnieuw mijn zegje te doen, maar Enzo tikte me op de arm.

'Sorry, Lenú, laat eens horen, Pasquale, hoe noem je een vrouw die zich verkoopt?'

Toen ging er iets heftigs door Pasquale heen, we zagen het allemaal in zijn ogen, en hij zei wat hij al maanden van plan was tegen de hele wijk te zeggen, te schreeuwen: 'Hoer, noem ik die, een hoer. Lina heeft zich als een hoer gedragen en dat doet ze nog steeds.'

Enzo stond op en zei bijna fluisterend: 'Kom mee naar buiten.'

Antonio schoot omhoog, hield Pasquale die op wilde staan aan een arm tegen en zei: 'Laten we nou niet overdrijven, Enzo. Wat Pasquale zegt is geen beschuldiging, het is alleen maar een kritiek die ons allemaal op de lippen ligt.'

Enzo antwoordde, dit keer luid: 'Mij niet.' En hij liep naar de uitgang terwijl hij duidelijk articulerend zei: 'Ik wacht buiten op jullie, op allebei.'

We weerhielden Pasquale en Antonio ervan hem te volgen en er gebeurde niets. Ze bleven alleen maar een paar dagen kwaad op elkaar, daarna was alles weer als voorheen.

46

Ik heb over deze ruzie verteld om aan te geven hoe dat jaar verstreek en wat voor klimaat er rond Lila's keuzes heerste, vooral onder de jongens die heimelijk of openlijk van haar hadden gehouden, haar hadden begeerd en naar alle waarschijnlijkheid nog steeds van haar hielden, haar nog steeds begeerden. Wat mij betreft, de warboel van gevoelens waarin ik me bevond, is moeilijk te beschrijven. Ik verdedigde Lila bij elke gelegenheid, en ik vond het prettig om dat te doen, ik vond het prettig mezelf te horen praten met het gezag van iemand die zich met moeilijke dingen bezighoudt. Maar ik wist dat ik ook graag zou vertellen, zo nodig met enige overdrijving, dat Lila echt achter elke zet van Stefano had gestaan, en ik met haar, in een aaneenschakeling van stappen alsof het een wiskundig vraagstuk betrof, tot aan dit resultaat: haar eigen zaakjes regelen, die van haar broer regelen, proberen het plan van de schoenfabriek te verwezenlijken en zelfs geld kunnen pakken voor de reparatie van mijn bril als die kapotging.

Ik liep langs de oude winkel van Fernando en kreeg een plaatsvervangend overwinningsgevoel. Het was Lila gelukt, dat was duidelijk. De schoenmakerij die nooit een uithangbord had gehad, pronkte nu met een soort plaat met het opschrift 'Cerullo' boven aan de oude deur. Fernando, Rino en de drie gezellen zaten daar van de vroege ochtend tot de late avond over hun werkbanken gebogen te lijmen, randen af te werken, te hameren en te polijsten. We wisten dat vader en zoon veel ruziemaakten. We wisten dat Fernando beweerde dat de schoenen, vooral de damesschoenen, niet uitgevoerd konden worden zoals Lila ze bedacht had, dat het maar kinderfantasieën waren. We wisten dat Rino het tegendeel beweerde en dat hij Lila opzocht om haar te vragen in te grijpen. We wisten dat Lila zei dat ze er niets meer mee te maken wilde hebben en dat Rino vervolgens naar Stefano ging en hem naar de werkplaats sleurde om zijn vader duidelijke opdrachten te geven. We wisten dat Stefano daar dan lang naar Lila's ingelijste tekeningen aan de muren keek, stilletjes voor zich uit lachte en dan kalm zei dat hij de schoenen precies zo wilde als ze op die schilderijtjes te zien waren, hij had ze daar speciaal voor opgehangen. We wisten, kortom, dat alles traag verliep en dat de knechten eerst instructies van Fernando kregen, dat Rino die vervolgens veranderde en dat alles dan stil kwam te liggen; dat ze het werk vervolgens weer opnamen, Fernando dan de veranderingen ontdekte en alles opnieuw veranderde en dat het dan als Stefano arriveerde 'hup' was, punt erachter en helemaal van voren af aan beginnen en we wisten ook dat het ten slotte uitliep op schreeuwen en op kapotgegooide spullen.

Ik wierp een blik naar binnen en maakte me daarna meteen uit de voeten. Maar de schilderijtjes aan de muren bleven me bij. Ik dacht: die tekeningetjes waren voor Lila zomaar fantasie, geld heeft er niets mee te maken, jezelf verkopen heeft er niets mee te maken. Al die bedrijvigheid is het eindresultaat van een bevlieging van haar, door Stefano alleen maar uit liefde ten uitvoer gebracht. Ze boft dat ze zo wordt bemind, en zelf zo van iemand houdt. Ze boft dat ze wordt aanbeden om wie ze is en om wat ze weet te bedenken. Nu ze haar broer heeft gegeven wat hij wilde, nu ze hem bij de gevaren heeft weggehaald, gaat ze vast en zeker iets anders bedenken. Daarom wil ik haar niet uit het oog verliezen. Er gaat iets gebeuren.

Maar er gebeurde niets. Lila's rol van verloofde van Stefano consolideerde zich. En ook in de gesprekken die we als ik even tijd had voerden, leek ze me altijd voldaan over wat er van haar was geworden, was het alsof ze niet verder keek, niet verder *wílde* kijken dan trouwen, een huis en kinderen.

Ik was teleurgesteld. Ze leek milder geworden, die eeuwige scherpte verloren te hebben. Dat realiseerde ik me een tijdje later, toen me via Gigliola Spagnuolo lasterlijke geruchten bereikten.

Gigliola zei wrokkig, in het Napolitaans: 'Je vriendin hangt nu wel de prinses uit, maar weet Stefano dat ze Marcello, toen hij bij haar thuis kwam, elke avond pijpte?'

Ik wist niet wat pijpen was. Het woord kende ik sinds mijn kinderjaren maar de klank ervan verwees alleen maar naar iets schandelijks, iets heel vernederends.

'Dat is niet waar.'

'Dat zegt Marcello.'

'Hij liegt.'

'O ja? Ook tegen zijn broer?'

'Heeft Michele dat tegen jou gezegd?'

'Ja.'

Ik hoopte dat die kletspraatjes niet tot Stefano doordrongen. Elke keer als ik uit school kwam zei ik tegen mezelf: misschien moet ik Lila waarschuwen voor er iets akeligs gebeurt. Maar ik was bang dat ze woedend zou worden en dat ze, gezien hoe ze was opgegroeid en hoe ze in elkaar zat, linea recta met het schoenmakersmes naar Marcello Solara zou gaan. Hoe dan ook, uiteindelijk deed ik het toch: ik kon haar maar beter vertellen wat ik gehoord had, dan kon zij zich tegen de situatie wapenen. Maar ik ontdekte dat ze alles al wist. En dat niet alleen: ze wist beter wat pijpen was dan ik. Dat merkte ik omdat ze een duidelijker term gebruikte om tegen me te zeggen dat zij dat nooit, bij geen enkele man zou doen, zo walgelijk vond ze het, kun je nagaan bij Marcello Solara! Daarna vertelde ze me dat het gerucht ook Stefano al had bereikt en dat hij haar had gevraagd wat de aard van de betrekkingen tussen haar en Marcello was geweest in de tijd dat hij vaste gast was in huize Cerullo. Ze had hem kwaad geantwoord: 'Niks geen betrekkingen, ben je gek geworden?' En Stefano had zich gehaast tegen haar te zeggen dat hij haar geloofde, dat hij nooit twijfels over haar had gehad en haar die vraag alleen maar had gesteld om haar duidelijk te maken dat Marcello vieze praatjes over haar verkocht. Maar intussen was er iets verstrooids over zijn gezicht gekomen, zoals dat gebeurt als iemand die, ook al wil hij dat niet, opgaat in de scènes van vernietiging die zich in zijn hoofd vormen. Lila had het gemerkt en ze hadden lang gediscussieerd en ze had hem bekend dat ook zij behoefte had om wraak te nemen. Maar wat had je eraan? Na veel gepraat hadden ze eensgezind besloten erboven te staan, boven de Solara's, boven de logica van de wijk.

'Hoezo erboven?' vroeg ik haar verbaasd.

'Ja, ze negeren: Marcello, zijn broer, zijn vader, zijn opa, allemaal. Doen of ze niet bestaan.'

En zo was Stefano doorgegaan met zijn werk zonder de eer van zijn verloofde te verdedigen, had Lila haar leven van verloofde voortgezet zonder haar toevlucht tot het schoenmakersmes of iets anders te nemen en waren de Solara's vieze praatjes blijven verspreiden. Ik ging weg, was stomverbaasd.

Wat was er aan de hand? Ik begreep het niet. Het gedrag van de Solara's leek me duidelijker, leek me meer in de lijn van de wereld die we van kindsbeen af kenden. Maar wat ging er in haar en Stefano om, waar dachten ze dat ze leefden? Ze gedroegen zich op een manier die zelfs niet voorkwam in de gedichten die ik op school bestudeerde, in de romans die ik las. Ik was perplex. Ze reageerden niet op beledigingen, zelfs niet op de werkelijk onverdraaglijke belediging die de Solara's hun aandeden. Ze waren vriendelijk en voorkomend tegen iedereen, alsof ze John en Jacqueline Kennedy waren, op bezoek in een wijk van arme sloebers. Als ze samen gingen wandelen, hij met een arm om haar schouders, leek het of geen van de oude regels voor hen gold: ze lachten, maakten grapjes, drukten zich tegen elkaar aan, kusten elkaar op de mond. Ik zag ze in de auto met het open dak voorbijschieten, met zijn tweetjes, ook 's avonds, altijd als filmsterren gekleed, en ik dacht: ze gaan zonder toezicht god weet waarheen om daar te doen waar ze zin in hebben, en niet stiekem maar met toestemming van hun ouders, met toestemming van Rino, zonder zich iets aan te trekken van wat de mensen zeggen. Was het Lila die Stefano aanzette tot dat gedrag dat hen tot het meest bewonderde en meest besproken paar van de wijk maakte? Was dat de nieuwste nieuwigheid die ze had bedacht? Wilde ze weg uit de wijk en er tegelijkertijd blijven? Wilde ze ons uit onszelf sleuren, de oude huid van ons afrukken en ons een nieuwe opleggen die paste bij de huid die ze voor zichzelf aan het verzinnen was?

47

Toen de geruchten over Lila Pasquale ter ore kwamen, ging alles plotsklaps weer sporen als vanouds. Het gebeurde op een zondag terwijl Carmela, Enzo, Pasquale, Antonio en ik langs de grote weg aan het wandelen waren. Antonio zei: 'Ik heb gehoord dat Marcello Solara tegen iedereen vertelt dat Lina met hem is geweest.'

Enzo vertrok geen spier. Pasquale wond zich meteen op.

'Hoezo, met hem is geweest?'

Antonio geneerde zich omdat Carmela en ik erbij waren en hij zei: 'Dat snap je best.'

Ze liepen een eindje van ons weg, praatten onder elkaar. Ik zag en hoorde dat Pasquale steeds woedender werd en Enzo fysiek steeds compacter, alsof hij geen armen, benen en hals meer had en een blok harde materie was. Waarom, vroeg ik me af, hoe komt het dat ze het zich zo aantrekken? Lila is hun zusje niet, en ook geen nichtje. En toch voelen ze zich alle drie verplicht verontwaardigder, veel verontwaardigder te zijn dan Stefano, alsof zij haar echte verloofdes waren. Vooral Pasquale leek me belachelijk. Hij die nog maar kort geleden gezegd had wat hij had gezegd, schreeuwde op een gegeven ogenblik, en dat hoorden we goed, met onze eigen oren: 'Ik sla hem tot moes, die zak, hij maakt een hoer van haar. Stefano kan dat dan wel toelaten, maar ondergetekende niet.' Daarna volgde een stilte, ze voegden zich weer bij ons en sloom slenterden we nog wat rond, ik kletste met Antonio en Carmela liep tussen haar broer en Enzo in. Na een poosje brachten ze ons naar huis. Ik zag ze weglopen, Enzo die het kortst van stuk was in het midden, Antonio en Pasquale elk aan een kant naast hem.

De volgende dag en de dagen daarna werd er druk over de Fiat van de Solara's gepraat. Hij was totaal vernield. En dat niet alleen: de beide broers waren op een beestachtige manier afgetuigd, maar ze konden niet zeggen door wie. Ze zwoeren dat ze in een donkere straat door minstens tien kerels waren aangevallen, volk van buiten. Maar Carmela en ik wisten heel goed dat er maar drie overvallers waren geweest en we maakten ons erg bezorgd. Een, twee, drie dagen wachtten we op de onvermijdelijke represailles. Maar ze hadden het kennelijk goed aangepakt.

Pasquale bleef zijn werk als metselaar doen, Antonio het zijne als monteur en Enzo bleef zijn ronde doen met zijn kar. De Solara's daarentegen bewogen zich een tijdlang te voet, gehavend en een beetje verdwaasd, altijd in gezelschap van vier of vijf van hun vrienden. Ik moet bekennen dat het me plezier deed ze in die toestand te zien. Ik was trots op mijn vrienden. Samen met Carmen en Ada leverde ik kritiek op Stefano en ook op Rino, omdat ze gedaan hadden of er niets aan de hand was. Maar de tijd ging voort. Marcello en Michele kochten een groene Giulietta en begonnen zich weer als heer en meester van de wijk te gedragen. Springlevend en nog arroganter dan eerst. Een teken dat Lila misschien wel gelijk had: dat slag mensen moest je bestrijden door een hoogstaander leven voor jezelf te bevechten, een leven zoals zij zich dat niet eens konden voorstellen. Terwijl ik met de overgangsexamens bezig was, kondigde Lila me aan dat ze in de lente, ruim zestien jaar oud, zou gaan trouwen.

48

Die mededeling bracht me van mijn stuk. Het was juni toen Lila me over haar aanstaande huwelijk vertelde, een paar uur voor het mondeling examen. Natuurlijk, het was te voorzien, maar nu er een datum was vastgesteld, 12 maart, gaf me dat een dreun alsof ik tegen een deur aan knalde. Ik dacht kleingeestige dingen. Ik telde de maanden: negen. Misschien was negen maanden lang genoeg om met de perfide wrok van Pinuccia, de vijandigheid van Maria, de kletspraatjes van Marcello Solara – die als de Faam in de *Aeneis* in de hele wijk van mond tot mond bleven gaan – Stefano's geduld zo zwaar op de proef te stellen dat hij de verloving verbrak. Ik schaamde me over mezelf, maar het lukte me niet meer om ook in de verwijdering tussen onze lotsbestemmingen iets coherents te ontdekken. De concreetheid van die datum maakte de tweesprong concreet die het uiteeengaan van onze levens zou betekenen. En, wat erger was, voor mij stond vast dat haar lot beter zou zijn dan het mijne. Sterker dan ooit ervoer ik de weg van het studeren als onbeduidend. Ik zag duidelijk dat ik die weg jaren tevoren alleen maar had ingeslagen om door Lila te worden benijd. Maar nu zeiden boeken haar niets meer. Ik hield op me voor te bereiden op het examen, sliep de hele nacht niet. Ik dacht aan mijn uiterst armzalige liefdeservaring: ik had Gino één keer gekust, ik had Nino's lippen amper beroerd; ik had de vluchtige, verachtelijke aanrakingen van zijn vader ondergaan: dat was alles. Maar Lila zou vanaf maart, op haar zestiende, een echtgenoot hebben, en binnen een jaar, op haar zeventiende, een kind, en daarna nog een en nog een en nog een. Ik voelde me een schim en huilde wanhopig.

Daags daarna ging ik apathisch naar school voor het examen. Maar er gebeurde iets waardoor ik me beter voelde. Meneer Gerace en juffrouw Galiani, die ook deel uitmaakten van de commissie, prezen mijn Italiaanse opstel uitvoerig. Gerace in het bijzonder. Hij zei dat mijn manier van vertellen nog beter was geworden. Hij wilde een stukje aan de rest van de commissie voorlezen. En pas toen ik naar hem luisterde, besefte ik waar ik, telkens als ik in die maanden schreef, op uit was geweest: me bevrijden van mijn gekunstelde toon, van de te stijve zinnen; proberen vloeiend en meeslepend te schrijven, zoals Lila in de brief naar Ischia. Toen ik mijn woorden uit de mond van de leraar hoorde terwijl juffrouw Galiani luisterde en zwijgend van ja knikte, realiseerde ik me dat het me was gelukt. Natuurlijk was het niet Lila's manier van schrijven, het was mijn manier. En die vonden mijn leraren echt uitzonderlijk.

Ik ging over naar de vierde met allemaal tienen, maar thuis was niemand daar verbaasd over en niemand fêteerde me. Ik zag dat ze tevreden waren, dat wel, en daar was ik blij om, maar ze vonden het totaal onbelangrijk. Sterker nog, mijn moeder vond mijn succes op school volkomen normaal en mijn vader zei dat ik meteen naar juffrouw Oliviero moest gaan om haar aan te sporen op tijd voor de boeken voor het komende jaar te zorgen. Terwijl ik de deur uit liep, riep mijn moeder me na: 'En als ze je weer naar Ischia wil sturen, zeg haar dan dat ik niet in orde ben en dat je thuis moet helpen.'

De juffrouw prees me, maar lusteloos, deels omdat het inmiddels ook voor haar vaststond dat ik knap was, deels omdat ze het niet goed maakte, ze had veel hinder van de kwaal in haar mond. Ze zei geen woord over dat ik rust nodig zou hebben of over haar nicht op Ischia, maar begon totaal onverwacht over Lila. Ze had haar in de verte op straat gezien. Ze was met haar verloofde, zei ze, de kruidenier. En toen voegde ze daar een zin aan toe die ik van mijn leven niet zal vergeten: 'Dat prachtige dat Cerullo vanaf haar jongste jaren in haar hoofd had heeft geen uitweg gevonden, Greco, alles is in haar gezicht, in haar borsten, in haar dijen en in haar kont terechtgekomen, plekken waar het mooie snel verdwijnt en dan is het alsof het er nooit is geweest.'

Ik had haar sinds ik haar kende nooit een grof woord horen zeggen. Bij die gelegenheid zei ze 'kont' en mompelde vervolgens: 'Neem me niet kwalijk.' Maar dat was niet wat me trof. Het was de spijt, alsof ze zich realiseerde dat er iets van Lila verloren was gegaan uitgerekend omdat zij als onderwijzeres het niet had beschermd en niet goed had ontwikkeld. Ik voelde me haar best geslaagde leerling en ging opgelucht weg.

De enige die me onomwonden feliciteerde was Alfonso, ook hij was over, met allemaal zevens. Ik voelde dat zijn bewondering oprecht was en dat deed me plezier. Gegrepen door enthousiasme deed hij, bij het mededelingenbord met de uitslagen, in het bijzijn van onze klasgenoten en hun ouders, iets ongepasts, alsof hij was vergeten dat ik een meisje was en dat hij me zelfs niet terloops mocht aanraken: hij drukte me stevig tegen zich aan en gaf me een kus op mijn wang, een luidruchtige kus. Maar toen raakte hij ineens in verwarring, liet me meteen los, zei 'sorry', maar kon zich toch niet inhouden. 'Allemaal tienen, onmogelijk, allemaal tienen,' riep hij uit. Op de terugweg naar huis praatten we veel over het huwelijk van zijn broer en over Lila. Omdat ik me bijzonder op mijn gemak voelde, vroeg ik hem, voor het eerst, wat hij van zijn aanstaande schoonzus vond. Hij wachtte even voor hij antwoordde en zei toen: 'Herinner je je die wedstrijd die ze ons op school lieten doen?'

'Wie kan die nu vergeten!'

'Ik was er zeker van dat ik zou winnen, jullie waren allemaal bang voor mijn vader.'

'Lina ook, ze probeerde een tijdje je niet te verslaan.'

'Ja, maar toen besloot ze te winnen en vernederde ze me. Ik ben huilend naar huis gegaan.'

'Verliezen is akelig.'

'Daar was het niet om. Ik vond het onverdraaglijk dat iedereen doodsbang voor mijn vader was, ikzelf in de eerste plaats, en dat meisje niet.'

'Werd je verliefd op haar?'

'Kom nou! Ze heeft me altijd ontzag ingeboezemd.'

'Hoezo?'

'Nou, ik vind mijn broer behoorlijk moedig om met haar te trouwen.'

'Wat zeg je nou?'

'Dat jij beter bent en dat ik, als ik kon kiezen, met jou zou trouwen.'

Ook dit deed me plezier. We barstten in lachen uit en toen we elkaar gedag zeiden lachten we nog. Hij was gedoemd de zomer in de winkel door te brengen, ik moest, meer van mijn moeder dan van mijn vader, een zomerbaantje zoeken. We beloofden dat we elkaar zouden zien, op zijn minst één keer samen naar zee zouden gaan. Daar is niets van gekomen.

De dagen daarna liep ik lusteloos rond door de wijk. Ik vroeg don Paolo, de drogist bij de grote weg, of hij een winkelmeisje nodig had. Ik vroeg het de man van de krantenkiosk: ook hij had niemand nodig. Ik ging bij de kantoorboekhandel langs, de mevrouw begon te lachen: ja, ze had iemand nodig, maar niet meteen; ik moest in de herfst maar weer eens langskomen, als de scholen weer begonnen. Ik wilde net weglopen toen ze me terugriep. Ze zei: 'Je bent een heel serieus meisje, Lenù, met jou durf ik het wel aan: voel je je in staat om mijn dochtertjes mee naar het strand te nemen?'

Helemaal gelukkig kwam ik de winkel weer uit. Ze zou me betalen – goed betalen – als ik de hele maand juli en de eerste tien dagen van augustus haar drie dochtertjes meenam naar zee. Zee, zon en geld. Ik moest elke dag naar ergens tussen

Mergellina en Posillipo, een plek die ik niet kende; hij had een vreemde naam, heette Sea Garden. Opgewonden liep ik naar huis, alsof mijn leven een beslissende wending had genomen. Ik zou geld verdienen voor mijn ouders, ik zou zwemmen en in de zon zou mijn huid net als in de zomer op Ischia weer glad en bruin worden. Wat is alles heerlijk, dacht ik, op zo'n stralende dag als alle goede dingen alleen maar op jou lijken te wachten.

Ik liep een stukje en dat geluksgevoel bleef. Antonio kwam naar me toe, in overall, vol smeer. Ik vond het fijn, iedereen die ik op dat vrolijke moment zou zijn tegengekomen was welkom geweest. Hij had me zien langslopen en was achter me aan gerend. Ik vertelde hem meteen van het baantje en het moest op mijn gezicht te lezen zijn dat dit een gelukkig moment voor me was. Maandenlang had ik keihard gewerkt, me alleen en lelijk gevoeld. Hoewel ik zeker wist dat ik van Nino Sarratore hield, had ik hem steeds ontweken en was ik niet eens gaan kijken of en met wat voor cijfers hij over was. Lila stond op het punt een definitieve sprong te maken, over mijn leven heen, ik zou haar niet meer bij kunnen houden. Maar nu voelde ik me goed en ik wilde me nog beter voelen. Toen Antonio, die doorhad dat ik in de juiste stemming was, vroeg of ik me met hem wilde verloven, zei ik meteen ja, ook al hield ik van een ander, ook al voelde ik voor hem niets meer dan een beetje sympathie. Hem, groot, leeftijdgenoot van Stefano, harde werker, als verloofde hebben, leek me net zoiets als met allemaal tienen overgaan of de dochtertjes van de mevrouw van de kantoorboekhandel tegen vergoeding meenemen naar de Sea Garden.

49

Mijn werk begon, mijn verloving begon. Mijn werkgeefster nam een soort abonnement voor me en elke ochtend reed ik in stampvolle bussen met de drie meisjes dwars door de stad en bracht ik ze naar die kleurrijke plek: parasols, blauwe zee, betonnen terrassen, studenten, welgestelde dames met veel vrije tijd, opzichtige vrouwen met gulzige gezichten. Ik was vriendelijk tegen de badmeesters die met me probeerden aan te pappen. Ik paste op de meisjes, ging lang met hen in het water, pronkend met het badpak dat Nella het jaar tevoren voor me had gemaakt. Ik gaf de meisjes te eten, speelde met hen, liet ze eindeloos aan het straaltje van een stenen fonteintje drinken en lette daarbij op dat ze niet uitgleden en hun tanden op de rand van de kom braken. In de namiddag keerden we terug naar de wijk. Ik overhandigde de kinderen aan hun moeder en haastte me naar de geheime afspraak met Antonio, verbrand door de zon en zout van het zeewater. We gingen via secundaire wegen naar de meertjes, ik was bang dat mijn moeder me zag, of, misschien nog erger, juffrouw Oliviero. Ik wisselde mijn eerste echte kussen met hem. Al gauw stond ik hem toe aan mijn borsten te komen en tussen mijn benen. En zelf drukte ik op een avond op zijn in zijn broek verborgen penis, groot en gespannen, en toen hij hem tevoorschijn haalde, hield ik hem terwijl we elkaar kusten met plezier in mijn hand. Ik accepteerde die dingen met twee heel heldere vragen in mijn hoofd. De eerste was: doet Lila hetzelfde met Stefano? En de tweede: is het genot dat ik met deze jongen ervaar hetzelfde als wat ik voelde op de avond dat Donato Sarratore aan me zat? In beide gevallen was Antonio uiteindelijk alleen maar een nuttig fantoom om enerzijds de liefdesspelletjes van Lila en Stefano en anderzijds de sterke, moeilijk te plaatsen emotie die Nino's vader me had bezorgd op te roepen. Maar ik voelde me nooit schuldig. Hij was me zo dankbaar, hij liet vanwege dat beetje gewriemel bij de meertjes zo'n absolute afhankelijkheid zien dat ik er al gauw van overtuigd raakte dat hij bij mij in het krijt stond, dat het genot dat ik hem gaf het genot dat hij me gaf ver overtrof.

Op zondag ging hij soms met mij en de meisjes mee naar de Sea Garden. Gespeeld nonchalant gaf hij veel geld uit, hoewel hij maar heel weinig verdiende, en daar kwam nog eens bij dat hij het haatte om in de zon te liggen bakken.

Maar hij deed het voor mij, alleen maar om bij me te zijn, zonder enige onmiddellijke vergoeding, aangezien er de hele dag geen gelegenheid was om elkaar te kussen of aan elkaar te komen. Bovendien vermaakte hij de meisjes met clowneske fratsen en atletische duiken. Terwijl hij met hen speelde, lag ik in de zon te lezen en smolt ik als een kwal boven de bladzijden.

Bij een van die gelegenheden zag ik toen ik even opkeek een lang, slank, elegant meisje in een prachtige rode bikini. Het was Lila. Gewend als ze er inmiddels aan was om altijd de ogen van de mannen op zich te hebben, bewoog ze zich in die drukke omgeving alsof er niemand was, zelfs de jonge badmeester niet die voor haar uit liep om haar naar een parasol te brengen. Ze zag me niet en ik aarzelde haar te roepen. Ze had een zonnebril op en liep te showen met een kleurige, stoffen tas. Ik had haar nog niet van mijn werk verteld, en ook niet van Antonio: waarschijnlijk was ik bang voor haar oordeel over zowel het een als het ander. Laten we maar wachten tot zij me roept, dacht ik en ik richtte mijn ogen weer op mijn boek, maar lezen lukte me niet meer en al gauw keek ik weer in haar richting. De badmeester had een ligstoel voor haar uitgezet en ze was in de zon gaan zitten. Intussen kwam ook Stefano eraan, spierwit, in een donkerblauwe zwembroek en met zijn portefeuille, een aansteker en sigaretten in de hand. Hij kuste Lila op de lippen, zoals prinsen dat bij schone slaapsters doen en ging op zijn beurt in een ligstoel zitten.

Weer probeerde ik te lezen. Zelfdiscipline was iets waaraan ik al lange tijd gewend was en dit keer lukte het me dan ook een paar minuten echt om de betekenis van de woorden te vatten, ik herinner me dat ik *Oblomov* las. Toen ik weer opkeek, zat Stefano nog naar de zee te kijken, maar Lila was er niet meer. Ik zocht haar met mijn ogen en zag dat ze met Antonio stond te praten en dat Antonio naar mij wees. Ik wuifde vrolijk naar haar, zij wuifde even vrolijk terug en draaide zich meteen om om Stefano te roepen.

We gingen samen zwemmen, met zijn drieën, terwijl Antonio op de dochters van mijn werkgeefster paste. Het leek een blije dag. Op een gegeven moment sleepte Stefano ons allemaal mee naar de bar en bestelde daar allerlei heerlijkheden: broodjes, drankjes, ijsjes. De meisjes lieten Antonio meteen links liggen en richtten al hun aandacht op Stefano. Toen de twee mannen over ik weet niet wat voor problemen met de auto begonnen te praten, een gesprek waarbij Antonio een uitstekend figuur sloeg, nam ik de meisjes mee zodat ze hen niet stoorden. Lila kwam me achterna.

'Hoeveel betaalt hun moeder je?' vroeg ze.

Ik vertelde het haar.

'Weinig.'

'Volgens mijn moeder is het nog te veel.'

'Je moet voor jezelf opkomen, Lenú.'

'Ik zal voor mezelf opkomen als ik met jouw kinderen naar het strand moet.'

'Ik zal je kisten met gouden munten geven, ik weet hoeveel het waard is om tijd met jou door te brengen.'

Ik keek haar aan om te zien of ze een grapje maakte. Ze maakte geen grapje, dat deed ze onmiddellijk daarna, zinspelend op Antonio: 'Weet hij hoeveel je waard bent?'

'We zijn pas sinds twintig dagen verloofd.'

'Hou je van hem?'

'Nee.'

'Waarom dan?'

Ik keek haar uitdagend aan.

'Hou jij van Stefano?'

Ze zei ernstig: 'Heel erg veel.'

'Meer dan van je ouders, meer dan van Rino?'

'Meer dan van iedereen, maar niet meer dan van jou.'

'Je houdt me voor de gek.'

Maar intussen dacht ik: ook al houdt ze me voor de gek, het is fijn om zo met elkaar te praten, zittend in de zon, op het warme beton, met onze voeten in het water; dat ze niet heeft gevraagd welk boek ik aan het lezen ben, jammer dan, en dat ze niet heeft gevraagd hoe de overgangsexamens zijn gegaan, jammer dan; misschien is het nog niet helemaal voorbij: iets zal er tussen ons wel blijven, ook als ze eenmaal getrouwd is.

Ik zei tegen haar: 'Ik kom hier iedere dag. Waarom kom je ook niet?'

Ze was enthousiast over die mogelijkheid, praatte er met Stefano over en die vond het best. Het was een fijne dag waarop we ons wonderlijk genoeg allemaal op ons gemak voelden. Toen begon de zon te dalen en werd het tijd om de meisjes terug te brengen. Stefano liep naar de kassa en ontdekte daar dat Antonio alles al had betaald. Hij vond het heel erg en bedankte allerhartelijkst. Op straat gaf ik hem meteen toen Stefano en Lila in de cabriolet wegreden op zijn kop. Melina en Ada poetsten de trappen van de flats en hij verdiende maar een schijntje in de garage.

'Waarom heb jij betaald?' zei ik bijna schreeuwend, boos, in het Napolitaans.

'Omdat jij en ik mooier zijn en meer klasse hebben,' antwoordde hij.

50

Bijna ongemerkt raakte ik aan Antonio gehecht. Onze seksuele spelletjes werden een beetje gewaagder, nog een beetje prettiger. Ik bedacht dat ik Lila, als ze nog een keer naar de Sea Garden kwam, zou vragen wat er tussen haar en Stefano gebeurde als ze op hun eentje in de auto weggingen. Deden ze dezelfde dingen als Antonio en ik of gingen ze verder, en deden ze bijvoorbeeld datgene waarvan de twee Solara's haar hadden beticht? Ik had niemand anders dan haar om me mee te vergelijken. Maar er deed zich geen gelegenheid voor om die vragen te stellen, ze kwam niet meer naar de Sea Garden.

Kort voor Maria-Hemelvaart kwam er een einde aan mijn werk en ook aan het geluk van zon en zee. Mijn werkgeefster was erg tevreden over hoe ik voor haar kinderen had gezorgd en hoewel de meisjes, ondanks mijn verzoek, aan hun moeder hadden verteld dat er soms ook een jongen, een vriend van mij, meeging naar zee met wie ze leuk in het water speelden, omhelsde ze me in plaats van me op mijn kop te geven en zei ze: 'Gelukkig maar, laat je alsjeblieft een beetje gaan, je bent te verstandig voor je leeftijd.' En daar voegde ze vals aan toe: 'Denk maar eens aan wat Lila Cerullo allemaal uitvoert.'

's Avonds bij de meertjes zei ik tegen Antonio: 'Zo is het altijd geweest, al vanaf dat we klein waren: iedereen denkt dat zij slecht is en ik goed.'

Hij kuste me en fluisterde ironisch: 'Is dat dan niet zo?'

Die reactie vertederde me en belette me hem te zeggen dat we uit elkaar moesten. Het was een beslissing die me urgent leek, genegenheid is geen liefde, ik hield van Nino en wist dat ik altijd van hem zou houden. Ik had een rustig verhaal voor Antonio klaar, wilde zeggen: het was een mooie tijd, je hebt me erg geholpen op een moment dat ik verdrietig was, maar nu begint de school weer en ik ga naar de vierde, ik krijg nieuwe vakken, het is een moeilijk jaar, ik zal hard moeten werken; het spijt me, maar we moeten ermee ophouden. Ik voelde dat het moest en elke middag ging ik met mijn verhaaltje klaar naar onze afspraak bij de meertjes. Maar hij was zo lief en zo hartstochtelijk dat me de moed ontbrak en ik het uitstelde. Met Maria-Hemelvaart. Na Maria-Hemelvaart. Voor het einde van de maand. Ik zei tegen mezelf: je kunt niet iemand kussen, betasten en je laten betasten en alleen maar een beetje op hem gesteld zijn; Lila houdt heel veel van Stefano, ik niet van Antonio.

De tijd verstreek en het lukte me nooit het juiste moment te vinden om het tegen hem te zeggen. Hij was bezorgd. Als het warm was ging het meestal slechter met Melina, maar in de tweede helft van augustus ging het echt slecht. Ze dacht weer aan Sarratore, die zij Donato noemde. Ze zei dat ze hem had gezien, ze zei dat hij haar kwam halen; haar kinderen wisten niet hoe ze haar tot kalmte moesten brengen. Ik werd bang dat Sarratore echt in de wijk was opgedoken maar mij zocht, niet Melina. 's Nachts werd ik met een schok wakker en had ik het gevoel dat hij door het raam naar binnen was gekomen en zich in mijn kamer bevond. Maar dan werd ik weer rustig en dacht ik: hij is vast op vakantie, in Barano, op het Maronti-strand, zeker niet hier met die hitte, die vliegen, dat stof.

Maar op een ochtend toen ik boodschappen ging doen, hoorde ik dat ik geroepen werd. Ik draaide me om en in eerste instantie herkende ik hem niet. Toen keek ik eens goed en zag ik zijn zwarte snor, zijn prettige, door de zon gebruinde gezicht, zijn mond met de dunne lippen. Ik liep door, hij kwam achter me aan. Hij zei dat het hem veel verdriet had gedaan dat hij me die zomer niet in Barano, bij Nella, had aangetroffen. Hij zei dat hij nergens anders aan dacht dan aan mij, dat hij zonder mij niet kon leven. Hij zei dat hij om een vorm aan onze liefde te geven veel gedichten had geschreven en dat hij ze aan me had willen voorlezen. Hij zei dat hij me wilde ontmoeten, rustig met me wilde praten, en dat hij als ik zou weigeren een einde aan zijn leven zou maken. Toen bleef ik staan en siste ik hem toe dat hij me met rust moest laten, dat ik verloofd was en dat ik hem nooit meer wilde zien. Hij deed wanhopig, fluisterde dat hij eeuwig op me zou wachten, dat hij elke middag om twaalf uur bij de ingang van de tunnel van de grote weg zou staan. Ik schudde energiek van nee: ik zou er nooit heen gaan. Hij boog zich naar voren om me te kussen, ik sprong naar achteren, ineens vol afkeer, hij glimlachte teleurgesteld, fluisterde: 'Je bent een goed meisje, je bent gevoelig, ik zal je de gedichten brengen die me het liefste zijn,' en vertrok.

Ik was vreselijk geschrokken en wist niet wat ik moest doen. Ik besloot Antonio te hulp te roepen. Diezelfde avond, bij de meertjes, vertelde ik hem dat zijn moeder gelijk had. Donato Sarratore zwierf door de wijk. Hij had me staande gehouden op straat. Hij had me gevraagd tegen Melina te zeggen dat hij eeuwig op haar zou wachten, elke dag om twaalf uur, bij de ingang van de tunnel. Antonio werd somber en mompelde: 'Wat moet ik doen?' Ik zei dat ik samen met hem naar die plek zou gaan en dat we samen een duidelijk verhaal tegen Sarratore zouden afsteken over de gezondheidstoestand van zijn moeder.

Van bezorgdheid deed ik die nacht geen oog dicht. De dag erna gingen we naar de tunnel. Antonio was zwijgzaam, liep zonder haast, ik voelde dat er een last op hem drukte die vertragend werkte. Hij was half razend, half geïntimideerd. Ik dacht woedend: hij kon wel om Ada, zijn zus, en om Lila de Solara's aanpakken, maar nu is hij onder de indruk, Donato Sarratore is een belangrijk iemand in zijn ogen, iemand met prestige. Merken dat hij zich zo voelde, versterkte mijn vastberadenheid, ik had hem door elkaar willen schudden, tegen hem willen schreeuwen: je hebt geen boek geschreven, maar je bent wel een stuk beter dan die man. Maar ik zei niets en stak alleen maar mijn arm door de zijne.

Toen Sarratore ons in de verte zag, probeerde hij snel in het duister van de tunnel te verdwijnen. Ik riep hem: 'Meneer Sarratore.'

Met tegenzin draaide hij zich om.

Hem met 'u' aansprekend, iets wat in die tijd ongebruikelijk was in ons milieu, zei ik: 'Ik weet niet of u zich Antonio herinnert, hij is de oudste zoon van mevrouw Melina.'

Sarratore zei met een schel, overdreven hartelijk stemmetje: 'Natuurlijk herinner ik me hem, hallo Antonio.'

'We zijn verloofd.'

'O, mooi.'

'En we hebben veel gepraat. Hij zal het u uitleggen,' zei ik.

Antonio begreep dat hij nu aan de beurt was en zei, uiterst bleek, gespannen, moeizaam in het Italiaans: 'Ik vind het heel prettig u te zien, meneer Sarratore, ik vergeet de dingen niet. Ik zal u altijd dankbaar zijn voor wat u na de dood van mijn vader voor ons hebt gedaan. En vooral voor het feit dat u me aan een baan in de garage van meneer Gorresio hebt geholpen; dat ik een vak heb geleerd, heb ik aan u te danken.'

'Vertel over je moeder,' spoorde ik hem zenuwachtig aan.

Hij raakte geïrriteerd, beduidde me te zwijgen. Daarna zei hij: 'Maar u woont niet meer in de wijk en u kent de situatie niet precies. Als mijn moeder alleen al uw naam hoort, raakt ze buiten zinnen. En als ze u zou zien, als ze u ook nog maar één keer zou zien, dan zou ze in het gekkenhuis belanden.'

Sarratore zei verward: 'Antonio, mijn jongen, ik heb je moeder nooit kwaad willen doen. Je herinnert je terecht hoe ik me voor jullie heb ingezet. Heus, ik heb haar en jullie altijd alleen maar willen helpen.'

'Nou, als u haar wilt blijven helpen, zoek haar dan niet op, stuur haar geen boeken, laat u niet meer in de wijk zien.'

'Dat kun je niet van me vragen, je kunt me niet verbieden plekken die me dierbaar zijn nog eens op te zoeken,' zei Sarratore met een warme, gemaakt ontroerde stem.

Die toon wekte mijn verontwaardiging. Ik kende hem, hij had er in Barano, op het Marontistrand vaak gebruik van gemaakt. Zacht en strelend, de toon die hij dacht dat een man met diepgang, een man die gedichten en artikelen in de *Roma* schreef, moest hebben. Ik stond op het punt me ermee te bemoeien, maar tot mijn verrassing was Antonio me voor. Hij kromde zijn rug, trok zijn hoofd tussen zijn schouders en intussen schoot een van zijn handen naar Donato Sarratores borst, trof die met zijn krachtige vingers. Hij zei in het Napolitaans: 'Dat verbied ik u niet. Maar ik beloof u dit: als u mijn moeder het beetje verstand dat ze nog heeft ontneemt, zal u voor altijd de lust vergaan om deze rotplekken terug te zien.'

Sarratore werd erg bleek.

'Ja,' zei hij haastig, 'ik heb het begrepen, dank je.'

Hij maakte rechtsomkeert en verdween in de richting van het station.

Ik stak mijn arm door die van Antonio, trots op die uitval van hem, maar merkte dat hij stond te trillen. Ik dacht, misschien voor het eerst, aan wat voor hem als jongetje de dood van zijn vader moest hebben betekend, en daarna het werk, de verantwoordelijkheid die hij ineens droeg, het instorten van zijn moeder. Vol genegenheid trok ik hem mee en ik stelde mezelf een nieuwe tijdslimiet: ik verlaat hem na Lila's huwelijk, zei ik tegen mezelf.

51

Dat huwelijk zou de wijk nog lang heugen. De voorbereidingen ervoor waren vervlochten met het langzame, ingewikkelde en ruzierijke ontstaan van de Cerullo-schoenen, het leken twee ondernemingen waaraan om de een of andere reden nooit een einde zou komen.

Het huwelijk drukte trouwens niet weinig op de schoenmakerij. Fernando en Rino zwoegden niet alleen op de nieuwe schoenen, die vooralsnog niets opbrachten, maar ook op talloze andere, onmiddellijk rendabele werkjes waarvan ze de opbrengst dringend nodig hadden. Ze moesten genoeg geld bijeenbrengen om Lila van een beetje uitzet te verzekeren en de kosten van de ontvangst te dragen, die ze met alle geweld op zich hadden willen nemen om geen armoedig figuur te slaan. De spanning die maandenlang in huize Cerullo heerste was daarom enorm: Nunzia zat dag en nacht lakens te borduren en Fernando maakte voortdurend scènes en betreurde de gelukkige tijd dat hij in het hol waar hij koning was geweest rustig zat te lijmen.

De enigen die kalm leken waren de verloofden. Er waren maar twee korte momenten van wrijving tussen hen. Het eerste betrof hun toekomstige huis. Stefano wilde een flatje kopen in de nieuwe wijk, terwijl Lila liever een appartement in een van de oude flats zou nemen. Ze bespraken het. Het huis in de oude wijk was groter, maar donker en had geen uitzicht, wat trouwens voor alle huizen daar gold. Het appartement in de nieuwe wijk was kleiner, maar had een enorm bad, zo een als in de Palmolive-reclame, een bidet en keek uit op de Vesuvius. Het bleek zinloos erop te wijzen dat terwijl de Vesuvius een ver en variabel silhouet was dat in de nevelige lucht vervaagde, op minder dan tweehonderd meter de glanzende rails van de spoorweg te zien waren. Stefano was onder de bekoring van het nieuwe, van de flats met hun glanzende vloeren en spierwitte wanden, en Lila ging al gauw door de knieën. Meer dan al het andere telde dat ze – nog geen zeventien jaar oud – een eigen huis zou hebben, met warm water uit een kraan, en niet gehuurd maar in eigendom.

De tweede aanleiding voor wrijving was de huwelijksreis. Stefano stelde Venetië voor als doel maar Lila drong erop aan niet te ver van Napels te gaan, waarmee ze een neiging onthulde die haar hele leven zou kenmerken. Ze stelde een verblijf op Ischia of Capri of eventueel aan de Amalfitaanse kust voor, allemaal plaatsen waar ze nog nooit was geweest. Haar aanstaande man verklaarde zich bijna meteen akkoord.

Verder waren er minieme spanningen, voornamelijk weerspiegelingen van interne problemen in de families waar ze uit voortkwamen. Als Stefano bijvoorbeeld naar schoenmakerij Cerullo ging en dan later bij Lila kwam, liep het er bijna altijd op uit dat hij zich boze woorden over Fernando en Rino liet ontvallen; zij vond dat vervelend en schoot meteen in de verdediging. Hij schudde weinig overtuigd het hoofd, begon die schoenenkwestie een buitensporige investering te vinden en toen er aan het eind van de zomer grote spanningen tussen hem en de twee Cerullo's ontstonden, stelde hij een duidelijke limiet aan het voortdurend maken en weer uit elkaar halen van de schoenen door vader, zoon en knechts. Hij zei dat hij voor eind november de eerste resultaten wilde zien: dat op zijn minst de wintermodellen, van de heren- en van de damesschoenen, dan klaar moesten zijn om tegen Kerstmis in de etalage te worden uitgestald. Nogal gespannen liet hij zich daarna tegenover Lila ontvallen dat Rino eerder bereid was om geld te vragen dan om te werken. Zij verdedigde haar broer, hij reageerde erop, zij maakte zich boos, hij krabbelde onmiddellijk terug. Hij ging het paar schoenen halen waaruit dat hele project was voortgekomen, de gekochte maar nooit gedragen schoenen, bewaard als een kostbare getuigenis van hun romance, en bevoelde ze, snoof eraan, raakte ontroerd toen hij haar vertelde hoe hij daar haar nog bijna kinderlijke handen in rook, in zag, altijd in had gezien, die er samen met de kolenschoppen van haar broer aan hadden gewerkt. Ze stonden op het dakterras van het oude huis, de plek waar ze hun vuurwerkoorlog met de Solara's hadden gevoerd. Hij pakte haar vingers en kuste ze één voor één terwijl hij zei dat hij nooit zou toestaan dat ze opnieuw gehavend raakten.

Lila vertelde me zelf, heel vrolijk, van dat liefdevolle gebaar. Dat deed ze toen ze me meenam om me het nieuwe huis te laten zien. Wat een pracht: glanzende ceramiektegels, een badkuip om een schuimbad in te nemen, in de eetkamer en in de slaapkamer meubels met houtsnijwerk, een koelkast en zelfs een telefoon. Nogal onder de indruk schreef ik het nummer op. We waren in kleine huizen geboren en opgegroeid, zonder een kamer voor onszelf, zonder een plek om te leren. En ik leefde nog steeds zo, zij binnenkort niet meer. We liepen het balkon op dat uitzicht bood op de spoorweg en de Vesuvius, en ik vroeg haar voorzichtig: 'Komen jij en Stefano hier ook met zijn tweetjes?'

'Jawel, soms.'

'Wat gebeurt er dan?'

Ze keek me aan alsof ze het niet begreep.

'Hoe bedoel je?'

Ik werd verlegen.

'Kussen jullie elkaar dan?'

'Soms.'

'En daarna?'

'Daarna niks, we zijn nog niet getrouwd.'

Het verwarde me. Kon dat? Zo veel vrijheid en dan niets? Al dat geklets overal in de wijk, die vieze praatjes van de Solara's, terwijl zij elkaar alleen maar kusten?

'Maar hij, vraagt hij je niets?'

'Waarom? Antonio wel aan jou?'

'Ja.'

'Hij mij niet. Hij is het ermee eens dat we eerst moeten trouwen.'

Ze leek me erg getroffen door mijn vragen, evenveel als ik getroffen was door haar antwoorden. Ze stond Stefano dus niets toe, ook niet als ze met zijn tweeën met de auto uitgingen, ook niet nu ze op het punt stonden te trouwen, ook niet nu ze al een kant-en-klaar huis hadden, een bed met nog ingepakte matrassen. Terwijl ik, die absoluut niet ging trouwen, al tijden verder was gegaan dan alleen maar kussen. Toen ze me daarop nieuwsgierig vroeg of ik Antonio gaf wat hij wilde, schaamde ik me om de waarheid te zeggen. Ik antwoordde van nee en daar leek ze blij om te zijn.

52

Ik sprak niet meer zo vaak af bij de meertjes, ook al omdat mijn school bijna weer begon. Ik was ervan overtuigd dat Lila me juist vanwege de lessen en het huiswerk buiten de voorbereidingen voor haar huwelijk zou houden; ze was eraan gewend geraakt dat ik tijdens het schooljaar van het toneel verdween. Maar dat was niet zo. De spanningen tussen haar en Pinuccia waren in de loop van de zomer hoog opgelopen. Het ging niet meer over kleren of hoedjes of sjaals of sieraadjes. Op een gegeven moment zei Pinuccia, in aanwezigheid van Lila, onomwonden tegen haar broer dat zijn aanstaande in de winkel moest komen werken, misschien niet meteen, maar dan toch wel na de huwelijksreis – zoals de hele familie al eeuwig deed, zoals ook Alfonso telkens als de school het hem toestond deed – of zij zou het ook niet meer doen. Dit keer had ze de uitdrukkelijke steun van haar moeder.

Lila vertrok geen spier, zei dat ze ook onmiddellijk kon beginnen, meteen morgen al, het maakte haar niet uit welke rol de familie Carracci haar toebedeelde. Ook al was dat antwoord verzoenend bedoeld, het had, zoals altijd alle antwoorden van Lila, iets eerlijks en tegelijk minachtends, wat Pinuccia nog bozer maakte. Het was zonneklaar dat de twee vrouwen de schoenmakersdochter inmiddels zagen als een heks die de baas kwam spelen, geld over de balk kwam smijten zonder een vinger uit te steken om het te verdienen, de oudste zoon met haar kunsten naar haar hand kwam zetten en hem ten aanzien van zijn eigen bloed, dat wil zeggen van zijn bloedeigen zus en zelfs van zijn moeder, heel onbillijke dingen liet doen.

Zoals steeds reageerde Stefano niet onmiddellijk. Hij wachtte tot zijn zusje was uitgeraasd en zei daarna rustig, alsof de vraag naar Lila's positie in de kleine familieonderneming nog nooit bij hem was opgekomen, dat Pinuccia in plaats van in de winkel te helpen, er beter aan zou doen zijn verloofde te helpen bij de voorbereidingen voor het huwelijk.

'Heb je me niet meer nodig?' schoot het meisje uit.

'Nee, vanaf morgen laat ik Ada, de dochter van Melina, komen om jou te vervangen.'

'Heeft zij je dat ingefluisterd?' schreeuwde zijn zus terwijl ze op Lila wees.

'Dat zijn jouw zaken niet.'

'Heb je dat gehoord, ma? Heb je gehoord wat hij zei? Hij denkt hier heer en meester te zijn.'

Het was even onverdraaglijk stil, toen stond Maria op van haar stoel achter de kassa en zei tegen haar zoon: 'Vind ook maar iemand voor deze plek, want ik ben moe en heb geen zin meer om te werken.'

Toen bond Stefano een beetje in. Hij zei: 'Laten we rustig blijven, ik ben heer en meester van niets. De dingen van de winkel gaan ons allemaal aan, niet alleen mij, maar ons allemaal. We moeten een beslissing nemen. Pinú, heb jij het nodig om te werken? Nee. Mama, heb jij het nodig om daar de hele dag te zitten? Nee. Laten we dan werk geven aan wie het nodig heeft. Ik zet Ada aan de toonbank en wat de kassa betreft, dat zie ik nog wel. Wie bekommert zich anders om de bruiloft?'

Of Lila echt achter de verbanning van Pinuccia en haar moeder uit het dagelijks leven van de winkel en de indienstneming van Ada zat, weet ik niet zeker (Ada was er natuurlijk van overtuigd en ze overtuigde ook Antonio ervan, voor wie, als je hem hoorde, onze vriendin een soort goede fee werd). Wel zeker is dat het feit dat schoonzus en schoonmoeder vrije tijd te over hadden om zich op de bruiloft te storten voor Lila niet gunstig was. De twee vrouwen maakten haar het leven nog moeilijker, over de kleinste dingen ontstonden conflicten: de kaarten, de versiering van de kerk; de fotograaf, het orkestje, de feestzaal, het menu, de taart, de *bomboniere* – cadeautjes met bruidssuikers –, de trouwringen en zelfs de huwelijksreis, aangezien Pinuccia en Maria Sorrento, Positano, Ischia en Capri maar niets vonden. En zo werd ik er pats-boem bijgesleept, zogenaamd om Lila mijn mening over het een of ander te geven, in werkelijkheid om haar te steunen in een moeilijke strijd.

Ik zat net in de vierde en had veel nieuwe, moeilijke vakken. Mijn bekende stugge ijver was me al aan het slopen, ik studeerde te verbeten. Toen ik op een keer na school mijn vriendin tegenkwam, vroeg die plompverloren: 'Alsjeblieft, Lenù, kom je me morgen raad geven?'

Ik wist niet eens waar ze het over had. Ik was bij scheikunde overhoord, had het er niet goed afgebracht en leed daaronder.

'Raad waarover?'

'Over de trouwjurk. Alsjeblieft, zeg niet nee, want anders vermoord ik mijn schoonzus en mijn schoonmoeder nog.'

Ik ging, sloot me met een heel ongemakkelijk gevoel bij haar, Pinuccia en Maria aan. De winkel was aan de Rettifilo en ik herinner me dat ik een paar boeken in een tas had gestopt in de hoop de kans te krijgen een beetje te studeren. Onmogelijk. Van vier uur 's middags tot zeven uur 's avonds bekeken we plaatjes, betastten we stoffen, paste Lila trouwjurken die op de etalagepoppen in de winkel hingen. Wat ze ook aantrok, haar schoonheid liet de jurk goed tot zijn recht komen en de jurk haar schoonheid. De stijve organza, de soepele zijde, de luchtige tule stonden haar goed. Het kanten lijfje en de poffende mouwen stonden haar goed. De wijde rok stond haar even goed als de strakke, de lange sleep even goed als de korte, de uitwaaierende sluier even goed als de sluier die glad neerviel, het kroontje van strass even goed als dat van pareltjes of oranjebloesem. Over het algemeen bestudeerde ze braaf de plaatjes en paste ze de jurken die op de poppen zo mooi hingen te zijn. Maar soms, als ze genoeg had van de kieskeurige houding van haar toekomstige familieleden, kwam de Lila van vroeger boven. Dan keek ze me recht in de ogen en zei ze ironisch, tot schrik van schoonmoeder en schoonzus: 'Als we eens een mooie groene zijde kozen, of een rode organza, of een mooie zwarte, of liever nog gele tule?' Dan was mijn lachje nodig om aan te geven dat de bruid een grapje maakte en om met rancuneuze ernst weer over stoffen en modellen te gaan nadenken. De naaister bleef maar enthousiast zeggen: 'Alstublieft, wat u ook kiest, brengt u me foto's van het huwelijk, ik wil ze hier in de etalage zetten, dan kan ik zeggen: "Dat meisje heb ik gekleed." '

Maar het echte probleem was de keuze. Telkens als Lila naar een model of een stof overhelde, waren Pinuccia en Maria meer voor een ander model, een andere stof. Ik zei nooit iets, was een beetje versuft door al die discussies en ook door de geur van die nieuwe stoffen. Toen vroeg Lila ontstemd: 'Wat vind jij, Lenù?'

Het werd stil. Ik voelde meteen met een zekere verbazing dat de twee vrouwen dat moment verwachtten en er bang voor waren. Ik wendde een techniek aan die ik op school had geleerd en die uit het volgende bestond: telkens als ik niet wist wat ik op een vraag moest antwoorden, kwam ik, met de zekere stem van iemand die duidelijk weet waar hij heen wil, met een overvloed aan premissen. Ik begon met te zeggen – in het Italiaans – dat de modellen die de voorkeur van Pinuccia en haar moeder hadden me heel erg aanstonden. Ik stortte me niet in lofprijzingen maar voerde argumenten aan die bewezen hoe geschikt ze waren voor Lila's figuur. Op het moment dat ik, net als in de klas bij de leraren, voelde dat ik de bewondering en sympathie van moeder en dochter gewonnen had, koos ik op goed geluk, echt op goed geluk, een van de plaatjes, waarbij ik wel oppaste dat het niet een model was waar Lila voor opteerde, en ging ik er vervolgens toe over aan te tonen dat dat ene model alle kwaliteiten had van zowel de modellen waar de twee vrouwen voor kozen, als van die waar mijn vriendin voor koos. De naaister, Pinuccia en haar moeder waren het onmiddellijk met mij eens. Lila keek me alleen maar met samengeknepen ogen aan. Daarna kwam haar gewone blik weer terug en verklaarde ook zij zich akkoord.

Toen we weggingen was zowel Maria als Pinuccia in opperbeste stemming. Ze praatten bijna met genegenheid tegen Lila en terwijl ze de aankoop bespraken bleven ze mij aanhalen met zinsneden als 'zoals Lenuccia zei' of 'Lenuccia zei terecht'. Lila zorgde dat we een beetje achterbleven in de avonddrukte van de Rettifilo en vroeg me: 'Leer je dat op school?'

'Wat?'

'Woorden gebruiken om de mensen voor de gek te houden.'

Ik voelde me gekwetst en mompelde: 'Vind je het model dat we hebben gekozen niet mooi?'

'Jawel, heel mooi.'

'Nou en?'

'Doe me dan een plezier en ga telkens als ik het je vraag met ons mee.'

Ik was boos en zei: 'Wil je me gebruiken om ze voor de gek te houden?'

Ze begreep dat ik beledigd was en kneep hard in mijn hand: 'Ik wilde niets gemeens tegen je zeggen, ik wilde alleen maar zeggen dat je dat goed kunt, mensen voor je innemen. Het verschil tussen jou en mij is altijd al geweest dat de mensen bang zijn voor mij en voor jou niet.'

'Misschien omdat je gemeen bent,' zei ik steeds kwader.

'Misschien,' antwoordde ze en ik merkte dat ik haar pijn had gedaan, net zoals zij mij pijn had gedaan. Uit spijt voegde ik daar toen meteen aan toe om het goed te maken: 'Antonio zou zich voor jou laten vermoorden: hij zei dat ik je moest bedanken omdat je zijn zus aan werk hebt geholpen.'

'Stefano heeft Ada werk gegeven,' antwoordde zij. 'Ik ben gemeen.'

53

Vanaf dat moment werd ik voortdurend opgetrommeld om aan de meest omstreden keuzes deel te nemen, en soms – ontdekte ik – was dat niet omdat Lila dat wilde, maar omdat Pinuccia en haar moeder dat graag hadden. In feite koos ik de cadeautjes met de bruidssuikers. In feite koos ik het restaurant in de via Orazio. In feite koos ik de fotograaf en overtuigde ik de vrouwen ervan dat ze bij de fotoreportage ook nog een filmpje in Super 8 moesten laten maken. En elke keer realiseerde ik me dat ik zelf voor alles warmliep, alsof elk van die kwesties een training was voor wanneer ik aan de beurt zou zijn om te trouwen, maar dat Lila heel weinig aandacht had voor de verschillende etappes van haar bruiloft. Het verbaasde me, maar het was beslist zo. Wat haar werkelijk in beslag nam was dat ze voor eens en altijd duidelijk wilde maken dat haar schoonzus en schoonmoeder zich in haar huis niet met haar toekomstig leven als vrouw en moeder moesten bemoeien. Maar het was niet het bekende conflict tussen schoonmoeder, schoondochter en schoonzus. Door hoe ze me gebruikte en door hoe ze Stefano manipuleerde, had ik de indruk dat ze vocht om, vanuit de kooi waarin ze zichzelf had opgesloten, een heel eigen manier van zijn te vinden, een manier die haar echter nog duister was.

Natuurlijk verloor ik hele middagen met het beslechten van hun ruzies, ik studeerde weinig en een paar keer draaide het er zelfs op uit dat ik niet naar school ging. Het gevolg daarvan was dat mijn rapport over het eerste trimester niet bepaald briljant was. Mijn nieuwe lerares Latijn en Grieks, de hooggewaardeerde juffrouw Galiani, droeg me op handen, maar het lukte me amper een voldoende te halen voor filosofie, scheikunde en wiskunde. Bovendien verzeilde ik op een ochtend in een akelige situatie. Omdat de godsdienstleraar constant hevige filippica's hield tegen de communisten en hun atheïsme, voelde ik me gedwongen om te reageren, ik weet niet goed of dat door mijn sympathie voor Pasquale kwam, die altijd verklaard had communist te zijn, of gewoon omdat ik voelde dat al het kwaad dat de pater de communisten aanwreef mij, lieveling van juffrouw Galiani, die de communiste bij uitstek was, rechtstreeks aanging. Blijft het feit dat ik mijn hand opstak en zei – ik die met succes een schriftelijke cursus theologie had gedaan – dat het menselijke lot zo duidelijk aan de blinde razernij van het toeval was blootgesteld dat jezelf aan een God toevertrouwen, aan Jezus, aan de Heilige Geest – deze laatste een totaal overbodig wezen, hij was er alleen maar om tot een drie-eenheid te kunnen komen, iets wat zoals iedereen weet nobeler is dan alleen maar het binomium vader-zoon – hetzelfde was als plaatjes verzamelen terwijl de stad brandt in het hellevuur. Alfonso had meteen in de gaten dat ik te ver ging en trok mij voorzichtig aan mijn jurk, maar ik luisterde niet naar hem en maakte mijn verhaal af, die slotvergelijking inbegrepen. Voor het eerst werd ik de klas uit gestuurd en kreeg ik een berisping in het klassenboek.

Eenmaal in de gang voelde ik me eerst gedesoriënteerd – wat was er gebeurd, waarom had ik me zo onbezonnen gedragen, waar kwam die absolute overtuiging vandaan dat de dingen die ik zei juist waren en gezegd dienden te worden? –, maar later herinnerde ik me dat ik het met Lila over dat soort dingen had gehad en besefte ik dat ik mezelf alleen maar in die nare situatie had gebracht omdat ik haar ondanks alles voldoende gezag bleef toekennen om mij de kracht te geven mijn godsdienstleraar uit te dagen. Lila sloeg geen boek meer open, studeerde niet meer, stond op het punt de vrouw van een winkelier te worden, zou waarschijnlijk op de plaats van Stefano's moeder achter de kassa terechtkomen, en ik? Had ik uit haar de energie geput om een beeld te bedenken dat de godsdienst voorstelde als een plaatjesverzameling terwijl de stad in het hellevuur brandt? Was het dan niet waar dat de school een persoonlijke rijkdom van mij was, die zich inmiddels ver buiten haar invloedssfeer bevond? Voor de deur van mijn klas huilde ik stille tranen.

Maar plotseling veranderden de dingen. Aan het eind van de gang verscheen Nino Sarratore. Na die nieuwe ontmoeting met zijn vader had ik reden temeer om me te gedragen alsof hij niet bestond, maar hem op dat moment zien, gaf me weer moed; vlug droogde ik mijn tranen. Maar hij zag waarschijnlijk toch dat er iets mis was en kwam naar me toe. Hij was volwassener geworden, had een sterk uitstekende adamsappel, trekken die door een blauwige baard nog geprononceerder werden, een vastberadener blik. Onmogelijk om aan hem te ontkomen. Ik kon niet terug de klas in en ik kon niet weglopen naar de toiletten: of de godsdienstleraar me nu zag als hij naar de deur kwam of niet, mijn situatie zou in beide gevallen alleen maar gecompliceerder worden. Ik bleef waar ik was, en toen Nino voor me kwam staan en me vroeg waarom ik niet in de klas zat, wat er was gebeurd, vertelde ik hem alles. Hij fronste zijn voorhoofd en zei: 'Ik ben zo terug.' Hij verdween en dook na een paar minuten weer op, samen met juffrouw Galiani.

La Galiani overlaadde me met complimenten. 'Maar nu,' zei ze alsof ze Nino en mij een lesje gaf, 'na de bliksemactie, is het tijd voor bemiddeling.' Ze klopte op de deur van mijn klas, ging naar binnen, deed de deur achter zich dicht en kwam vijf minuten later vrolijk weer tevoorschijn. Ik kon terug, op voorwaarde dat ik de leraar mijn excuses aanbood voor de te agressieve toon die ik had aangeslagen. Ik bood mijn excuses aan, intussen heen en weer geslingerd tussen angst voor mogelijke represailles en trots om de steun die ik van Nino en juffrouw Galiani had gekregen.

Ik hoedde me er wel voor om het gebeurde aan mijn ouders te vertellen, maar aan Antonio vertelde ik alles en die vertelde het trots aan Pasquale, die op een ochtend Lila tegenkwam en – overmand door emotie omdat hij nog zo veel van haar hield – niet wist wat hij tegen haar moest zeggen, zich als aan een reddingsboei aan mijn verhaal vastklampte en het haar op zijn beurt vertelde. En zo werd ik in een mum van tijd de heldin van zowel mijn oude vrienden als van het kleine, maar uiterst strijdbare groepje leraren en studenten dat tegen de filippica's van de godsdienstleraar vocht. Omdat ik me had gerealiseerd dat mijn excuses aan de pater niet voldoende waren geweest, deed ik mijn best om het vertrouwen van hem en zijn geestverwanten terug te winnen. Moeiteloos scheidde ik mijn woorden van mezelf: bij alle leraren die me vijandig gezind waren werd ik erg respectvol, gedienstig en ijverig en deed ik goed mee, zodat ze me al gauw weer een keurig persoontje vonden dat ze bepaalde vreemde beweringen wel konden vergeven. En zo ontdekte ik dat ik me net als la Galiani kon gedragen: ferm voor mijn mening uitkomen en tegelijkertijd door onberispelijk gedrag ieders achting verwerven. Na een paar dagen stond ik volgens mij, samen met Nino Sarratore die in de zesde zat en dat jaar eindexamen zou doen, weer boven aan de lijst van de meest veelbelovende leerlingen van ons haveloze gymnasium.

Maar dat was nog niet alles. Een paar weken later vroeg Nino me op zijn schuwe manier en zonder omwegen om heel vlug een half schriftblaadje over mijn botsing met de pater te schrijven.

'Waarvoor?'

Hij vertelde dat hij meewerkte aan een tijdschriftje dat *Napels, hotel voor de armen* heette. Hij had het voorval op de redactie verteld en ze hadden tegen hem gezegd dat als ik er op tijd een verslagje van schreef, zij zouden proberen het in het volgende nummer op te nemen. Hij liet me het tijdschrift zien. Het was een vuilgrijs blaadje van een vijftigtal bladzijden. Hij stond met naam en toenaam in de inhoudsopgave bij een artikel dat 'De getallen van de armoede' als titel had. Ik moest aan zijn vader denken, aan de voldoening en de ijdelheid waarmee hij mij op het Marontistrand zijn artikel uit de *Roma* had voorgelezen.

'Schrijf je ook gedichten?'

Hij ontkende het zo energiek en met zo veel afkeer dat ik het hem meteen beloofde: 'Goed, ik probeer het.'

Heel opgewonden ging ik naar huis. In mijn hoofd wemelde het al van de zinnen die ik zou schrijven en onderweg praatte ik er uitvoerig met Alfonso over. Hij was bezorgd, bezwoer me niets te schrijven.

'Komt je naam eronder?'

'Ja.'

'Lenù, de pater wordt weer kwaad en hij zorgt dat je blijft zitten: hij krijgt dat mens van scheikunde en die vent van wiskunde vast en zeker aan zijn kant.'

Hij bracht zijn ongerustheid op mij over en ik verloor mijn zelfvertrouwen. Maar zodra we uit elkaar gingen, kreeg de gedachte dat ik het tijdschrift, mijn artikeltje, mijn gedrukte naam binnenkort aan Lila, aan mijn ouders, aan juffrouw Oliviero, aan meester Ferraro zou kunnen laten zien, de overhand. Het was heel opwindend geweest om bijval te krijgen van personen die me beter leken (la Galiani, Nino) toen ik me tegen mensen opstelde die me slechter leken (de pater, de scheikundelerares, de wiskundeleraar), en me intussen tegenover mijn tegenstanders zo te gedragen dat ik hun sympathie en achting niet verloor. Ik zou mijn best doen om dat bij het uitkomen van het artikeltje weer te laten gebeuren.

De middag ging heen met schrijven en herschrijven. Ik bedacht korte, krachtige zinnen. Door moeilijke woorden te gebruiken probeerde ik mijn standpunt zo veel mogelijk theoretisch gewicht te geven. Ik schreef: Als God alomtegenwoordig is, waarom moet hij zich dan via de Heilige Geest verspreiden? Maar het halve blaadje was al vlug vol, met alleen nog maar de inleiding. En de rest? Ik begon opnieuw. En omdat ik al vanaf de lagere school getraind was in het koppig steeds maar opnieuw proberen, bereikte ik ten slotte een overtuigend resultaat en kon ik aan het huiswerk voor de volgende dag beginnen.

Maar binnen een halfuur waren de twijfels terug en had ik behoefte aan een bevestiging. Aan wie kon ik mijn tekst voorleggen? Aan mijn moeder? Aan mijn broertjes? Aan Antonio? Natuurlijk niet. Lila was de enige. Maar me tot haar wenden betekende haar gezag blijven toekennen, terwijl ik inmiddels degene was die het meeste wist. Aanvankelijk verzette ik me dus tegen dat idee. Ik was bang dat ze mijn halve blaadje zou afdoen met een flauwe, bagatelliserende opmerking. En ik was nog banger dat die opmerking hoe dan ook in mijn hoofd zou blijven doorwerken en me op buitensporige gedachten zou brengen die ik uiteindelijk ook op mijn halve bladzijde zou neerschrijven, waardoor ik het evenwicht ervan zou verstoren. En toch bezweek ik ten slotte en haastte ik me naar haar toe in de hoop dat ze thuis was. Ze was bij haar ouders. Ik vertelde haar van Nino's voorstel en gaf haar het schrift.

Ze bekeek de bladzijde met tegenzin, alsof het geschrevene pijn deed aan haar ogen. Net als Alfonso vroeg ze: 'Zetten ze je naam eronder?'

Ik knikte van ja.

'Echt Elena Greco?'

'Ja.'

Ze gaf me het schrift terug: 'Ik kan niet zeggen of het goed is of niet.'

'Alsjeblieft.'

'Nee, ik kan het echt niet.'

Ik drong aan. Ik zei, ook al wist ik dat het niet waar was, dat ik het, als het haar niet aanstond of zelfs als ze weigerde het te lezen, niet aan Nino zou geven om het te laten drukken.

Ten slotte las ze het. Het was alsof ze helemaal samenkromp, alsof ik iets zwaars tegen haar aan had gesmeten. En het leek of ze met pijnlijke inspanning bezig was ergens diep in zich de oude Lila te bevrijden, de Lila die las, schreef, tekende en met de directheid en de natuurlijkheid van een instinctieve reactie ontwierp. Toen het haar lukte leek alle zwaarte verdwenen.

'Mag ik doorstrepen?'

'Ja.'

Ze streepte veel woorden door en een hele zin.

'Mag ik iets verplaatsen?'

'Ja.'

Ze zette een kring om een zin en verplaatste die met een golvende lijn naar boven aan de bladzijde.

'Mag ik alles op een ander vel voor je overschrijven?'

'Dat doe ik wel.'

'Nee, laat mij het doen.'

Ze had nogal wat tijd nodig om het over te schrijven. Toen ze me het schrift teruggaf, zei ze: 'Je bent een kei, logisch dat je altijd tienen krijgt.' En daarna voegde ze er met plotselinge hardheid aan toe: 'Ik wil niets meer lezen van wat je schrijft.'

'Waarom niet?'

Ze dacht er even over na.

'Omdat het me pijn doet,' antwoordde ze, en ze tikte met haar vingers midden op haar hoofd, terwijl ze in lachen uitbarstte.

54

Blij liep ik naar huis. Ik sloot me op de wc op om de anderen niet te storen, studeerde tot tegen drieën en ging toen eindelijk naar bed. Om halfzeven stond ik weer op om de tekst over te schrijven. Maar eerst las ik hem nog eens, in het mooie, ronde handschrift van Lila, een handschrift dat bij de lagere school was blijven steken, inmiddels heel anders dan het mijne dat kleiner en simpeler was geworden. Op het blaadje stond precies wat ik had geschreven, maar helderder, directer. Door haar doorhalingen, verplaatsingen, kleine toevoegingen en op de een of andere manier zelfs haar handschrift had ik het gevoel dat ik uit mezelf was ontsnapt en nu honderd meter verderop rende met een energie en tegelijk een harmonie waarvan de achtergebleven persoon niet wist dat ze die bezat.

Ik besloot de tekst in het handschrift van Lila te laten staan en bracht hem zo naar Nino om een zichtbaar spoor van haar aanwezigheid in mijn woorden te bewaren. Hij las het, knipperde daarbij meerdere keren met zijn lange wimpers. Ten slotte zei hij, plotseling onverwacht treurig: 'Galiani heeft gelijk.'

'Hoezo?'

'Jij schrijft beter dan ik.'

En hoewel ik verward protesteerde, herhaalde hij het, draaide me vervolgens de rug toe en liep zonder groet weg. Hij zei niet eens wanneer het blad zou verschijnen of hoe ik eraan kon komen, en ik had ook niet de moed het hem te vragen. Dat gedrag ergerde me. Temeer omdat ik toen hij wegliep een paar seconden de manier van lopen van zijn vader herkende.

En zo eindigde die nieuwe ontmoeting van ons. Weer hadden we alles verkeerd gedaan. Dagenlang bleef Nino zich gedragen alsof beter schrijven dan hij een wandaad was die bestraft moest worden. Het maakte me kwaad. Toen ik ineens weer iemand van vlees en bloed voor hem werd en hij me vroeg een stukje samen op te lopen, antwoordde ik hem kil dat ik al een afspraak had, dat mijn verloofde me kwam halen.

Een tijdlang dacht hij misschien dat Alfonso mijn verloofde was, maar die onzekerheid werd bij hem weggenomen toen op een keer, bij het uitgaan van de school, zijn zus Marisa opdook die hem ik weet niet wat moest vertellen. We hadden elkaar sinds Ischia niet meer gezien. Ze kwam naar me toe gerend, deed heel enthousiast, zei hoe jammer ze het had gevonden dat ik die zomer niet meer naar Barano was gekomen. Omdat ik samen met Alfonso was, stelde ik hem aan haar voor. Aangezien haar broer al weg was, drong ze aan om samen een eindje op te lopen. Eerst vertelde ze ons al haar liefdesleed. Daarna, toen ze in de gaten had dat Alfonso en ik niet verloofd waren, praatte ze niet langer tegen mij, maar begon ze op haar innemende manier met hem te kletsen. Eenmaal weer thuis had ze haar broer vast en zeker verteld dat er niets was tussen Alfonso en mij, want prompt de volgende dag begon Nino weer om me heen te draaien. Hem alleen maar zien, maakte me nu echter al zenuwachtig. Was hij net zo oppervlakkig als zijn vader, ook al haatte hij hem? Dacht hij dat de anderen hem wel moesten willen, wel van hem moesten houden? Was hij zo vol van zichzelf dat hij geen andere dan zijn eigen deugden duldde?

Ik vroeg Antonio me van school te komen afhalen. Hij deed het meteen, verward en tegelijkertijd voldaan door dat verzoek. Wat hem waarschijnlijk nog meer verbaasde, was het feit dat ik daar in het openbaar, voor de ogen van iedereen, zijn hand nam en mijn vingers met die van hem verstrengelde. Ik had, evengoed in de wijk als daarbuiten, altijd geweigerd om zo met hem te lopen omdat me dat het gevoel gaf nog een kind te zijn en met mijn vader te wandelen. Maar toen deed ik het wel. Ik wist dat Nino naar ons keek en ik wilde dat hij begreep wie ik was. Ik schreef beter dan hij, ik zou in hetzelfde tijdschrift als hij schrijven, ik was net zo goed op school als hij, beter zelfs, en ik had een man, kijk maar, daar was hij. En daarom zou ik nooit als een trouw hondje achter hem aan rennen.

55

Ik vroeg Antonio ook om samen met mij naar Lila's bruiloft te gaan, om me geen moment alleen te laten, om steeds met mij te praten en eventueel te dansen. Ik zag erg tegen die dag op, ik voelde hem als een definitieve breuk en wilde iemand naast me om me te steunen.

Dit verzoek maakte zijn leven waarschijnlijk nog ingewikkelder. Lila had iedereen een aankondiging gestuurd. Overal in de wijk waren de moeders en de oma's intussen al lange tijd bezig jurken te naaien, voor hoedjes en tasjes te zorgen en rond te lopen op zoek naar een trouwcadeau, genre glasservies, tafelservies, bestek. Het was niet zozeer voor Lila dat ze zich die moeite getroostten als wel voor Stefano, echt een prima jongen, die het altijd goed vond als je pas aan het eind van de maand betaalde. Maar een huwelijk was vooral een gelegenheid waar niemand een slecht figuur mocht slaan, vooral de meisjes zonder verloofde niet, die dan de kans hadden er een te vinden en zich te settelen door binnen enkele jaren op hun beurt te trouwen.

Uitgerekend om die reden wilde ik dat Antonio er met mij heen ging. Het was beslist niet mijn bedoeling om de dingen officieel te maken – we letten goed op dat onze relatie absoluut geheim bleef – maar ik streefde ernaar mijn verlangen om aantrekkelijk te zijn onder controle te krijgen. Ik wilde me bij die gelegenheid serieus en rustig voelen, met mijn bril, mijn armoedige, door mijn moeder gemaakte jurk en mijn oude schoenen, en intussen denken: ik heb alles waaraan een meisje van zestien behoefte heeft, ik heb niets en niemand nodig.

Maar zo zag Antonio het niet. Hij hield van mij, beschouwde me als het grootste geluk dat hem ooit ten deel was gevallen. Hij vroeg zich vaak hardop af, met iets van angst onder een schijn van vrolijkheid, hoe het toch kwam dat ik uitgerekend hem had gekozen, een domkop die geen twee woorden achter elkaar kon zetten. Eigenlijk kon hij niet wachten om zich bij mijn ouders thuis te presenteren om onze relatie officieel te maken. Bij dat verzoek van mij dacht hij dus waarschijnlijk dat ik eindelijk had besloten hem uit de clandestiniteit te halen en hij stak zich in de schulden om bij een kleermaker een pak te laten maken. En dat nog afgezien van wat het huwelijkscadeau, de kleren voor Ada en de andere kinderen en een schijn van toonbaarheid voor Melina hem ook nog moesten kosten.

Ik merkte niets. Ik leefde mijn leventje, verdeeld tussen school, de dringende adviezen telkens als de dingen tussen Lila, haar schoonzus en haar schoonmoeder ingewikkeld werden en de prettige spanning om het artikeltje dat van het ene moment op het andere kon verschijnen. Ik was er stiekem van overtuigd dat ik pas echt zou gaan bestaan op het moment dat mijn naam, Elena Greco, in druk verscheen, en in afwachting van die dag vegeteerde ik meer dan ik leefde, zonder veel aandacht aan Antonio te schenken, die zich in het hoofd had gezet zijn kledij voor dat huwelijk te completeren met een paar Cerullo-schoenen. Van tijd tot tijd vroeg hij me: 'Weet jij hoever ze zijn?' En dan antwoordde ik: 'Vraag maar aan Rino, Lila weet toch niks.'

En zo was het ook. In november ontboden de Cerullo's Stefano zonder dat ze de moeite namen de schoenen eerst te laten zien aan Lila, die toch nog steeds bij hen in huis woonde. Maar Stefano verscheen opzettelijk met zijn verloofde en met Pinuccia, alle drie alsof ze recht uit een televisiescherm waren gestapt. Lila zei dat ze hevig ontroerd was geweest toen ze de jaren tevoren door haar ontworpen schoenen in het echt zag, alsof er een fee was verschenen en een wens van haar had vervuld. De schoenen waren werkelijk zoals zij ze zich indertijd had voorgesteld. Ook Pinuccia was met stomheid geslagen. Ze wilde een model dat ze mooi vond proberen en maakte Rino veel complimenten, waarin ze hem te verstaan gaf dat ze hem beschouwde als de echte schepper van die meesterwerken van stevige lichtheid en dissonante harmonie. De enige die zich ontevreden toonde was Stefano. Hij onderbrak Lila's enthousiaste complimenten aan haar broer, haar vader en de knechts, hij bracht de honingzoete stem van

Pinuccia tot zwijgen die Rino feliciteerde terwijl ze een enkel optilde om hem haar buitengewoon geschoeide voet te laten zien, en had, het ene model na het andere, kritiek op de veranderingen die ze ten opzichte van het oorspronkelijke ontwerp hadden aangebracht. Hij ging vooral tekeer toen hij de mannenschoen zoals Lila en Rino die buiten medeweten van Fernando hadden gemaakt vergeleek met dezelfde schoen zoals vader en zoon die hadden afgewerkt. 'Wat moet die franje, wat zijn dit voor naden, wat moet dat vergulde gespje?' vroeg hij geërgerd. En hoe Fernando ook uitlegde dat die veranderingen waren aangebracht omwille van de stevigheid of om een of ander foutje in het ontwerp te verdoezelen, Stefano was onverzettelijk. Hij zei dat hij er al te veel geld in had geïnvesteerd en dat niet met de bedoeling om willekeurige schoenen te krijgen, maar schoenen die exact hetzelfde waren als die van Lila.

Er ontstonden grote spanningen. Lila verdedigde haar vader op een kalme manier, ze zei tegen haar verloofde dat hij het moest laten zitten: het waren kinderverzinsels van haar geweest en de overigens niet zo belangrijke veranderingen waren vast en zeker nodig. Maar Rino steunde Stefano en de discussie sleepte zich voort. Ze werd pas onderbroken toen Fernando, de uitputting nabij, in een hoekje ging zitten en kijkend naar de schilderijtjes aan de muur zei: 'Als je de schoenen voor Kerstmis wilt, moet je ze nemen zoals ze zijn, als je ze precies zo wilt als mijn dochter ze heeft getekend, laat ze dan maar door een ander maken.'

Stefano bezweek, en ook Rino bezweek.

Met Kerstmis verschenen ze in de etalage, een etalage met een komeet van watten. Ik liep erlangs om ze te bekijken: het waren elegante, zorgvuldig afgewerkte schoenen; ze alleen maar zien gaf je al een idee van welstand die uit de toon viel bij de armoedige etalage, bij het troosteloze scenario buiten, bij het interieur van de schoenmakerij, vol stukken soepel en hard leer, werkbanken en priemen, houten vormen en tot aan het plafond opgestapelde dozen die wachtten op klanten. Ook met de door Fernando aangebrachte veranderingen waren het de schoenen van onze kinderdromen, niet bedacht voor de werkelijkheid van de wijk.

En inderdaad, met Kerstmis werd er niet één paar verkocht. Alleen Antonio verscheen, hij vroeg Rino een maat 44, probeerde de schoenen. Later vertelde hij me wat een genot het was geweest zulke fijne schoenen aan zijn voeten te voelen, zich met mij op de bruiloft voor te stellen, met zijn nieuwe pak en die schoenen aan. Maar er kwam niets van. Toen hij naar de prijs vroeg en Rino hem die noemde, stond hij versteld: 'Ben je gek?' En toen Rino zei: 'Ik kan ze je wel op afbetaling geven', antwoordde hij lachend: 'Dan koop ik liever een Lambretta.'

56

In beslag genomen door haar huwelijk realiseerde Lila zich aanvankelijk niet dat haar broer, die tot dan toe, ook al was hij doodmoe van het werk, toch een vrolijke grappenmaker was geweest, weer somber aan het worden was, weer slecht begon te slapen en weer kwaad werd om niets. 'Hij is net een kind,' zei ze tegen Pinuccia, alsof ze bepaalde uitvallen van hem wilde rechtvaardigen, 'zijn humeur hangt af van het wel of niet onmiddellijk bevredigd worden van zijn grillen, hij kan niet wachten.' Zij voelde de mislukte verkoop van de schoenen met Kerstmis helemaal niet als een fiasco, evenmin als Fernando trouwens. Bij de realisatie van de schoenen was er tenslotte geen enkel plan gevolgd: voortgekomen uit Stefano's wil om die pure fantasie van Lila geconcretiseerd te zien, waren er zware schoenen en lichte, voor alle seizoenen bijna. En dat was een geluk. In de witte dozen die in schoenmakerij Cerullo stonden opgestapeld zat een behoorlijk assortiment. Het was een kwestie van geduld, in de winter, in de lente, in de herfst zouden de schoenen zeker verkocht worden.

Maar Rino werd steeds onrustiger. Na Kerstmis ging hij op eigen initiatief naar de eigenaar van de stoffige schoenwinkel aan de grote weg, en hoewel hij wist dat die man met handen en voeten aan de Solara's gebonden was, stelde hij hem toch voor een paar Cerullo-schoenen te etaleren, zonder verplichtingen, alleen maar om te zien of er vraag naar was. De man zei beleefd van nee, dat product was niet geschikt voor zijn klantenkring. Rino voelde zich beledigd en het gevolg was een scheldpartij over en weer waar de hele wijk weet van kreeg. Fernando werd razend op zijn zoon, Rino schold hem uit, en voor Lila werd haar broer weer een element van wanorde, een manifestatie van de destructieve krachten die haar zo bang hadden gemaakt. Als ze met zijn vieren uitgingen, merkte ze bezorgd dat haar broer het zo aanlegde dat zij en Pinuccia voorop liepen en hij vijf stappen achter hen om met Stefano te kunnen praten. Over het algemeen luisterde die naar hem zonder tekenen van ergernis te geven. Maar op een keer hoorde Lila hem zeggen: 'Neem me niet kwalijk, Rino, denk je dat ik alleen maar uit liefde voor je zusje zo veel geld in de schoenmakerij heb gestoken, zomaar op goed geluk? We hebben de schoenen gemaakt, ze zijn mooi, we moeten ze verkopen. Het probleem is alleen dat we de geschikte afzetmarkt moeten zien te vinden.'

Dat 'alleen maar uit liefde voor je zusje' beviel haar niet. Maar ze liet het zitten, want die woorden hadden wel een goede uitwerking op Rino, die kalmeerde en zich, vooral tegenover Pinuccia, als een verkoopstrateeg begon te gedragen. Hij zei dat ze het groot moesten zien. Waarom waren er zo veel goede initiatieven mislukt? Waarom had garage Goresio van de bromfietsen moeten afzien? Waarom had de boutique van de fourniturenverkoopster maar zes maanden standgehouden? Omdat dat maar kleinschalig gedoe was geweest. De Cerullo-schoenen daarentegen zouden de afzetmarkt van de wijk zo snel mogelijk verlaten en op rijkere markten naam gaan maken.

Intussen naderde de datum van de bruiloft. Lila paste haar trouwjurk, legde de laatste hand aan haar toekomstige huis, vocht met Pinuccia en Maria die, bij al het andere, ook nog eens de bemoeienissen van Nunzia slecht verdroegen. Met 12 maart zo dichtbij liepen de spanningen steeds hoger op. Daarvan kwamen echter geen botsingen die tot kloven konden leiden. Maar twee gebeurtenissen in het bijzonder, vlak na elkaar, kwetsten Lila wel diep.

Op een ijskoude middag in januari vroeg ze me plots of ik met haar mee kon naar juffrouw Oliviero. Ze had nooit enige belangstelling voor haar getoond, geen spoor van genegenheid of dankbaarheid. Maar nu voelde ze de behoefte haar persoonlijk de aankondiging te brengen. Omdat ik in het verleden nooit iets tegen Lila had gezegd over de vijandige woorden die de juffrouw vaak ten aanzien van haar had laten horen, leek het me niet nodig om haar daar bij die gelegenheid over te vertellen, temeer omdat la Oliviero mij de laatste keer minder agressief had geleken, weemoediger, en haar misschien wel vriendelijk zou ontvangen.

Lila besteedde de uiterste zorg aan haar kleding. We liepen naar het kleine flatgebouw waar de onderwijzeres woonde, op een paar stappen van de parochiekerk. Terwijl we naar boven liepen merkte ik dat ze heel gespannen was. Ik was aan dat traject en die trappen gewend, zij niet, ze zei geen woord. Ik drukte op de bel, hoorde de slepende stap van la Oliviero.

'Wie is daar?'

'Greco.'

Ze deed open. Ze had een paarse pelerine om haar schouders en haar halve gezicht was in een sjaal gewikkeld. Lila glimlachte meteen tegen haar en zei: 'Dag juffrouw, weet u nog wie ik ben?'

Juffrouw Oliviero staarde haar aan zoals ze op school deed als Lila lastig was, keerde zich toen naar mij en zei, een beetje moeilijk pratend, alsof ze een hap eten in haar mond had: 'Wie is dat? Ik ken haar niet.'

Dat verwarde Lila en ze zei haastig, in het Italiaans: 'Ik ben Cerullo. Ik breng u de aankondiging, ik ga trouwen. En ik zou het erg fijn vinden als u op mijn bruiloft kwam.'

De juffrouw wendde zich tot mij en zei: 'Cerullo ken ik, maar wie dit meisje is weet ik niet.'

En ze deed de deur voor onze neus dicht.

We bleven even op de overloop staan, daarna raakte ik

lichtjes haar hand aan om haar te troosten. Ze trok de hand terug, schoof de aankondiging onder de deur door en liep de trap af. Op straat praatte ze constant over alle bureaucratische rompslomp bij de gemeente en bij de parochie en over hoe nuttig mijn vader was gebleken.

De andere gebeurtenis die haar kwetste, en misschien heel wat dieper, kwam totaal onverwacht en had te maken met Stefano en het schoenengedoe. Al lang was besloten dat een familielid van Maria en zijn vrouw getuigen zouden zijn. Deze man was na de oorlog naar Florence getrokken en een handeltje begonnen in oude spullen van overal vandaan, vooral metalen dingen. Hij had een Florentijnse getrouwd en zelfs het accent van daar overgenomen. Door die tongval genoot hij in de familie een zeker prestige, reden waarom hij ook al peter was geweest bij Stefano's vormsel. Maar de aanstaande bruidegom veranderde zomaar ineens van idee.

In het begin praatte Lila er tegen mij over als was het een teken van zenuwen-op-de-valreep. Voor haar maakte het absoluut niets uit wie er getuige was, als ze maar beslisten, dat was het belangrijkste. Maar een paar dagen lang gaf Stefano haar alleen maar vage, verwarde antwoorden en werd het niet duidelijk door wie het stel uit Florence moest worden vervangen. Toen, minder dan een week voor de bruiloft, kwam de waarheid aan het licht. Stefano deelde zonder enige rechtvaardiging en als een voldongen feit mee dat Silvio Solara, de vader van Marcello en Michele, getuige zou zijn.

Lila, die er tot op dat moment überhaupt niet aan had gedacht dat een al was het maar ver familielid van Marcello Solara op háár bruiloft aanwezig zou kunnen zijn, werd een paar dagen lang weer het meisje dat ik zo goed kende. Ze overlaadde Stefano met de meest vulgaire beledigingen en zei dat ze hem nooit meer wilde zien. Ze sloot zich in haar ouderlijk huis op, hield zich nergens meer mee bezig, ging niet naar het laatste passen van haar trouwjurk, deed absoluut niets wat met de op handen zijnde bruiloft te maken had.

Er kwam een processie van de familieleden op gang. Eerst

verscheen haar moeder, Nunzia, die het op droeve toon over het welzijn van het gezin had. Daarna kwam Fernando, nors, die tegen haar zei dat ze zich niet als een kind moest gedragen: iedereen die in de wijk een toekomst wilde hebben, moest Silvio Solara als getuige nemen, daar was niets aan te doen. Ten slotte kwam Rino, die haar op erg agressieve toon en met het gezicht van de zakenman die het alleen maar om winst gaat, uitlegde hoe de dingen lagen: pa Solara was als een bank, maar hij was vooral het kanaal om de Cerullo-modellen in de schoenwinkels te krijgen. 'Wat wil je?' schreeuwde hij met gezwollen en bloeddoorlopen ogen, 'wil je mij en de hele familie naar de mallemoer helpen en al het werk dat we tot nu toe hebben gedaan voor niks laten zijn?' Onmiddellijk na hem verscheen zelfs Pinuccia, die op enigszins valse toon tegen haar zei dat ook zij de metaalhandelaar uit Florence graag als getuige had gehad, maar dat je redelijk moest zijn, voor zoiets onbelangrijks kon je geen huwelijk laten springen en een liefde vergeten.

Een dag en een nacht verstreken. Nunzia zat zwijgend in een hoekje, zonder zich te bewegen, zonder ook maar iets in huis te doen, zonder naar bed te gaan. Daarna glipte ze achter de rug van haar dochter om naar buiten en kwam ze mij halen om met Lila te praten en een goed woordje te doen. Ik voelde me gevleid, dacht lang na over hoe ik me moest opstellen. Er stond een huwelijk op het spel, iets praktisch, iets van duizend aspecten, zwaar van gevoelens en belangen. Ik werd bang. Ik, die inmiddels wist dat ik me publiekelijk kwaad kon maken over de Heilige Geest en het gezag van de godsdienstleraar kon trotseren, sloot uit dat ik in Lila's plaats de moed zou hebben alles in de soep te laten lopen. Maar zij wel, zij zou ertoe in staat zijn, ook al was ze nog maar een stap verwijderd van de voltrekking van het huwelijk. Wat te doen? Ik voelde dat er maar heel weinig voor nodig zou zijn om haar die richting in te krijgen en dat het me veel voldoening zou schenken als ik me voor dat doel zou inzetten. Dit was wat ik diep in mijn hart echt wilde: terug naar de bleke Lila, de paardenstaart, de samengeknepen roofdierogen, de goedkope todden aan haar lijf. Niet dat air meer, niet meer dat Jacqueline Kennedy-van-de-wijkgedrag.

Maar ongelukkig voor haar en voor mij leek me dat min van me. Omdat ik meende in haar belang te handelen, wilde ik haar niet teruggeven aan de grijsheid van huize Cerullo en daardoor kwam het dat er maar één gedachte in mijn hoofd postvatte en wist ik niets anders te doen dan die gedachte vriendelijk overtuigend almaar tegen haar te herhalen: Silvio Solara, Lila, is Marcello niet en Michele evenmin; het is verkeerd om ze door elkaar te halen, dat weet jij beter dan ik, je hebt het bij andere gelegenheden zelf tegen me gezegd. Hij heeft Ada niet de auto in getrokken, hij heeft in de oudejaarsnacht niet op ons geschoten, hij heeft zich niet bij jou thuis binnengedrongen, hij heeft die akelige dingen niet over jou gezegd; Silvio wordt getuige en zal Rino en Stefano een handje helpen om de schoenen af te zetten, dat is alles; in jouw toekomstige leven zal hij van geen enkel belang zijn. Ik schudde de kaarten die we inmiddels goed genoeg kenden opnieuw. Ik had het over vroeger en later, over de oude generatie en de onze, over hoe anders wij waren, hoe anders zij en Stefano waren.

En dit laatste argument sloeg een bres, sprak haar aan, ik ging er heel hartstochtelijk op door. Ze zat zwijgend naar me te luisteren, het was duidelijk dat ze hulp wilde om weer tot rust te komen, en langzaam maar zeker kwam ze inderdaad tot rust. Maar ik las in haar ogen dat die zet van Stefano haar iets van hem had laten zien wat haar nu nog niet helemaal duidelijk was en dat haar juist daarom nog banger maakte dan Rino's onrust. Ze zei: 'Misschien is het niet waar dat hij van me houdt.'

'Hoezo, niet van je houdt? Hij doet alles wat je zegt.'

'Alleen als ik zijn echte geld niet in gevaar breng,' zei ze op minachtende toon, een toon die ze voor Stefano Carracci nog nooit had gebruikt.

Hoe dan ook, ze kwam weer tevoorschijn. Ze vertoonde zich niet in de winkel, ging ook niet naar haar nieuwe huis, zíj deed kortom geen poging tot verzoening. Ze wachtte tot Stefano tegen haar zei: 'Dank je wel, ik hou erg veel van je, je weet dat er dingen zijn waar je niet onderuit kunt.' Pas toen liet ze toe dat hij achter haar kwam staan en haar in haar hals kuste. Maar daarna draaide ze zich met een ruk om en zei ze, terwijl ze hem strak in de ogen keek: 'Maar Marcello Solara wil ik op mijn bruiloft in geen geval zien.'

'Hoe moet ik dat aanpakken?'

'Dat weet ik niet, maar je moet het me zweren.'

Hij zuchtte en zei lachend: 'Goed, Lila, ik zweer het je.'

57

Het werd 12 maart, een zachte, al voorjaarsachtige dag. Lila wilde dat ik vroeg naar haar oude huis kwam, dat ik haar hielp met wassen, kappen en aankleden. Ze stuurde haar moeder weg en we bleven alleen achter. Ze ging in slipje en bh op de rand van het bed zitten. Naast haar lag de trouwjurk, als het lichaam van een dode; voor haar op de vloer met de zeshoekige tegels stond een koperen kuip, tot aan de rand toe gevuld met dampend water. Ze vroeg me plompverloren: 'Vergis ik me, denk je?'

'Waarmee?'

'Met te trouwen.'

'Denk je nog aan die kwestie van de getuige?'

'Nee, ik denk aan la Oliviero. Waarom wilde ze me niet binnenlaten?'

'Omdat ze een oude heks is.'

Ze zat een poosje zwijgend te staren naar het glinsterende water in de kuip en zei toen: 'Wat er ook gebeurt, blijven leren jij.'

'Nog twee jaar, dan haal ik mijn diploma en ben ik klaar.'

'Nee, je moet nooit ophouden: het geld geef ik je wel, je moet altijd blijven studeren.'

Ik glimlachte nerveus en zei toen: 'Dank je wel, maar op een gegeven moment houden de scholen op.'

'Niet voor jou: jij bent mijn geniale vriendin, je moet de

knapste worden van allemaal, zowel mannen als vrouwen.'

Ze stond op, deed haar slipje en bh uit en zei: 'Kom, help me, anders wordt het te laat.'

Ik had haar nog nooit naakt gezien en ik schaamde me. Nu kan ik zeggen dat het schaamte was omdat ik mijn ogen met genoegen op haar lichaam liet rusten, omdat ik de betrokken getuige was van haar zestienjarige schoonheid, enkele uren voordat Stefano haar betastte, penetreerde en, misschien, vervormde door haar zwanger te maken. Toen was het alleen maar een stormachtig gevoel van noodzakelijke ongepastheid, een situatie waarin je je blik niet kunt afwenden, je hand niet kunt wegtrekken zonder je eigen verwarring te erkennen, zonder die juist doordat je je terugtrekt kenbaar te maken, dus zonder in conflict te raken met de onverstoorbare onschuld van degene die jou in verwarring brengt, zonder de hevige emotie tot uitdrukking te brengen die je, juist door die weigering, zo verwart, zodat je jezelf dwingt om te blijven, om je blik niet van die jongensschouders weg te nemen, van haar borsten met de verstijfde tepels, haar smalle heupen en strakke billen, haar inzwarte schaamstreek, haar lange benen, haar zachte knieën, haar golvende enkels, haar elegante voeten; en je doet of er niets aan de hand is, terwijl er juist van alles gebeurt, aanwezig is, daar in die schamele, een beetje donkere kamer, met rondom het armoedige meubilair op een vloer met losse tegels en plasjes water, en waar alles je hart onrustig maakt, je aders in vuur en vlam zet.

Ik waste haar met langzame, zorgvuldige gebaren, waarbij ik haar eerst ineengedoken in het bad liet zitten en haar daarna vroeg op te staan. Nog heb ik het geluid van het druppelende water in mijn oren, en de indruk dat het koper van de kuip een consistentie had die niet verschilde van Lila's vlees dat glad, stevig en kalm was, ben ik niet vergeten. Mijn gevoelens en gedachten waren verward: mijn armen om haar heen slaan, samen met haar huilen, haar kussen, haar aan de haren trekken, lachen, doen alsof ik ervaring had met seks en haar met geleerde stem instrueren, met mijn woorden afstand scheppen juist op dat moment van grootst mogelijke nabijheid. Maar ten slotte bleef alleen de vijandige gedachte dat ik vroeg in de ochtend bezig was haar van hoofd tot voeten te reinigen, alleen maar om Stefano haar in de loop van de nacht te laten verontreinigen. Ik stelde me haar voor, naakt zoals op dat moment, in de armen van haar echtgenoot in het bed van het nieuwe huis, met de ratelende trein onder hun ramen, terwijl zijn onstuimige vlees met een resolute stoot in haar dringt, als de kurk die door de druk van een handpalm in de hals van een wijnfles schiet. En ineens had ik het idee dat het enige wat ik tegen het verdriet dat ik voelde en zou voelen kon doen, dit was: een verborgen hoekje zoeken om Antonio in diezelfde uren precies hetzelfde bij mij te laten doen.

Ik hielp haar zich af te drogen, aan te kleden, de trouwjurk aan te trekken die ik – ik, dacht ik met een mengeling van trots en verdriet – voor haar had uitgekozen. De stof begon te leven, over het smetteloze wit ervan legden zich Lila's warmte, het rood van haar mond, haar zo donkere, harde ogen. Ten slotte deed ze de door haarzelf ontworpen schoenen aan. Onder druk van Rino, die het als een soort verraad zou hebben ervaren als ze ze niet had gedragen, had ze een paar met lage hak gekozen om niet te ver boven Stefano uit te steken. Ze keek in de spiegel terwijl ze haar jurk een beetje optrok.

'Ze zijn lelijk,' zei ze.

'Niet waar.'

Ze lachte op een nerveuze manier.

'Jawel hoor, moet je zien: de kinderdromen zijn onder mijn voeten terechtgekomen.'

Ze draaide zich om met een plotseling angstig gezicht: 'Wat gaat er met me gebeuren, Lenú?'

58

In de keuken zaten Fernando en Nunzia, al een hele tijd klaar, ongeduldig op ons te wachten. Ik had ze nog nooit zo piekfijn in orde gezien. In die tijd leken Lila's ouders, de mijne, alle ouders me oud. Ik maakte niet veel verschil tussen hen en de opa's en oma's, wezens die in mijn ogen allemaal een soort koud leven hadden, een bestaan dat niets gemeen had met het mijne, met dat van Lila, Stefano, Antonio, Pasquale. De mensen die echt door de warmte van gevoelens, door het vuur van gedachten verteerd werden, dat waren wij. Pas nu, terwijl ik dit zit te schrijven, realiseer ik me dat Fernando toentertijd niet ouder dan vijfenveertig moet zijn geweest. Nunzia was zeker een paar jaar jonger, en zo, hij in wit overhemd en donker pak, een gezicht als Randolph Scott en zij helemaal in het hemelsblauw met een hemelsblauw hoedje en een hemelsblauw voiletje, zagen ze er die ochtend samen geweldig uit. Hetzelfde gold voor mijn ouders. Over hun leeftijd kan ik nauwkeuriger zijn: mijn vader was negenendertig, mijn moeder vijfendertig. In de kerk keek ik lang naar ze. Ik voelde met ergernis dat mijn studiesuccessen hen die dag zelfs niet een beetje troostten en dat ze, mijn moeder vooral, bewezen dat studeren maar zinloos tijdverlies was. Toen Lila, schitterend in de verblindend witte nimbus van haar jurk en de wolk van haar sluier aan de arm van de schoenmaker door de kerk van de Heilige Familie naar voren liep en zich bij Stefano voegde, ook hij prachtig, voor het altaar vol bloemen – de bloemist die die overvloed had geleverd was een bofferd – keek mijn moeder, ook al leek haar schele oog ergens anders op gericht te zijn, mij aan om me goed onder de neus te wrijven dat ik daar zat, met mijn bril, ver van het middelpunt van het toneel, terwijl mijn slechte vriendin een bemiddelde echtgenoot had veroverd, een economische activiteit voor de familie, een huis voor haarzelf, in eigendom zelfs, met een bad, een koelkast, een televisie en een telefoon.

De ceremonie duurde lang, de pastoor nam er een eeuwigheid voor. Bij het binnenkomen in de kerk hadden familie en vrienden van de bruidegom allemaal samen aan een kant plaatsgenomen, de familie en de vrienden van de bruid aan de andere kant. De fotograaf bleef maar foto's maken – flitslichten, schijnwerpers – terwijl zijn jonge assistent de belangrijkste momenten van de plechtigheid filmde.

Antonio zat de hele tijd devoot naast me, in zijn nieuwe pak van de kleermaker, terwijl hij Ada – bijzonder geïrriteerd omdat zij als winkelmeisje in de zaak van de bruidegom een heel andere plaats ambieerde – de taak liet samen met de andere kinderen achterin naast Melina plaats te nemen en haar in de gaten te houden. Een paar keer fluisterde hij me iets in het oor, maar ik gaf geen antwoord. Om geklets te voorkomen moest hij zich beperken tot naast me zitten zonder iets van bijzondere intimiteit te laten zien. Ik liet mijn blik door de volle kerk gaan, de mensen verveelden zich en keken net als ik voortdurend om zich heen. Er hing een intense bloemengeur en de lucht van nieuwe kleren. Gigliola was prachtig en prachtig was ook Carmela Peluso. En de jongens deden niet voor hen onder. Enzo, en vooral Pasquale, leken te willen bewijzen dat zij daar bij het altaar, naast Lila, een beter figuur zouden hebben geslagen dan Stefano. Wat Rino betreft, terwijl de metselaar en de groenteboer als schildwachten wakend over de goede afloop van de ceremonie achter in de kerk stonden, had hij, broer van de bruid, de familieopstelling doorbroken en naast Pinuccia plaatsgenomen, aan de kant van de familie van de bruidegom. Ook hij was om door een ringetje te halen in zijn nieuwe pak en met aan zijn voeten Cerullo-schoenen, die net zo glansden als zijn haren vol brillantine. Wat een pracht. Het was duidelijk dat iedereen die een aankondiging had gekregen erbij had willen zijn, sterker nog, vorstelijk gekleed had willen verschijnen, iets wat voor zover ik wist, en voor zover iedereen wist, in feite betekende dat heel wat mensen – Antonio, die naast me zat, misschien voorop – geld hadden moeten lenen. Toen keek ik naar Silvio Solara, dik, in donker pak, rechtop naast de bruidegom, veel fonkelend goud aan zijn polsen. En naar zijn vrouw Manuela, in het roze, zwaar beladen met juwelen, zij naast de bruid geparkeerd. Het geld voor het vertoon kwam van hen vandaan. Na de dood van don Achille waren die man met zijn paarse gezicht, blauwe ogen en zwaar kalende slapen en die magere vrouw met haar lange neus en dunne lippen aan iedereen in de wijk geld gaan lenen (of beter gezegd: had Manuela de praktische kant van die activiteit onder haar hoede genomen; beroemd en gevreesd was het register met de rode kaft waarin ze getallen en vervaldata optekende). Door Lila's huwelijk had in feite niet alleen de bloemist goede zaken gedaan, of de fotograaf, maar vooral dat echtpaar, dat bovendien ook nog eens de taart en de bruidssuikers voor de cadeautjes had geleverd.

Lila, zo merkte ik, keek geen enkele keer naar hen. Ze keerde zich ook geen enkele keer naar Stefano toe, ze keek alleen maar strak naar de priester. Ik bedacht dat ze zo, op hun rug gezien, geen mooi paar vormden. Lila was groter, hij kleiner. Van Lila ging een energie uit waar niemand omheen kon, hij zag eruit als een kleurloos mannetje. Lila leek uiterst geconcentreerd, alsof ze volledig probeerde te begrijpen wat dat ritueel nu werkelijk betekende, maar hij draaide zich van tijd tot tijd om naar zijn moeder, wisselde een lachje met Silvio Solara of krabde zich lichtjes op het hoofd. Op een gegeven moment sloeg de angst me om het hart. Ik dacht: en als Stefano nu eens niet de man is die hij lijkt? Maar ik maakte die gedachte om twee redenen niet af. Allereerst zeiden bruid en bruidegom onder algemene ontroering vastberaden en helder ja tegen elkaar, ze wisselden de ringen uit en kusten elkaar. Ik moest er akte van nemen dat Lila nu echt getrouwd was. En vervolgens lette ik plotseling niet meer op het bruidspaar. Ik realiseerde me dat ik iedereen wel even had gezien, maar niet Alfonso. Ik zocht hem met mijn ogen bij de familie van de bruidegom, bij die van de bruid en vond hem ten slotte achter in de kerk, bijna onzichtbaar door een pilaar. Ik wuifde naar hem, hij reageerde en kwam naar me toe. Maar achter hem verscheen, piekfijn uitgedost, Marisa Sarratore. En onmiddellijk na haar Nino, lang en dun, handen in de zakken, verwarde haren, met het kreukelige jasje en de kreukelige broek die hij op school altijd aan had.

59

Wat erop volgde was een rommelig gedrang rond het bruidspaar dat onder schallende orgelklanken en geflits van de fotograaf de kerk uit kwam. Lila en Stefano bleven een poosje op het kerkplein staan, waar gekust en omarmd werd en waar het een chaos was van auto's en geïrriteerde familieleden die wachtend werden achtergelaten terwijl anderen, niet eens bloedverwanten – maar belangrijker, beminder, rijker gekleed, dames met bijzonder opvallende hoeden – meteen in auto's werden gehesen en naar de via Orazio werden gebracht, naar het restaurant.

Wat zag Alfonso er netjes uit! Ik had hem nog nooit in een donker pak met een wit overhemd en een das gezien. Zo zonder zijn eenvoudige schoolkleren, zonder zijn winkeliersschort leek hij me niet alleen volwassener dan zijn zestien jaren, maar ineens – dacht ik – leek hij ook fysiek anders dan zijn broer Stefano. Hij was inmiddels langer en slanker maar vooral mooi, als de Spaanse balletdanser die ik op de televisie had gezien, grote ogen, vlezige lippen en nog geen spoor van een baard. Marisa had duidelijk achter hem aan gezeten, er was een relatie ontstaan, ze moesten elkaar ontmoet hebben zonder dat ik er iets van wist. Hadden de krullerige haardos van Marisa en haar onstuitbare gebabbel – dat hem, verlegen als hij was, ervan vrijstelde de gaten in de conversatie te vullen – over hem gezegevierd, zijn toegewijdheid aan mij ten spijt? Waren ze verloofd? Ik vroeg het me af, hij zou het me hebben verteld. Maar dat ze al een heel eind op weg waren was duidelijk, zo ver zelfs dat hij haar op de bruiloft van zijn broer had uitgenodigd. En om de goedkeuring van haar ouders te krijgen had zij Nino natuurlijk gedwongen mee te gaan.

En daar stond hij dus, op het kerkplein, de jonge Sarratore, totaal niet op zijn plaats met zijn slordige kleren, te groot, te mager, te lange, warrige haren, zijn handen te diep in zijn zakken, met de houding van iemand die niet weet waar hij moet gaan staan, zijn ogen net als iedereen op het bruidspaar gericht, maar zonder enige belangstelling, alleen maar om ze ergens op te laten rusten. Die onverwachte aanwezigheid droeg veel bij aan de emotionele wanorde van die dag. We hadden elkaar in de kerk begroet, een fluistering en verder niets, ciao, ciao. Daarna was hij achter zijn zus en Alfonso aan gegaan en ik was stevig bij een arm gegrepen door Antonio en, hoewel ik me meteen had losgerukt, toch in het gezelschap van Ada, Melina, Pasquale, Carmela en Enzo beland. Nu, in het gedrang, terwijl het bruidspaar samen met de fotograaf en zijn assistent in een grote, witte auto stapte om in het Rimembranzapark foto's te gaan maken, werd ik ineens bang dat Antonio's moeder Nino zou herkennen, trekken van Donato in zijn gezicht zou zien. Maar die zorg was ongegrond. Lila's moeder, Nunzia, trok een verdwaasde Melina en Ada en de kleinste kinderen mee een auto in die het stel afvoerde.

En inderdaad, niemand herkende Nino, ook Gigliola niet, ook Carmela niet, ook Enzo niet. Marisa viel evenmin op, ook al had zij nog wel iets van het kind dat ze was geweest. De twee Sarratores bleven op dat moment onopgemerkt. En intussen duwde Antonio mij naar de oude auto van Pasquale en samen met ons stapten ook Carmela en Enzo in. We stonden al op het punt om te vertrekken en ik wist niets anders te zeggen dan: 'Waar zijn mijn ouders? Laten we hopen dat iemand zich over hen ontfermt.' Enzo antwoordde dat hij ze in ik weet niet welke auto had gezien en afijn, er was niets aan te doen, we vertrokken, en ik kon nog net een blik op Nino werpen die nog steeds met een afwezig gezicht op het kerkplein stond, samen met Alfonso en Marisa die met elkaar stonden te praten, en toen verdween hij uit het zicht.

Ik werd nerveus. Antonio, gevoelig voor elke verandering in mijn humeur, fluisterde in mijn oor: 'Wat is er?'

'Niets.'

'Ben je ergens boos om?'

'Nee.'

Carmela lachte: 'Ze is boos omdat Lila is getrouwd, dat zou ze zelf ook wel willen.'

'Nou en? Jij dan niet?' vroeg Enzo.

'Als het van mij afhing, morgen al.'

'Met wie?'

'Dat zou ik wel weten.'

'Mond houden,' zei Pasquale, 'jou neemt niemand.'

We reden naar beneden, naar de kust, Pasquales manier van rijden was verschrikkelijk. Antonio had zijn auto zo goed opgelapt dat hij ermee omging of het een raceauto was. Hij stoof met veel lawaai weg zonder zich te bekommeren om de hobbelige wegen, en dus de schokken. Hij reed met een vaart op de auto's voor hem af alsof hij ze omver wilde rijden, trapte een paar centimeter voor hij ze raakte hard op de rem, gooide bruusk het stuur om en reed ze voorbij. Wij meisjes slaakten kreten van angst of riepen waarschuwingen waar hij om moest lachen en die hem tot nog woester rijgedrag aanzetten. Antonio en Enzo vertrokken geen spier, maakten hoogstens vulgaire opmerkingen over trage automobilisten, draaiden de raampjes omlaag en slingerden onder het inhalen beledigingen naar hun hoofd.

Het was tijdens dat traject naar de via Orazio dat ik me duidelijk een vreemde begon te voelen, ongelukkig geworden door mijn eigen vreemdheid. Ik was met die jongens en meisjes opgegroeid, ik vond hun gedrag normaal, hun heftige taal was de mijne. Maar ik volgde inmiddels ook al jaren, dagelijks, een traject waarvan zij helemaal niets wisten en waarop ik me daarentegen zo briljant weerde dat ik de beste bleek. Niets van wat ik elke dag leerde, kon ik bij hen gebruiken, ik moest me inhouden, mezelf in zekere zin omlaaghalen. Wat ik op school was moest ik in hun gezelschap tussen haakjes zetten of verraderlijk gebruiken om hen te overdonderen. Ik vroeg me af wat ik daar in die auto deed. Natuurlijk, mijn vrienden zaten erin, mijn verloofde, we waren op weg naar het bruiloftsfeest van Lila. Maar juist dat feest bevestigde dat Lila, de enige persoon van wie ik het gevoel had dat ik haar, onze uiteenlopende levens ten spijt, nog nodig had, niet meer van ons was en dat er, nu zij ontbrak, geen enkele mogelijkheid meer was tot bemiddeling tussen mij en die jonge mensen, die door de straten scheurende auto. Waarom was ik dan niet bij Alfonso, met wie ik zowel oorsprong als vlucht deelde? En vooral, waarom was ik niet blijven staan om tegen Nino te zeggen: blijf, kom naar het feest, vertel me wanneer het tijdschrift met mijn artikeltje uitkomt, laten we met elkaar praten, laten we een hol graven dat ons vrijwaart van deze manier van rijden van Pasquale, van zijn vulgariteit, van de heftige toon van Carmela en Enzo, en ook – ja, ook – van Antonio?

60

We waren de eerste jongelui die de feestzaal binnenkwamen. Mijn humeur werd steeds slechter. Silvio en Manuela Solara zaten al aan hun tafel, samen met de metaalhandelaar en zijn Florentijnse vrouw en Stefano's moeder. Lila's ouders zaten ook al aan een lange tafel, met familie, mijn ouders, Melina en Ada, die geagiteerd was en Antonio met woedende gebaren ontving. Het orkestje was zich aan het installeren, de muzikanten probeerden hun instrumenten uit, de zanger de microfoon. We liepen schutterig rond, wisten niet waar we moesten gaan zitten en niemand van ons durfde het aan de obers te vragen. Antonio week geen haarbreed van mijn zijde en probeerde me te amuseren.

Mijn moeder riep me, ik deed of ik het niet hoorde. Ze riep me nog eens en ik reageerde weer niet. Toen stond ze op en kwam ze met haar hobbelende pas naar me toe. Ze wilde dat ik naast haar kwam zitten. Ik weigerde. Ze siste: 'Waarom hangt Melina's zoon almaar om je heen?'

'Er hangt niemand om me heen, ma.'

'Denk je dat ik gek ben?'

'Nee.'

'Kom naast me zitten.'

'Nee.'

'Kom naast me zitten, zeg ik je. We laten je niet studeren om je door een arbeider met een getikte moeder te laten verrinneweren.'

Ik gehoorzaamde, ze was woedend. Er kwamen nog meer jongelui binnen, allemaal vrienden van Stefano. Ik zag Gigliola in het groepje, die me wenkte me bij hen te voegen. Mijn moeder hield me tegen. Pasquale, Carmela, Enzo en Antonio gingen uiteindelijk bij Gigliola's groepje zitten. Ada, die zich van haar moeder had weten te bevrijden door haar aan Nunzia toe te vertrouwen, kwam naar me toe en fluisterde me in het oor: 'Kom.' Ik probeerde op te staan, maar mijn moeder greep me driftig bij een arm. Ada trok een spijtig gezicht en ging naast haar broer zitten, die van tijd tot tijd naar me keek, en dan beduidde ik hem door mijn ogen ten hemel te slaan dat ik gevangenzat.

Het orkestje begon te spelen. De zanger, een jaar of veertig, bijna kaal, met fijne gezichtstrekken, repeteerde neuriënd een melodietje. Nog meer genodigden arriveerden, het werd stampvol in de zaal. Niemand verhulde dat hij honger had, maar we moesten natuurlijk op het bruidspaar wachten. Ik probeerde weer op te staan maar mijn moeder siste: 'Bij me blijven, jij.'

Bij háár. Ik bedacht hoe tegenstrijdig ze zonder het zelf door te hebben was met haar woede en haar gebiedende gebaren. Ze had liever niet gehad dat ik studeerde, maar aangezien ik dat intussen wel deed, vond ze me beter dan de jongens en meisjes met wie ik was opgegroeid en constateerde ze, zoals ik zelf uitgerekend bij die gelegenheid ook al deed, dat mijn plaats niet te midden van hen was. En toch, moet je zien, toch dwong ze me bij haar te blijven om me van god weet welke stormachtige zee, van god weet welke draaikolk of afgrond weg te houden, allemaal gevaren die in haar ogen op dat moment vertegenwoordigd werden door Antonio. Maar bij haar blijven betekende in haar wereld blijven, precies hetzelfde worden als zij. En als ik net als zij was geworden, wie anders zou me dan toekomen dan Antonio?

Intussen kwam het bruidspaar binnen, onder enthousiast applaus. Het orkestje zette meteen de bruidsmars in. Ik verbond het steeds sterker wordende gevoel van er niet bij te horen onlosmakelijk met mijn moeder, met haar lichaam. Daar was Lila, door de hele wijk gefêteerd, ze leek gelukkig. Ze glimlachte bevallig, vriendelijk, hand in hand met haar man. Ze was prachtig. Naar haar, naar haar manier van lopen had ik me als klein meisje gericht om aan mijn moeder te ontkomen. Dat was een vergissing geweest. Lila was daar gebleven, zat overduidelijk vast aan die wereld, waaruit ze meende het beste te hebben gehaald. En het beste, dat was die jongeman, dat huwelijk, dat feest, het spel met de schoenen voor Rino en haar vader. Niets wat ook maar iets had uit te staan met het traject van het studieuze meisje dat ik was. Ik voelde me totaal alleen.

Het bruidspaar werd gedwongen te dansen, onder het geflits van de fotograaf. Ze draaiden rond door de zaal, heel precies in hun bewegingen. Ik moet het goed in mijn hoofd prenten, dacht ik: zelfs Lila is het in weerwil van alles niet gelukt uit mijn moeders wereld te vluchten. Maar mij moet het lukken, ik kan niet langer braaf doen wat ze zegt. Ik moet haar uitvlakken, zoals juffrouw Olivieri deed toen ze zich bij ons thuis aandiende om haar te dwingen te doen wat het beste voor me was. Ze hield voortdurend mijn arm vast, maar ik moest haar negeren, me herinneren dat ik de beste was in Italiaans, Latijn en Grieks, me herinneren dat ik de godsdienstleraar had getrotseerd, me herinneren dat er een artikeltje met mijn naam eronder zou verschijnen in hetzelfde blad als waarin een mooie, begaafde leerling van de zesde schreef.

Op dat moment kwam Nino Sarratore binnen. Ik zag hem voor ik Alfonso en Marisa zag, ik zag hem en sprong op. Mijn moeder probeerde me aan de zoom van mijn jurk tegen te houden maar ik trok me los. Antonio, die mij niet uit het oog verloor, keek hoopvol, wierp me een uitnodigende blik toe. Maar in een beweging, tegengesteld aan die van Lila en Stefano die nu naar het midden van de tafel liepen om tussen het echtpaar Solara en het stel uit Florence plaats te nemen, liep ik recht op de ingang af, naar Alfonso, Marisa en Nino.

61

We vonden een plekje. Ik kletste wat over algemene dingen met Alfonso en Marisa en hoopte dat Nino besloot het woord tot mij te richten. Intussen kwam Antonio achter me staan, hij boog zich voorover en fluisterde in mijn oor: 'Ik heb een plaatsje voor je vrijgehouden.'

'Ga weg, mijn moeder heeft alles door.'

Hij keek aarzelend om zich heen, behoorlijk overdonderd, en liep weer terug naar zijn tafel.

Er klonk een ontevreden geroezemoes in de zaal. De meest boosaardige genodigden waren meteen begonnen op de dingen te wijzen die niet in orde waren. De wijn was niet voor alle tafels van dezelfde kwaliteit. Sommige mensen waren al aan het voorgerecht terwijl bij de anderen de hors-d'oeuvre nog niet was opgediend. Er waren inmiddels ook al mensen die hardop zeiden dat de bediening bij de familie en vrienden van de bruidegom beter was dan die bij de familie en vrienden van de bruid. Ik voelde dat ik die spanningen en het ruzieachtige oplopen ervan haatte. Ik vatte moed en betrok Nino in het gesprek, vroeg hem me over zijn artikel over de armoede in Napels te vertellen, met het voornemen hem meteen daarna ongedwongen naar het volgende nummer van het tijdschrift en mijn halve paginaatje te vragen. Hij kwam meteen met interessante verhalen vol informatie over de toestand in de stad. Het trof me hoe zeker hij was. Op Ischia had hij nog de trekken van een gekweld jochie, maar nu leek hij me bijna té volwassen. Hoe was het mogelijk dat een jongen van achttien niet in algemene termen en op droeve toon over armoede sprak, zoals Pasquale, maar op een afstandelijke manier, over concrete feiten en met vermelding van precieze gegevens.

'Waar heb je die dingen geleerd?'

'Je hoeft maar te lezen.'

'Wat?'

'Kranten, tijdschriften, boeken die deze problemen behandelen.'

Ik had zelfs nog nooit een krant of een tijdschrift doorgebladerd, ik las alleen maar romans. En ook Lila had toen ze nog las nooit iets anders gelezen dan de oude, aan flarden hangende boeken van de uitleenbibliotheek. Ik was achter in alles, Nino kon me helpen mijn achterstand in te lopen.

Ik stelde hem meer en meer vragen en hij antwoordde. Hij antwoordde, ja, maar het waren geen flitsende antwoorden zoals die van Lila, hij miste haar vermogen om alles aantrekkelijk te maken. Met het gezicht van een geleerde bouwde hij vertogen vol concrete voorbeelden op, en elke vraag die ik stelde was een zetje dat een lawine aan het rollen bracht: hij praatte onophoudelijk, zonder verfraaiingen, zonder enige ironie, hard, bijtend. Alfonso en Marisa voelden zich al snel geïsoleerd. Marisa zei: 'Lieve help, wat heb ik een saaie broer', en ze begonnen onder elkaar te praten. Ook Nino en ik isoleerden ons. We hoorden niets meer van wat er om ons heen gebeurde: we wisten niet wat ze ons opschepten, wat we aten of dronken. Ik probeerde uit alle macht vragen te bedenken om aan hem te stellen, en luisterde geduldig naar de woordenstroom waarmee hij antwoordde. Maar ik begreep al gauw dat één vast idee als een rode draad door zijn verhalen liep en elke zin ervan bezielde: het afwijzen van vage woorden, de noodzaak om problemen duidelijk te identificeren, uitvoerbare oplossingen te bedenken, in te grijpen. Ik knikte steeds van ja, verklaarde me met alles akkoord, trok alleen een verbijsterd gezicht toen hij zich ongunstig over de literatuur uitliet. 'Als ze rook willen verkopen,' zei hij een paar keer boos met betrekking tot zijn vijanden, dat wil zeggen iedereen die rook verkocht, 'laten ze dan maar romans schrijven, ik zal ze met plezier lezen; maar als je de dingen echt wilt veranderen, dan wordt het een ander verhaal.' Eigenlijk, zo meende ik te begrijpen, gebruikte hij het woord literatuur om zich kwaad te maken op degenen die de menselijke geest bedierven met wat hij zinloos geklets noemde. Op een zwak protest van mij antwoordde hij bijvoorbeeld als volgt: 'Te veel slechte ridderromans, Lenù, maken een donquichot, maar, met alle respect voor Don Quichot, wij hier in Napels hebben geen gevechten tegen windmolens nodig, dat is maar zonde van de moed, want wat wij nodig hebben, dat zijn mensen die niet alleen weten hoe molens werken, maar ze dat vooral ook laten doen.'

Al gauw verlangde ik ernaar elke dag met een jongen van dit niveau te kunnen praten: wat een vergissingen had ik wat hem betreft begaan; wat was het dwaas geweest hem te willen, van hem te houden en hem toch altijd uit de weg te gaan. Het was de schuld van zijn vader. Maar ook mijn schuld: had ik – ik die het zo op mijn moeder had begrepen – toegelaten dat zijn vader zijn akelige schaduw op zijn zoon wierp? Ik had er spijt van, en genoot van mijn spijt, van de roman waarin ik me gedompeld voelde. Intussen verhief ik vaak mijn stem om over de herrie in de zaal en de muziek heen te komen, en datzelfde deed hij. Soms keek ik naar Lila's tafel: ze lachte, at, kletste, had niet eens gemerkt waar ik zat, met wie ik praatte. Naar Antonio's tafel keek ik maar zelden, ik was bang dat hij me zou wenken om naar hem toe te komen. Maar ik voelde wel degelijk dat hij constant naar me keek en dat hij gespannen was, bezig was boos te worden. Jammer, dacht ik, maar ik heb toch al besloten, morgen maak ik het uit: ik kan niet doorgaan met hem, we zijn te verschillend. Natuurlijk, hij verafgoodde me, wijdde zich volledig aan me, maar als een hondje. Ik daarentegen was gefascineerd door hoe Nino tegen me praatte: zonder enige ondergeschiktheid. Hij zette zijn toekomst voor me uiteen, de ideeën die eraan ten grondslag zouden liggen. Naar hem luisteren verhitte mijn geest bijna net zo veel als wanneer ik vroeger naar Lila luisterde. Het feit dat hij zich aan mij wijdde, maakte dat ik groeide. Hij wel ja, hij zou me aan mijn moeder onttrekken, hij die niets anders wilde dan zich aan zijn vader onttrekken.

Ik voelde een tikje op mijn schouder, het was Antonio weer. Hij zei somber: 'Kom, we gaan dansen.'

'Mijn moeder wil niet,' fluisterde ik.

Hij reageerde nerveus, hardop nu: 'Iedereen danst, dat kan toch geen probleem zijn?'

Ik glimlachte vaag en gegeneerd tegen Nino, hij wist best

dat Antonio mijn verloofde was. Hij keek me ernstig aan, keerde zich naar Alfonso. Ik ging.

'Hou me niet zo strak vast.'

'Ik hou je niet strak vast.'

Er was veel lawaai en er heerste een aangeschoten vrolijkheid. Jonge mensen, volwassenen en kinderen dansten. Maar ik voelde wat er werkelijk achter die schijnbare feestelijkheid schuilging. De scheve gezichten van de familieleden van de bruid wezen op een ruzieachtige ontevredenheid. Vooral bij de vrouwen. Ze hadden kromgelegen voor het cadeau, voor wat ze droegen, ze hadden schulden gemaakt, en dan werden ze nu als armoedzaaiers behandeld, met slechte wijn en onverdraaglijke vertragingen in de bediening? Waarom deed Lila niets, waarom protesteerde ze niet bij Stefano? Ik kende ze. Uit liefde voor Lila zouden ze hun woede inhouden, maar aan het einde van de ontvangst, als ze weg zou zijn om zich om te kleden, als ze in reistenue terugkwam, als ze de bruidssuikers zou hebben uitgedeeld, als ze een en al elegantie samen met haar man zou zijn vertrokken, dan zou er een historische ruzie ontbranden die maandenlange, jarenlange haat tot gevolg zou hebben, en getreiter en beledigingen waar echtgenoten, zoons, allemaal bij betrokken zouden worden met de verplichting moeders en zussen en oma's te laten zien dat ze mannen waren. Ik kende de vrouwen, ik kende de mannen.

Ik zag de woeste blikken van de jongens naar de zanger, naar de musici die onfatsoenlijk naar hun verloofdes keken of dubbelzinnige opmerkingen tegen hen maakten. Ik zag hoe Enzo en Carmela onder het dansen met elkaar praatten en ik zag ook Pasquale en Ada aan tafel: het was duidelijk dat ze voor het einde van het feest met elkaar zouden gaan en zich vervolgens zouden verloven en naar alle waarschijnlijkheid over een jaar of over tien jaar zouden trouwen. Ik zag Rino en Pinuccia. In hun geval zou alles sneller gaan: als schoenmakerij Cerullo echt van de grond kwam zou er over hoogstens een jaar weer een bruiloftsfeest zijn, niet minder luisterrijk dan dit. Ze dansten, keken elkaar in de ogen, drukten zich stevig tegen elkaar aan. Liefde en belang. Kruidenierswinkel plus schoenen. Oude flatgebouwen en nieuwe. Was ik zoals zij? Was ik het nog steeds?

'Wie is die jongen?' vroeg Antonio.

'Wie denk je? Herken je hem niet?'

'Nee.'

'Nino, de oudste zoon van Sarratore. En dat is Marisa, herinner je je haar?'

Marisa interesseerde hem geen steek, maar Nino wel. Hij zei nerveus: 'Eerst neem je me mee naar Sarratore om hem te bedreigen en daarna ga je uren met zijn zoon zitten kletsen? Heb ik een nieuw pak laten maken om te gaan zitten kijken hoe je je amuseert met die jongen die zijn haren niet eens heeft laten knippen en zelfs geen das heeft omgedaan?'

Hij liet me midden in de zaal staan en liep met snelle pas naar de glazen deur die op het terras uitkwam.

Een paar seconden bleef ik staan, onzeker over wat ik moest doen. Naar Antonio gaan? Teruggaan naar Nino? Mijn moeders ogen rustten op me, ook al leek haar schele oog ergens anders heen te kijken. Mijn vaders blik rustte op me, een boze blik. Ik dacht: als ik terugga naar Nino, als ik niet naar Antonio op het terras ga, dan zal hij het uitmaken en voor mij zou dat beter zijn. Ik liep de zaal door terwijl het orkest nog steeds speelde, de paren nog steeds dansten, en ging weer op mijn plaats zitten.

Nino leek helemaal niets gemerkt te hebben van wat er was gebeurd. Hij was nu op zijn onstuitbare manier over juffrouw Galiani bezig. Hij zat haar tegenover Alfonso te verdedigen, goed wetend wat een hekel die aan haar had. Hij zei dat het ook bij hem vaak op een botsing met haar uitliep – ze was te star – maar als lerares was ze buitengewoon, ze had hem altijd aangemoedigd, dat hij wist hoe te studeren had hij van haar geleerd. Ik probeerde me in het gesprek te mengen. Ik voelde een dringende behoefte opnieuw door Nino gegrepen te worden, ik wilde niet dat hij met mijn klasgenoot op precies dezelfde manier ging praten als hij tot kort daarvoor met mij had gedaan. Om niet naar Antonio te rennen om vrede te sluiten en in tranen te zeggen: 'Ja, je hebt gelijk, ik weet niet wie ik ben en wat ik werkelijk wil, ik gebruik je en dank je vervolgens af, maar dat is niet mijn schuld, ik voel me verdeeld, vergeef me', had ik het nodig dat Nino de dingen die hij wist en al zijn capaciteiten met mij en niemand anders deelde en dat hij me als zijn gelijke erkende. Daarom ontnam ik hem bijna het woord, en terwijl hij probeerde het onderbroken gesprek te hervatten, somde ik de boeken op die de lerares me sinds het begin van het schooljaar had geleend en vertelde ik welke adviezen ze me had gegeven. Een beetje stuurs knikte hij van ja, herinnerde zich dat die lerares een van die teksten een tijdje terug ook aan hem had geleend en begon me erover te vertellen. Maar mijn behoefte aan voldoeningen die mijn aandacht van Antonio konden afleiden werd steeds dringender en ik vroeg hem zonder enig verband: 'Wanneer komt het blad uit?'

Hij keek me met een aarzelende blik aan, lichtjes ongerust: 'Het is een paar weken geleden uitgekomen.'

Er ging een schok van vreugde door me heen en ik vroeg: 'Waar kan ik het vinden?'

'Ze verkopen het bij boekhandel Guida. Maar ik kan je wel een exemplaar bezorgen.'

'Graag, dank je.'

Hij aarzelde, zei toen: 'Maar ze hebben jouw stukje niet opgenomen, er bleek niet genoeg ruimte voor te zijn.'

Alfonso glimlachte meteen opgelucht en mompelde: 'Gelukkig maar.'

62

We waren zestien. Ik zat tegenover Nino Sarratore, Alfonso en Marisa en deed mijn best om te glimlachen. Zogenaamd onverschillig zei ik: 'Oké, een andere keer dan maar.' Lila bevond zich aan de andere kant van de zaal – ze was de bruid, de koningin van het feest – en Stefano zei iets in haar oor en ze glimlachte.

Het lange, slopende bruiloftsmaal liep ten einde. Het orkestje speelde, de zanger zong. Antonio, met de rug naar ons toe, probeerde de door mij veroorzaakte agitatie in zijn borst te onderdrukken en keek naar de zee. Enzo fluisterde misschien tegen Carmela dat hij van haar hield. Rino had dat vast en zeker al tegen Pinuccia gezegd, die met hem zat te praten en hem daarbij strak in de ogen keek. Pasquale draaide naar alle waarschijnlijkheid angstig om de hete brij heen, maar Ada zou er wel in slagen om voor het feest ten einde was hem de noodzakelijke woorden te ontlokken. Toosts met obscene toespelingen volgden elkaar al een poos in snel tempo op; de metaalhandelaar blonk uit in die kunst. De vloer zat vol vlekken van saus, die van een bord was gespat dat aan de handen van een kind was ontsnapt, en van wijn die Stefano's opa had geknoeid. Ik slikte mijn tranen in. Ik dacht: misschien publiceren ze mijn stukje in het volgende nummer, misschien heeft Nino niet genoeg aangedrongen, misschien had ik er beter zelf voor kunnen zorgen. Maar ik zei niets, ik bleef glimlachen, vond zelfs de kracht om te zeggen: 'Trouwens, ik heb al een keer ruzie met de pater gehad, nog een keer zou zinloos zijn geweest.'

'Inderdaad,' zei Alfonso.

Maar niets verzachtte de teleurstelling. Ik vocht om me te onttrekken aan een soort verduistering in mijn hoofd, een pijnlijke daling van mijn bloeddruk, maar het lukte me niet. Ik ontdekte dat ik de publicatie van die paar regels, met mijn gedrukte naam, als een teken had beschouwd dat ik echt een bestemming had, dat de moeite van het studeren zeker tot iets leidde, me hogerop bracht, dat juffrouw Oliviero gelijk had gehad om mij te stimuleren en Lila te laten vallen. 'Weet je wat het plebs is?' 'Ja, juffrouw.' Wat het plebs was, werd me op dat moment duidelijk, en veel duidelijker dan het me was toen juffrouw Oliviero het me jaren tevoren had gevraagd. Het plebs, dat waren wij. Het plebs dat was dat vechten om voedsel en wijn, dat gedonder om wie het eerste en het beste werd bediend, die smerige vloer waar de obers maar overheen bleven lopen, die steeds plattere toosts. Het plebs, dat was mijn moeder, die gedronken had en zich nu, leunend tegen de schouder van mijn ernstig kijkende vader, liet gaan en met wijdopen mond om de seksuele toespelingen van de metaalhandelaar lachte. Iedereen lachte, ook Lila, met het gezicht van iemand die een rol heeft en die tot het einde toe vervult.

Nino, waarschijnlijk onpasselijk van wat zich daar voltrok, stond op en zei dat hij wegging. Hij sprak iets met Marisa af over samen naar huis gaan en Alfonso beloofde dat hij haar op de vastgestelde tijd naar de vastgestelde plek zou brengen. Zij leek er erg trots op te zijn zo'n keurige begeleider te hebben. Ik zei, onzeker, tegen Nino: 'Wil je de bruid niet gedag zeggen?'

Hij maakte een weids gebaar, mompelde iets over zijn kleding en liep, zonder zelfs maar een handdruk of enig teken naar mij of Alfonso, met zijn bekende deinende tred naar de deur. Hij wist de wijk in te gaan en weer te verlaten al naar het hem uitkwam, zonder zich erdoor te laten besmetten. Hij kon dat, hij was ertoe in staat, misschien had hij dat jaren eerder geleerd, in de tijd van de stormachtige verhuizing die hem bijna het leven had gekost.

Of mij dat zou lukken betwijfelde ik. Studeren hielp niet: ik kon tienen halen voor proefwerken, maar dat was alleen maar school; die lui van het tijdschrift hadden aan mijn verslag geroken, aan ons verslag, van Lila en mij, en ze hadden het niet gedrukt. Nino ja, die kon alles: hij had het gezicht, de gebaren, de gang van iemand die het steeds beter zou gaan doen. Toen hij verdween was het alsof de enige persoon in die hele zaal die de energie had om mij daar weg te sleuren was verdwenen.

Daarna leek het of de deur van het restaurant door een windvlaag dichtsloeg. Maar in werkelijkheid was er geen wind en er sloeg ook geen deur. Er gebeurde alleen wat te voorzien was dat er zou gebeuren. Net op tijd voor de bruidstaart en de bruidssuikers, verschenen de prachtige en uiterst elegante gebroeders Solara. Ze liepen door de zaal terwijl ze intussen links en rechts allerlei mensen op hun heeren-meestermanier groetten. Gigliola gooide haar armen om Micheles nek en sleurde hem mee naar een plekje naast haar. Lila, plotseling met rode vlekken in haar hals en rond haar ogen, trok haar man stevig aan zijn arm en zei iets in zijn oor. Silvio maakte een zwak gebaar naar zijn zoons, Manuela keek met moederlijke trots naar ze. De zanger begon *Lazzarella* te zingen, in een heel behoorlijke imitatie van Aurelio Fierro. Rino bood Marcello met een vriendschappelijk lachje een plaats naast zich aan. Marcello ging zitten, trok zijn das een beetje losser, sloeg zijn benen over elkaar.

Pas toen bleek wat niet te voorzien was geweest. Ik zag Lila van kleur verschieten, net zo bleek worden als vroeger toen ze klein was, witter dan haar trouwjurk; haar ogen trokken zich plotseling op de bekende manier samen waardoor ze in spleetjes veranderden. Voor haar stond een fles wijn en ik was bang dat haar blik die zo heftig zou doorboren dat hij in duizend stukjes uiteen zou springen en de wijn alle kanten op zou spatten. Maar ze keek niet naar de fles. Ze keek verder, ze keek naar Marcello Solara's schoenen.

Het waren mannenschoenen van Cerullo. Niet het model dat in de verkoop was, niet dat met de vergulde gesp. Marcello droeg de schoenen die Stefano, haar man, een tijd tevoren had gekocht. Het was het paar dat zij samen met Rino had gemaakt, waarop ze maanden hadden geploeterd, waarmee ze haar handen had geruïneerd.